JN302426

COLLAGE THERAPY

コラージュ療法実践の手引き

その起源からアセスメントまで

森谷寛之　著

金剛出版

はじめに

　コラージュ療法は筆者が1987年に箱庭療法の適用範囲を拡大する試みの中で，思いがけず思いついたものである．すなわち，ピカソらが始めた美術のコラージュの価値を，箱庭療法の経験を通すことによって，再発見したと言える．
　コラージュ療法は不用になった雑誌やパンフレットなどの既製の絵や写真，文字などをはさみで切り抜き，台紙の上で構成し，糊づけるという簡単明瞭な方法である．非常に簡単な方法でありながら，非常に適用範囲が広く，奥深い方法である．幼児から高齢者まで，また，健康な人から精神病の人まで適用されている．芸術療法の手法としてもっとも適用範囲が広い方法の一つである．
　コラージュ療法をその基礎から学びたい人がたくさんいる．しかし，その実践のためにふさわしい基礎的テキストが今は，見当たらない状態である．2006年，これまで出版された「コラージュ療法」関係書には内容に誤りなどの事情が判明し，遺憾のことながら，絶版状態を余儀なくされている．教育研究を推進するための基本的参考書を緊急に出版する必要性が出てきた．何とか基本となる歴史的事実だけは正確に記録し，残しておかなければならないと考える．
　本書のもとになったものは，筆者が過去20年あまりの日本心理臨床学会，日本臨床心理士会，日本箱庭療法学会，日本遊戯療法学会，その他の主催する「コラージュ療法ワークショップ」で配布してきたレジメをもとにしている．このレジメは筆者のコラージュ療法経験の深まりとともに，また，20年以上に及ぶ学界でのコラージュ療法研究の発展につれて，内容は徐々に充実したものとなってきた．
　本書は第Ⅰ部と第Ⅱ部に分かれている．第Ⅰ部は筆者がコラージュ療法を思いつく経過とその理論的背景，日本での過去20年以上にわたるコラージュ療法の歴史を載せた．第Ⅱ部にはコラージュ療法の実践方法を記述した．多くの読者は第Ⅱ部から読んでいただいても差し支えない．しかし，その技法が出てきた背景を知らないままに，ただ「切って貼る」だけを実践するということから生じる危うさがあるということを忘れないでほしい．方法が単純明快である

ために，ついついその背景が省略され過ぎて，誤解されているのではないだろうか。単純な方法論の背後にこそ，しっかりした理論的基礎が必要であると言える。これまで出版されたコラージュ療法の論文や著書は，筆者が本書第Ⅰ部で述べたような内容をまったく省略していることが多い。また，多くの文献には，由来や先行研究を紹介しないまま，また出典を明記しないままに書かれていることが多く，これは研究者のマナーに反する行為と言わざるを得ない。

　コラージュ療法の初心者とともに，これまですでに実践している人も，これまでの間違った記憶を再確認し，誤解を改めるためにもぜひ一読をしていただきたい。

平成24年3月
森谷寛之

目　次

はじめに …………………………………………………………………… 003

第Ⅰ部　コラージュ療法の成り立ち

第1章　コラージュ療法の開発の経過 …………………………… 011

　　はじめに　　　　　　　　　　　　　　　　　　　　　　　　011
　　1-1　研究開発の動機づけ——必要は発明の母　　　　　　　　011
　　1-2　着想，仮説——ブレイクスルー　　　　　　　　　　　　013
　　1-3　心理臨床実践へ——いろいろな技術的困難さ　　　　　　018
　　1-4　効果の確認——心理臨床実践能力の必要性　　　　　　　020
　　1-5　理論化　　　　　　　　　　　　　　　　　　　　　　　021
　　1-6　最初の公式発表　　　　　　　　　　　　　　　　　　　021

第2章　コラージュ療法の発想とその理論的背景
　　　　　——砂遊び・箱庭・コラージュ—— …………………… 027

　　はじめに　　　　　　　　　　　　　　　　　　　　　　　　027
　　2-1　カルフの『カルフ箱庭療法（原題，『砂遊び』）』　　　　028
　　2-2　河合隼雄編『箱庭療法入門』における「箱庭療法」　　　030
　　2-3　『トポスの知』による「箱庭療法」　　　　　　　　　　031
　　2-4　森谷の「発想」——「レディ・メイドの組み合わせ」の意味　034
　　2-5　芸術から芸術療法（心理療法）へ　　　　　　　　　　　035
　　2-6　「療法」とは　　　　　　　　　　　　　　　　　　　　057
　　2-7　患者から生まれた「コラージュ」　　　　　　　　　　　062
　　2-8　まとめ——コラージュの複素数分析　　　　　　　　　　063

第3章　コラージュ療法の発展の歩み
　　　　　——先行研究と歴史的位置づけ—— …………………… 067

　　はじめに　　　　　　　　　　　　　　　　　　　　　　　　067
　　3-1　箱庭療法とコラージュ療法にまつわる歴史年表　　　　　067

3-2　先行研究について——コラージュ療法以前　　　　　076
3-3　日本におけるコラージュ療法初期文献　　　　　　077
3-4　海外における初期文献　　　　　　　　　　　　　079
3-5　『マガジン・フォト・コラージュ』について　　　084
3-6　解題——MPC法とコラージュ療法　　　　　　　085
3-7　コラージュ療法研究の発展　　　　　　　　　　　092
3-8　普及に伴う困難　　　　　　　　　　　　　　　　096

第Ⅱ部　コラージュ療法の実践活用

第4章　コラージュ療法の実際　………………………105

はじめに　　　　　　　　　　　　　　　　　　　　　　105
4-1　制作手続き　　　　　　　　　　　　　　　　　　105
4-2　制作における準備　　　　　　　　　　　　　　　107
4-3　切り抜き素材の準備方法　　　　　　　　　　　　109
4-4　切り抜素材の集め方　　　　　　　　　　　　　　112
4-5　素材として何を集めるか　　　　　　　　　　　　113
4-6　コラージュ制作中の態度　　　　　　　　　　　　122
4-7　コラージュ制作後　　　　　　　　　　　　　　　124
4-8　グループでの制作実習　　　　　　　　　　　　　125
4-9　さまざまなアプローチ　　　　　　　　　　　　　128

第5章　コラージュ療法のアセスメント　……………133

はじめに　　　　　　　　　　　　　　　　　　　　　　133
5-1　箱庭療法のアセスメントの考え方　　　　　　　　134
5-2　アセスメントの基本的な考え方　　　　　　　　　136
5-3　作品のアセスメント——さまざまな判断軸　　　　143
5-4　判断軸の意味について　　　　　　　　　　　　　146
5-5　主題によるアセスメント　　　　　　　　　　　　155
5-6　症状のアセスメント　　　　　　　　　　　　　　155

第6章　コラージュ作品と心理発達課題のテーマ
　　　——エリクソンの心理発達図表を軸として——……………**157**

　はじめに　　　　　　　　　　　　　　　　　　　　　157
　6-1　エリクソンの発達理論概要　　　　　　　　　　157
　6-2　コラージュ作品の発達変化——集計調査のデータから　164
　6-3　小学生のコラージュ作品　　　　　　　　　　　168
　6-4　思春期——中学生のコラージュ作品　　　　　　176
　6-5　ヤングアダルト——20歳代のコラージュ作品　　182
　6-6　働き盛り——成人期のコラージュ作品　　　　　186
　6-7　高齢者のコラージュ作品　　　　　　　　　　　190
　6-8　まとめ——コラージュ作品を貫く「旅」のテーマ　191

第7章　コラージュ療法の実践
　　　——臨床への適用——　　……………………………**193**

　はじめに　　　　　　　　　　　　　　　　　　　　　193
　7-1　不登校のコラージュ療法事例　　　　　　　　　194
　7-2　抑うつ神経症のコラージュ療法事例　　　　　　205
　まとめ　　　　　　　　　　　　　　　　　　　　　　214

　あとがき　　　　　　　　　　　　　　　　　　　　　215

　文　献　　　　　　　　　　　　　　　　　　　　　　217

第Ⅰ部

コラージュ療法の成り立ち

第1章
コラージュ療法の開発の経過

はじめに

　筆者は，2009年8月の日本コラージュ療法学会設立の基調講演において，研究が一般にたどる諸段階について（1）「動機づけ」，（2）「着想，仮説—ブレイクスルー」，（3）「実践—技術的困難さの克服」，（4）「効果の確認—心理臨床実践能力の必要性」，（5）「理論化—知識の蓄積」，（6）「公式発表—先行研究との関係」，（7）「他者による追試，検証，批判—重要な第三者」，（8）「普及—研究会，学会」の8段階に分け，その各段階ごとに説明を行った（森谷・西村，2010）。ここはその内容を踏まえて，筆者のコラージュ療法の開発の諸段階について述べる。第1章ではそのうちの（1）から（6）段階，すなわち，公式発表までの道のりを述べる。そして理論化の詳細は第2章に述べる。発表以後の普及経過（7）（8）については第3章にそれぞれ述べていくことにする。

1-1　研究開発の動機づけ――必要は発明の母

　筆者がコラージュ療法の開発の詳しいいきさつについて最初に書いたのは，『コラージュ療法入門』（1993）の「はじめに」であった。ここではそれと重複することが多いことをまず最初にお断りしておきたい。
　すべての研究は動機づけから始まる。動機づけがなければ，何ごとも始まらない。必要は発明の母といわれている。まったくその通りであると思う。
　心理療法の原則は対話であるが，多くのクライエントは対話が苦手である。ほとんどのクライエントは自分の心で生じていることをうまく相手（セラピスト）に説明できない。そのためにセラピストはクライエントの心の中で生じていることを，何とかして形として表現にもたらす工夫が必要とされる。それぞれのセラピストはこれまでもいろいろな工夫をしてきた。ロジャーズのカウン

セリングの基本原則も，心の表現を促すための重要な方法の一つである。筆者の場合，話だけではなく見た夢を聞いたり，また，絵にしてもらったりしてきた。しかし，夢も見ないし絵も苦手という人も多い。そういう時には箱庭の設備があれば大変助かる。しかし，1980年代当時には，箱庭療法を実施することができたのは，恵まれた環境であり，そのような場はそう多くはなかった。今日ではずいぶん箱庭環境が整備されたといはいえ，状況はあまり変わらないだろう。たとえば，大震災の心のケアという時に使える方法は限られてくるだろう。そういう場合，箱庭療法に匹敵するようなものができないか，というのが筆者の考えたことである。

　1985年に当時勤務していた愛知医科大学附属病院小児科の藤本孟男教授から子どもの心理的面接を依頼された。そこでは遊戯療法などを実施するための設備は何もなかった。当然，箱庭療法の設備もなかった。何の設備もないところで幼い子どもの面接をしなければならなかった。筆者は，何もないところで，ともかくやってみようと決意した。必要に迫られると何かよいアイデアが出るかも知れないと考えた。

　筆者自身は芸術的才能はないと自覚していた。そのこともあって絵の苦手な人でもできる描画法を開発してきた。芸術的才能のない人に芸術療法を行うというのが筆者のやり方であった。そこで九分割統合絵画法という方法も思いついた（森谷，1986；1987）。この方法は，筆者が「枠づけ法」（中井，1974）について研究している途中の1983年春に，金剛界マンダラ図を見て思いついたものである。A4判画用紙に枠づけし，画面を3×3の9区画にし，その枠の中に描画させるという方法である。画面が小さくなるので絵の苦手な人でも描きやすくなる。描画面積は小さくなるが，九つもの小さな要素を描画できるので，結果的には情報量が増え，一般的な描画法よりも有効的だと考えた。ここで重要なことは，これは描画法と称しているが，絵を描くというよりも，むしろ，頭に去来する思いつきをメモするというものである。「描画法」よりも「連想法」によりウェイトを置いたものである。これは筆者がそれまで言語連想法の研究をしていたからである。この方法でそれまでよりも描画（というよりも連想）を促進させることができた。ここでの成果は，拙著『チックの心理療法』（1990, 金剛出版）『子どものアートセラピー―箱庭・描画・コラージュ―』（1995, 金剛出版）をご覧いただきたい。しかし，このような描画法の工夫をしてもな

お，箱庭療法にはかなわないと思っていた。たとえば九分割統合絵画法と箱庭療法の単純な比較でいうならば，九分割統合絵画法では基本的には九つの絵が表現される。しかし一方，砂箱に置かれるミニチュアは九つ以上置かれるだろう。単純に比較しても情報量が箱庭療法の方が上である。もちろん，九分割統合絵画法独自の役割があり，直接比較するのがむずかしいのも事実であるが。また，当時，なぐり描き法もよく利用した。これも優れた芸術療法の一つであるが，しかし，箱庭療法と比較すれば，断然，箱庭療法の方に分があると言わざるを得ない。それで持ち運びできるような箱庭がほしいと漠然と思っていた。

　ここで重要なことは，描画法を自分なりに追究した結果，なおも箱庭療法の方が優れていると判断していたことである。描画法と箱庭療法とは優劣つけがたいという立場とはその認識において違っているのである。描画法と箱庭療法がもし，対等であるならば，コラージュ療法を開発したいという動機づけ自体が出てこなかったと言わざるをえない。

1-2　着想，仮説──ブレイクスルー

1-2-a　奇妙なきっかけ

　コラージュ療法は，奇妙なきっかけから始まっている。

　1986年12月4日，私の大学院時代の後輩で当時，金沢美術工芸大学の小林哲郎氏から手紙を受け取った。当時，私は愛知県にいて，当時，お互いにあまり頻繁な交流はなく，突然の手紙であった。学生が卒業制作でミニ箱庭を作成するらしい。その参考として，「森谷さんはミニ箱庭を作ったと聞いたが，どんな方法でしましたか」という趣旨の手紙であった。奇妙な手紙だなと思った。私がミニ箱庭を実際作ったことも，作ろうとしたこともなかった。しかし，ミニ箱庭のことは，どこかで言ったかもしれないと思った。筆者は「その噂は間違いだけれども，ミニ箱庭はほしいと思っている。よいものができたら使ってみたい」という趣旨の返事をした。当時，筆者はチックに関する博士論文に集中していた。このことはそれきり忘れていた。

1-2-b　『コラージュ論』の登場

　1987年2月に池田満寿夫著『コラージュ論』が出版された。筆者は「コラー

ジュ」という言葉は当然昔から知っていた。しかし，この言葉はあまりよい意味には使っていなかった。「この論文はコラージュに過ぎない」というような形で使われていた。今では，これを"コピペ"と呼んでいる。

　筆者は，新聞広告でそれを見つけて，なぜかこの本がとても気になった。わざわざ注文して取り寄せた。新聞広告を見てわざわざ本を注文するというのはめったにないことであった。本書はコラージュについてまとめられた本であり，コラージュの由来などが解説されている。

　コラージュは，「糊による貼り付けの意。キュビスムのパピエ・コレ（貼紙）の発展したもので，本来相応関係のない別々の映像を最初の目的とまったく別のやり方で結びつけ，異様な美やユーモアやロマネスクの領域を絵画に導入した……」（『新潮世界美術辞典』）と紹介されていた。興味深い本だと思った。

　しかし，筆者はその時それでコラージュ療法を思いついたわけではなかった。本書を読んでいきなり「コラージュ療法」を思いついた人がいるだろうか。筆者も本書を読んでコラージュと箱庭療法が結びつくということはなかった。読者には，コラージュの歴史的由来を知るために本書を読まれることを勧める。と同時に，本書を読んで，ここからコラージュ療法が出てこないことを確かめてほしい。それは「美術のコラージュ」と「療法のコラージュ」はまったく別物，「方向が違う」ことを確認してほしいからである。多くの「コラージュ療法」の解説は，「ピカソのコラージュ→コラージュ療法」と書いているが，それは間違いであることをはっきり指摘しておこう。筆者もこれを読んで，コラージュ療法を思いついたのでは決してないことを再度述べておきたい。この問題は，第２章に改めて取りあげたい。

　筆者はともかくこの本を大変興味深く読んだ。何か心の中に響くものがあったのだと思う。しかし，それだけであった。

Column

コラーゲン（collagen）

コラージュとは「膠（にかわ）」による貼り付けという意味である。

日本語の「のり（糊）」は「米偏」であるから，成分が「でんぷん」である。かつて日本人は接着剤が必要になれば，ご飯粒をすりつぶして貼り付けた。しかし，コラージュの接着剤は，でんぷんではなく，動物性のタンパク質の膠である。藤本（1994）によれば，コラージュの語源はラテン語で，「にかわをつくるもと」という意味の「コラーゲン collagen」に由来する。

特徴は，①「細胞の外」にあることと，②「線維状」である。このコラーゲンによって，細胞と細胞が接着されて，大きな生物の体ができあがる。細胞と細胞を結びつけるコラーゲンがなかったならば，生物は単細胞のままで，それ以上大きくなることができなかった。コラーゲンは皮膚，骨，軟骨，腱，血管壁，歯などに大量に存在し，高等動物の体のタンパク質のおよそ3分の1を占める。ウシやブタの皮などから大量のコラーゲンが取れる。

皮膚の真皮層の90％がコラーゲンで，皮膚のきめを整え，弾力を支え，水分を保つ，という役割を持っている。老化したり，乾燥すると皮膚がかさかさになる

利用法として，接着剤（にかわ），人工血管，皮膚のしわのばし，コンタクトレンズ，やけどカバーの材料，化粧品（保湿剤），ゼラチンに使用されている。

1-2-c　ブレイクスルー――持ち運びのできる箱庭療法とは

　1987年4月のはじめに博士論文「チックおよびジル・ドゥ・ラ・トゥレット症候群に関する臨床心理学的研究」を京都大学に提出した。その内容は箱庭，夢，描画にあらわれたチック症状の特徴を理論化したものである（拙著，『チックの心理療法』，1990a，金剛出版）。長年心の重荷になっていた課題に一段落がつき，ほっとして心が自由になっていた。次にどんな研究をしようかと，漠然と考えていた。

　提出してひと月くらい後の5月半ばのこと。筆者は非常勤先の精神病院にいて，各病棟の受け持ちの患者さんたちと面接を終えて，夕方5時前に医局に戻ってきた。そこで少し他愛もないおしゃべりをして，時間が来たら帰るという日常であった。

　その時，ふと思い出して，「ミニ箱庭を開発しようとしている学生がいるらしい。確かに，あると便利だね」と口にした。「いったい箱庭療法の本質とは何か？」と考えながら，筆者は「持ち運べる箱庭」のアイデアをあれこれ口にしていた。それを聞いていた友人の江口昇勇さんが，箱庭用の人形などのミニチュアは紙に描いた絵で代用したらどうかと言った。彼は，人形の絵カードを砂に立てることを考えていた。筆者はそれを聞いた瞬間にはっと気がついた。すべて紙だけでできるはず。砂箱もいらない。一挙にアイデアがまとまった。

　その時，筆者は「箱庭療法の本質とは，立体のコラージュに違いない」という洞察を得た。その時の心境も『コラージュ療法入門』の「はじめに」に記録している。「とんでもないことを思いついてしまった」，「なぜ，こんな簡単なことが今まで分からなかったのか」と感じた。思いつく時というのは，徐々に考えが固まることもあるけれども，一挙に「全部分かる」という思いつきもある。一瞬にしてこれはどういうことなのか，理論化も何もかも含めて，そして，これがどれくらいのインパクトと広がりを持つものであるのかも含めてその瞬間に分かった。今までは箱庭という形で立体のおもちゃを利用することで，いろいろな表現の可能性が生まれてきたわけであるが，平面の組み合わせでもそれに匹敵するくらいの利用価値があるはずだと直観した。

　地平線が切り開かれるという表現がよいであろう。目の前に急に地平線が開けて，全体が見渡せた。細かな改良は別であるが，筆者の頭の中ではこの時に

箱庭療法とコラージュ療法

```
        箱庭療法              トポスの知
       (カルフ．河合)        (中村雄二郎)
              紙の
              人形
                            物にひそむたましい
                                (ヤッフェ)
         コラージュ療法
         (池田満寿夫)
```

Ready-Made の組み合わせ

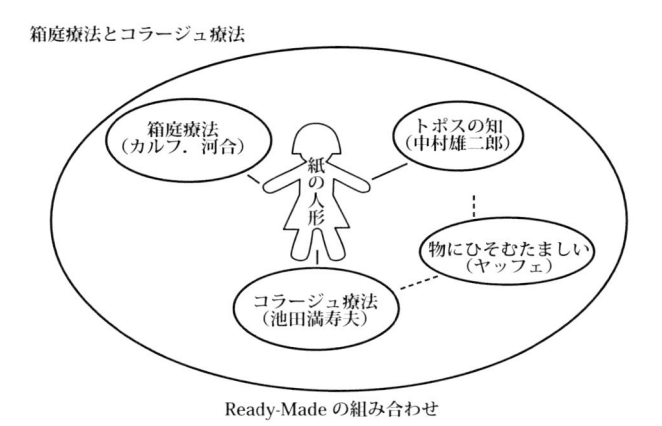

図1-1　コラージュ療法の起源（森谷，2002）

すでにコラージュ療法は完成していたと考える。これまでの10数年の箱庭療法の経験，1984年頃に読んだ『トポスの知』（河合・中村，1994）の知識，そして1987年春の『コラージュ論』の知識。これらの知識は，私の頭の中で別々にインプットされていたままであった（図1-1）。これらが着想の瞬間に結合したのである。頭の中では全部もうできあがっていた。足らないのは，実践でそれを証明することであった。

1-2-d　コラージュ療法の発見――コラージュの価値の再発見

　振り返って，筆者の見つけたものとは何かということが問われる。第2章で詳しく説明するように，美術（芸術）のコラージュが直接に，そのままコラージュ療法になったわけではない。
　いろいろな芸術的技法がコラージュ以外にもたくさんある。その数ある中で，**コラージュは箱庭療法に匹敵するほどの利用価値がある**，というのが筆者の発見である。ただ，コラージュをおそるおそる心理臨床場面に使ってみた，ということではない。それなら，その他のさまざまな技法も，心理臨床に使ってみたらよいだろう。それがはたして箱庭療法に匹敵するほどの働きをするのかどうかである。
　「箱庭療法は砂を使う。だから，粘土は箱庭療法に匹敵するほどの有効性を

持ち得るはずだ」という仮説を立てることもできたはず。そうすれば,「箱庭療法に匹敵する粘土療法」が成立するはずであろう。しかし,筆者はそれは採用しなかったのである。粘土にはそれ特有の利用価値があることは確かであるが,箱庭療法ほどの広がりを持たないであろうと思うからである。

それ故に,コラージュ療法は箱庭療法の存在がなければ成立し得なかったということができる。諸外国でもいろいろな芸術の方法を心理療法に利用している。その中の One of them としてコラージュも利用されているらしい。コラージュは何も特殊なものではないということができる。それなら立体のコラージュと言われているアッサンブラージュなども利用してもよいであろう。このような仕方であれば,コラージュ療法と呼ぶ必要はなかったであろう。筆者は,コラージュは One of them ではない,と主張している。

これに似た発想は,ランドガーテン（Helen B. Landgarten, 1993）の「マガジン・フォト・コラージュ」がある。これは TAT がお手本になっている。民族の壁を超えることのできる方法で,かつ TAT（絵画統覚検査）に匹敵する方法とは何か？ というコンセプトで出てきている。TAT という基礎があって,始めて「マガジン・フォト・コラージュ」が成立するように,コラージュ療法は箱庭療法があって成立する。

図式的に言えば,諸外国では,「芸術の諸技法の一つであるコラージュ→臨床へ利用」である。日本の筆者の場合,「箱庭療法→コラージュ療法」（日本）という順番である。この違いは重要であると考える。

1-3　心理臨床実践へ――いろいろな技術的困難さ

紙媒体のイメージを貼り合わせることが,心理療法実践に適用可能なはずと直観したが,現実に具体的にそれをどのように導入するかという点において,いくつかの技術的困難さに出会うものである。思いつきが実現するまでには,それらの細かい困難を乗り越える必要がある。

思いついたその日から準備を始めた。しかし,いざとなると,思いがけない困難にぶつかる。コラージュは切り抜き材料を準備することが必要である。どのようなものをどれぐらい集めるか,そのサイズはどうするのか。切り抜き材料が乏しくてできないのではなく,その逆にあまりにも選択肢が多すぎて,ど

うしてよいか分からなくなる。

　また，心理臨床場面で出会うことになる事例は千差万別である。それぞれにふさわしい素材は何か。はたして，個々のクライエントの内面にふさわしい素材を提供できるのであろうか。いろいろ考えると，先に進まないのが普通である。また，はたして本当に心理療法の効果を証明できるのだろうか。いろいろ疑問が出てきて，普通ならここで開発を止めてしまうだろうと思う。

　後で振り返ると，コラージュ療法はとても簡単で，誰でも思いつきそうなものだと思う。しかし，周囲の誰もしていない時に，それでも始める見通しと覚悟ができるかである。後の人はとても簡単で，苦労がない。あの山は登れると聞いた人は，誰でも簡単に登ることができる。コロンブスの卵のたとえもあろう。「コラージュは心理療法に有効らしい」ということを聞いただけで，誰でも開発できたはずである。

　その時，やはり，箱庭療法の経験が頼りであった。『箱庭療法入門』（河合隼雄編，1969）の扉絵のイメージを思い出した。この本に当時（1960年後半）の玩具の写真が掲載されている。今から見ると，とても少数の玩具で，あれだけの成果を挙げている。そこで筆者は，切り抜きや雑誌の数は，少数でも可能なはずだと考えた。少数から出発して，足らなければ徐々に増やせばよいのだと考えた。筆者も箱庭療法を実践する時に，毎年少しずつミニチュアを継ぎ足してきた経験を思い出した。

　箱庭療法のミニチュアは何度でも繰り返し使える。しかし，コラージュは一度使えばなくなる。これはクライエントにとっていつも刺激材料が違うということを意味している。これではたして意味ある体験を促すことができるであろうか。たとえば，箱庭療法でいつも毎回繰り返し同一のアイテム（たとえば，ウルトラマン）が登場することがよくある。それは制作者にとって必須のものであり，解釈の際にも重要な目印となるものである。コラージュ療法の場合，それを利用することができない。そのために貼り付けてそれで消耗するのではなく，ただたんに台紙に置くだけで，それをまた回収し，何度も繰り返し使うということも考えた。クライエントにとって毎回刺激が異なっても，心理療法としてはたして意味があるのか。それを学術的に意味あることとして，多くの研究者をはたして説得できるのであろうか。

　筆者は，この自ら湧いてきた疑問に対して，いちいち納得できる答えを用意

しなければならない。"同一の"刺激材料でなくても、ある程度"似通った、同じような種類の"刺激材料があればできるはずだと考えた。それにはユングの元型理論が助けになった。ユングの元型理論とは、現実界の非常に多くの多種多様なイメージは実は少数の基本的イメージに還元できるというアイデアであった。すなわち、父親、母親、アニマ、アニムスなど、その基本イメージが人格の構成にとって重要という考えであった。これを思い出し、おかげで基本となる少数のイメージから出発することができた。

箱庭は棚にミニチュアが置いてあるので、一目で全体のミニチュアが見通せる。しかし、雑誌や切り抜きは短時間の間に、クライエントにどう見せればよいのか。面接時間という制限もある。面接時間は非常に貴重な時間であり、無駄な時間は費やすべきではない。

このようにアイデアを実際に実現するまで、いろいろな技術的な困難さに遭遇した。それらを一つひとつ自分で考えて、納得し、それらを突破していかなければならなかった。筆者はそれを一つずつ考えながら進めていった。次の週にはもう実践していた。

また、導入に当たって原則を立てた。実験デザインはともかくシンプルにすることにした。シンプルにしないと、後でいったい何が有効であったのかを証明することが困難になるからである。

それで台紙などは白色で平均的なものを使い、特殊な用紙を使用しないことにした。切り抜き材料も特殊はものではなく、どこにでもありそうな通常の材料を使うことにした。

筆者がすべきことは、ともかく古雑誌から絵や写真を切り、貼り合わせることが心理臨床実践において有効であることを示すことであった。それ以上のいろいろな細かい工夫は後の人の仕事であると考え、それらの改良は後の人に委ねた。そのために筆者は一番シンプルな方法を使った。

1-4　効果の確認——心理臨床実践能力の必要性

さて、実際に有効性を確認するには、心理療法の実践能力が必要となる。また、それにふさわしい事例と出会う必要があった。当時、筆者は心理臨床の場に恵まれていた。子どもから老人まで、学生相談から、精神病まで広く扱うこ

とのできる立場にいた。最初の適用は、長期入院している精神疾患の人であった。嫌がらずにしてくれた。この方法は使えると実感できた。その後、次々に事例を増やしていった。

1-5　理論化

　実践で得たものをどのように理論化し，他者の批判に耐え得るような形で発表するのかという点で，またクリアしなければならない関門がある。筆者は，これまでの知識と経験を総動員しなければならなかった。ちょうどチックに関する博士論文を書いたばかりであった。そこに当時の筆者の知識と経験の到達点がある。それは箱庭療法，夢分析，描画研究とりわけ「九分割統合絵画法」，心理テストなどの知識と経験をもとにせざるを得なかった。そしてそれだけではなく，池田満寿夫の『コラージュ論』と中村雄二郎と河合隼雄の対談『トポスの知』での内容が参考になった。とりわけ，「箱庭療法の本質は，レディ・メイドの組み合わせ」とする中村雄二郎の発言なしには理論化できなかった。これについては第2章で詳しく振り返ることにしたい。

1-6　最初の公式発表

　筆者は，1987年5月に着想してその半年後の1987年12月5日に第126回東海精神神経学会（静岡）で公式発表した。この間わずか半年である。これ以上早い発表は考えられないだろう。日本精神神経学会の地方会である東海精神神経学会は年に何度か，季節ごとに開かれていた。この学会は，大会発表当日に発表抄録を事務局に提出することになっていた。その抄録が後に精神神経学雑誌に掲載される。学会発表は1987年12月であるが，抄録は翌年1988年5月に全国誌となって配布される仕組みである。

　筆者は，コラージュ療法を思いついてから，公式発表までの間，誰にも相談することなく，全部筆者ひとりでしていた。事例も全部ひとりでしていた。当時，親子両方ともひとりで担当していた。誰の手も借りていない。

　以下は，森谷の最初の学会発表（1987.12.05）の全文（森谷，1988）である。

「森谷寛之　1988　心理療法におけるコラージュ（切り貼り遊び）の利用　精神神経学雑誌，90（5），450.

　この研究は箱庭技法をより簡便にし，その利用範囲（たとえば，箱庭設備のない各病棟などでの実施）を拡大しようという試みから始まった。この目的のためにまず，考えられるのは，箱庭をさらにミニチュア化することである。しかし，この試みの最大の難点は砂の問題と玩具の大きさをどうするのかという点にある。このために今までこの試みに成功した人はいないようである。
　さて，箱庭技法において砂を使用することに劣らず重要なことは，表現の手段として"既製品"を使うことである。その方法として，新聞・雑誌・パンフレットなどの切り抜きを用意しておき，患者はそれらの中から自分の気に入ったイメージを選び出し，画用紙に張りつける。この技法は，筆者のオリジナルではなく，ピカソをはじめとする現代美術の重要な技法の１つであるコラージュである。ここではこの技法を適用した症例のいくつかを報告した」

　コラージュ療法について研究する人は，先行研究に当たる必要がある。そのために過去に発表された文献をできる限り集めなければならない。しかし，多くの人は，この手順を省くようである。過去の基本的文献を手に入れないままに，孫引きで由来を記述してしまう。しかし，最初期の文献に故意か過失か明白ではないが，間違った記述がなされた場合，後々まで間違ったままそれが記載されていく。時代を経るに従って間違いは拡大していくことになる。現在のコラージュ療法の文献がこのような混乱状態にある（これについては，森谷（2008a）を参照。この論文は，筆者の研究が後の研究者によって，どのように筆者の業績が誤解されていったのか，その経過を調べたものである）。
　このようなことにならないために，とりわけ，最初期の文献は手に入れておく必要がある。そこでここに全文を掲載することにした。この抄録は，非常に短いけれどもコラージュ療法成立のために必要なことはすべて書いてある。すなわち，この公式学会発表の時点で，コラージュ療法は成立したと考えることができる。
　1987年12月の学会発表以後，筆者は先行研究を捜しながら，さらにいろいろな事例に適用し，その技法の適用範囲を探っていった。とくに注意していた

のは，この技法の副作用がないかどうかであった。幸い筆者が行った範囲では，コラージュ療法を適用して困ったことになったことはなかった。しかし，ないとは言い切れないことは言うまでもない。先行研究は意外にも見つからなかった。これについては第3章2節で触れたい。

最初の発表の時も反響があったが，抄録が1988年5月に全国誌に掲載されてから，すぐに反応があった。たとえば，東京の式場病院の精神科医の秋元勇治（1988年6月8日消印）から，さっそく資料請求の問い合わせがあった。秋元からは，ご自分の論文（秋元ほか，1987；長谷川ほか，1986）も同封で送られてきた。筆者は，当時，書きためていた未発表で，ほぼ完成していた論文（森谷，1990b）を送った。

公式発表後は，筆者は多くの知り合いの心理臨床家に対して，先行研究を問い合わせると同時にコラージュ療法についての関心を持つように誘っていた。

当時，筆者はみんなに「この方法はいろいろなところに応用できる余地がある。今なら何をしてもオリジナルで，いくらでも論文が書けるはず」と呼びかけていた。

1989年11月に筆者は二度目の学会発表を第21回芸術療法学会（京都）で行った（森谷，1989d）。論文自体は1989年5月にすでに先に投稿してあった。学会では驚いたことにコラージュに対する演題が筆者以外からも出ていた。筆者が2年前に発表したものと同趣旨の内容であった。筆者は，疑問も感じたが，コラージュは社会のどこにでもあること故に，同一のテーマを思いつくこともあり得ない話ではないと好意的に考えることにした。

この森谷の発表に対して，フロアからの山中康裕と大森健一の二人が質問に立った。その記録は貴重な歴史の記録であるので，ここで残しておきたい（森谷，2008a）。これは『コラージュ療法入門』出版時に，山中の疑問に答えるために再現する必要があったので，1993年5月から6月にかけてまとめたものである。当時，この逐語録を山中にも送付した。この内容の要約は「コラージュ療法入門／はじめに」に記載されている。座長は霜山德爾であった。

山中康裕（当時，京都大学）とのやり取りをまとめると以下のようなものとなる。

①発表を大変興味深く拝聴した。森谷は山中（1989）に言及したが，山中がコラージュを知ったのは20年前のこと。

②絵画療法をしていたら，患者さんは絵を描くだけでは満足できなくて，いろんな高価な画集をじょきじょきと切って，レオナルド・ダ・ビンチから何から全部自分の作品の中に取り込んで貼って来られたのが最初だった。
③以来，山中は自分の治療のためにコラージュをもう今までに1,000点以上も作っている。山中自身は自分の治療のために使ってきたつもりだった。こういう場で皆さんが治療の方法として提出されたことに大変敬意を表する。
④患者さん自身が自分で選ばれる時は，そのまま拝見していたが，それをこちらの方から提示する発想まで転換できなかったわけで，今回の発表は大変面白かった。

　筆者は，山中がすでに20年も前にクライエントのコラージュ作品に出会っており，さらに自身でも1,000枚ものコラージュ作品を作っているということを知り，驚いた。そこで筆者は「なぜ，箱庭療法とコラージュの関係に気づかなかったのか」と問い返した。それに対して，山中は「気がつかなったのではなくて，ずっと全部気がついていた。それを治療法として新しいものとして提示することに気づかなかっただけ」，さらに「自分はあらゆる芸術を実践している。あらゆる芸術表現活動は全部いっしょだと思っている。その特性はそれぞれにおいて違うが」と答えた。
　山中の次に質問したのは大森健一（当時，獨協医大）であった。
①西丸四方の『精神医学』の教科書の中にある古い患者さんが，新聞や雑誌から切り抜いてコラージュを作っている写真が掲載されている。「分裂病者の奇妙な行為」を示す写真である。そういえばもう黙っていても患者さんがコラージュを作るのはあったんだな。
②次は，「この方法はある程度注意して使えば，適用の範囲は非常に広いのではないか」，「森谷は統合失調症の患者にコラージュを作らせているのか」，「何を目標に統合失調症の患者にコラージュを使うのか」という質問であった。
③それに対して，筆者は，「切り抜き内容を箱庭よりも自由にできる。各年齢に合わせて箱を用意もできる」，「統合失調症患者には最初から適用してきた。一番の目標は，何とか少しでも表現の幅を広げたいから。ノイローゼの患者に比べ，重ね貼りが少ないなどの特徴がある」と説明した。
　ここでのやり取りは今日の時点で振り返ってみても，貴重なやり取りだと思

う。お二人はいずれも先行研究について言及している。これについて少しコメントをしておきたい。

　筆者は，この芸術療法学会の前に，山中（1989）の論文を見つけていた。この号には，筆者の九分割統合絵画法の論文も掲載されていた（森谷，1989c）。そこで山中の発言についてはそれほど驚かなかった。驚いたのは，まず，山中が箱庭療法の大家であり，コラージュ作品を作ってるにもかかわらず，そのコラージュ療法へとなぜ発展させなかったのか，その理由がなぜか分からなかった。筆者は，この時，逆に山中に「なぜ，コラージュ療法へと発展させなかったのか」と質問したが，その答えは筆者には納得できにくいものであった。筆者にはこれが長い間の疑問であった。その理由が今日では理解できる。

①山中はコラージュ療法を開発する動機づけがなかったのではないだろうか。山中はあらゆる芸術活動に親しんでいる，また，それらは特性に違いはあるとはいえ，同じ価値を持っていると考えている。同じ価値であるのであれば，新しい方法を開発する必要性がない。箱庭療法がなければ，絵画療法で間に合う。

②コラージュを作った患者は，描画能力もあり，高価な画集を惜しげもなく切ることができるような経済的にもまったく困らない人であったようである。筆者は，描画能力もなく，経済的にも恵まれない人や，不備な環境にいる人に必要な方法としてコラージュ療法を開発した。

③山中は学会で「患者さんは絵を描くだけでは満足できなくて」コラージュに移ったと述べている。このことはコラージュの方が絵よりも高次の，より技術的にむずかしい方法と考えているということである。だから，山中は描画能力の乏しい患者ではなく，自分に適用したのではないか。

④山中自身も箱庭療法とコラージュの関係に気づいていたと述べた。しかし，筆者が考えるに，山中は「コラージュが箱庭療法に匹敵するほどの利用価値のある方法である」という認識は持っていなかったと思う。

　大森の指摘はまた別の意味で重要な意味を持っている。当時，筆者は，山中と大森の指摘についてコラージュ療法の先行研究についての情報提供として受けとめていた。なぜなら，当時の筆者は，先行研究をあれこれ捜していたからである。

西丸四方（1949）の『精神医学』は，筆者も持っていたことを思い出した。学会発表当時，筆者は，愛知医科大学に勤務していた。この新設医大精神神経科初代教授が西丸四方その人であった。西丸教授は1978年3月に定年退職された。筆者はその4月に入れ代わりで，精神神経科助手として赴任したという因縁があった。西丸は，退職後も時折医大に遊びに来られた。しかし，このコラージュのことについては何も聞いたことがなかった。私の業績についても西丸は何も知らない。

　今，本書の執筆に当たって，大森の指摘は先行研究文献の指摘だけではなく，別の重要な意味を持つことに気づいた。これは第3章にも述べる予定であるが，ここでは以下の点だけを指摘しておきたい。

①「もう黙っていても患者さんがコラージュをやるのはあったんだな」（大森）。古くから芸術とは関係なく，自然状態で患者さんは切り貼りの方法を行っていた。
②患者自ら必要な方法を開発したという点においては，山中の患者もそうである。それ故に，山中と大森の二人とも指摘したのは，自然状態では患者は自分から必要に応じてコラージュを始めていたということとなる。
③しかしながら，これら患者の行動の意義をセラピストは見逃していた。すなわち，西丸もその意義を見逃していた。また，そのテキストを見た多くの精神科医，大森自身も含め，その意義を見逃していた。また，筆者自身も以前にこのテキストを見たことがあるのにもかかわらず，意義を見逃していた。また，自らコラージュを作成していた山中自身さえも，患者の提案を見逃していたという事実である。
④コラージュという方法は，非常に単純明快な方法である。そして見慣れたものである。しかし，誰もその価値は容易に見抜けなかったということを示していると言えよう。コラージュ療法の発見は簡単なことではなかったということを指摘しておきたい。

　この学会発表において，多くの情報を得ることができた。また，コラージュ療法に関心を示す研究者が東京に現れた。以後，協力してコラージュ療法の実践と研究を進めて行くことになる。普及に対してはずみがついた。しかしまた，これは同時に誤解の始まりでもあった。

第2章
コラージュ療法の発想とその理論的背景
―― 砂遊び・箱庭・コラージュ ――

はじめに

　第1章で述べたような経過を辿って，筆者はコラージュ療法に行き着いた。ここでは第1章第5節で予告していたコラージュ療法の理論の背景について述べていきたい。そのためには，箱庭療法についての基本的な考え方を確認する作業が必要となる。

　筆者は，「持ち運べる箱庭」というアイデアを考える時，いつも箱庭療法とはいったい何か，その本質は何か，ということを自問自答していた。箱庭療法と対話をしながら作り上げていたということができる。

　筆者はコラージュ療法研修会の際に参加者に向かって，「箱庭療法を何も知らない人に説明するとすれば，どのように説明するか。『箱庭療法とは……です』，と説明してみて下さい」と話しかけることにしている。

　たいていの人は，箱庭療法とは「棚に並べてある多くのミニチュアから好きなものを選んで，砂箱の中に並べて作品を作る方法」と説明する。そこで筆者は，「その通りです。さて，この説明方法，定義はいったい誰に由来するのでしょうか？」と質問すると，みんなは答えることができない。箱庭療法の由来を多少なりとも知っている人は，「カルフ（Dora Kalff）」に由来すると答える。しかし，筆者が，カルフ自身はそういう定義づけをしていない，と言えばみんな驚く。このことは筆者以外は誰も指摘していないようである。箱庭療法はローエンフェルト（Margaret Lowenfeld）の「世界技法」から発しているが，ここでは日本の箱庭療法の直接の源である『カルフ箱庭療法』（1966）から記述を始めたい。

2-1　カルフの『カルフ箱庭療法（原題,『砂遊び』)』

　カルフの『カルフ箱庭療法（原題,『砂遊び――その心への治療的効果』)』(1966)を今日改めて読み直してみると,カルフは文字通り「砂遊び(Sandspiel)」として考えていたことが分かる。
　まず最初に玩具のいっぱい詰まった棚の口絵写真がある。そして次に「日本の読者へ」の序文がある。その書き出しは,「遊び」の意義からである。「人はその本質において〈遊ぶ人〉」で「遊びにおいて,人は全体性に近づく」と述べている。そして次に「自由」の意義が続く。「彼は,自分自身を表現するのに,自由だと感じなければならない。彼は,自分に最も近い世界を表しうるものを,バラエティに富んだ幾多の**玩具**から選ぶことができる。他方,治療者は,病者が受け入れられていると感じ,自由な保護された空間を作り出せることが是非必要となる」と述べている。邦文で4頁になるカルフの「日本の読者へ」の序文の中で"玩具"に言及しているのは,わずかこの部分だけである。(太字は筆者による)
　カルフの序文に続いて,シュレーゲル(Leonhard Schlegel)の序文が続く。シュレーゲルは,幼児の砂遊びの記述から始まり,フロイトに言及する。そして精神分析的解釈としてよくあるように,砂と糞便の関係,そして糞便をこねてものを作り出す喜びを述べている。このようにカルフも,シュレーゲルも,本法を「砂遊び」として捉えているのである。
　シュレーゲルが玩具について述べているのは,次のくだりだけである。「カルフ夫人の治療においてたいそう大きな役割を演じている箱庭遊びは,たくさんの玩具を**補助的**に用いることによって,子供がより豊かに,より自由に作品をつくることを可能にしている」(太字は筆者)すなわち,砂遊びに玩具が加味されると,単なる砂遊び以上に豊かな表現をもたらす効果があると指摘している。あくまで玩具は補助にすぎない。
　そして,序文のあとカルフによる本文が続く。「はじめに」の部分では,箱庭療法の解説よりも,ユングのいう「全体性」,「人格中心化」が幼年期から現れるということから始めている。そしてユングの「四」や「四角」の象徴理論の解説を始めている。そして自由にして保護された空間,母子一体性が治療と

して必要であることを説いている。玩具の記述は，12頁になってやっと出てくる。「幾百もの小さい**玩具**の中から選んだものを使って子供によって作られた箱庭の作品は，ある精神的状況の三次元的表現として理解される。無意識の問題は箱庭の中である1つのドラマのように演じられる。葛藤は内的世界から外的世界へと移され，目に見えるようにされる」（太字は筆者）というくだりの中で，玩具の言及があるだけである。

「玩具」についての記述が一番多く見られるのは，「はじめに」の最後部分である。24頁になって，ようやく玩具に焦点があった記述が現れる。

「さて，遊戯室で子供は沢山の物を見つける」と述べ，「色紙，粘土，モザイク石，石膏，人間――現代のさまざまな職業の人やいろいろのタイプの人，過去の人，黒人や戦うインディアン，その他いろいろな姿の人間，野獣，家畜，いろいろな建築様式の家，樹木，灌木，花，垣根，交通標識，自動車，汽車，古い馬車，ボートなど」を挙げている。「要するにそれらは，広大な世界の中に，しかもまた"子供の空想の中に現れてくる周知のもの"ばかり」とカルフは述べている。

「これらは，ロンドンのローエンフェルト夫人が彼女の〈世界遊戯〉（Weltspiel）として蒐集した素材としてつかわれたものの中にあったものである」，「子供はそれらの多くの玩具の中から，特に自分に気に入り，自分にとって何か意味を持つ物を選び出すのである」，「彼はその砂箱の中で，自分が空想の中でその世界を体験したことと同じように玩具に振る舞わせる」と述べている。このような玩具についての考え方は，現在の遊戯療法で用いる玩具の考え方と同じであるということができる。この視点と第4章（第5節「文献からみた素材選び」）で述べる河合の箱庭療法で使用する場合の玩具に対するとらえ方と異なるということをさしあたり指摘しておきたい。

カルフ自身の意識性においては，玩具の占める位置が小さいことを意味している。しかし，このことは実践において玩具の役割が小さいとは言えない。たとえば，カルフの著書の扉の表紙の口絵で，一番はじめに目にするのは，ミニチュア玩具の並んだ棚の大写しである。非常に多くのミニチュアが所狭しと並んでいる。このアンバランスがおもしろい。一番読者が目にするものは，大量のミニチュアであるにもかかわらず，カルフの意識はそこには焦点が乏しく，砂の方にアクセントがあるのである。

2-2　河合隼雄編『箱庭療法入門』における「箱庭療法」

　一方，河合隼雄編『箱庭療法入門』(1969) を今日改めて読み直してみよう。「第1章　技法とその発展過程」の中で，ローエンフェルトが1929年に子どものための心理療法として考案し，カルフがユングの分析心理学の考えを導入し，成人にも効果のある心理療法として発展させた，と紹介した後，すぐに技法の説明に入る。そして箱庭療法とは「砂の入った箱に，玩具棚から適当な玩具を選んで，何らかの表現をさせるもの」として箱庭を紹介している。この河合の定義が以後の日本における箱庭療法の定義となった。

　箱の大きさと箱の色，砂の性質，砂の湿り気を説明した後，すぐ次に玩具の説明に入る。河合の説明は，カルフのいうような「砂遊び」に重点を置いた説明ではなく，玩具の方によりアクセントを置いていることが明瞭である。そして揃えるべき玩具の説明が続く。いわく「指定はないが，できるだけ多くの種類，テストよりもできるだけ多彩な表現の可能性を引き出すことが目的なので，多くのものを用意する。人形の大きさなども一定にしない。大きさを一定にしない方がかえって表現が豊かになったり，意味が明瞭になる。大きさにこだわる人，大きさを無視する人の個性が反映される（大きさの多様性が強迫性の診断にも寄与することを述べている）。

　ぜひ用意するべきもの，人，動物，木，花，乗り物，建築物，橋，柵，石，怪獣など，その他，仏像，キリストやマリア像。

　乗り物類は，救急車や消防車，戦車，軍艦，汽車，飛行機，ガソリンスタンド。

　以上のものを一度に全部そろえることは困難であるので，段々とそろえていけばよい」と続く。次に教示として「この砂と玩具を使って，何でもいいから，作ってみて下さい」という内容となる。以後，日本ではこの形式の紹介が続くことになる。たとえば木村（1985）の一番初めの記述は，第1章「箱庭療法とは」の要約には次のような記述となっている。

「箱庭は一定の容積の砂箱の中に種々のミニチュア玩具の中から自由に選んだ素材で小世界を構成する自己表現活動である。それが治療状況の中で極めて有効で感動的な，内面のアピールとなり，治療者とのかかわりを深め，また自己のイメージと対話しうる媒体となっていくのである」

「箱庭」療法において，カルフの「砂遊び」療法よりも，玩具に比重が置かれているると分かるであろう。この玩具についての考察は，また第4章で詳しく取りあげたい。

2-3 『トポスの知』による「箱庭療法」

　本書は心理臨床家・河合隼雄と哲学者・中村雄二郎との箱庭療法をめぐる対話である。1965年に箱庭療法が日本で導入されて，約20年経過した頃に，河合は，改めてこれまで実践してきた箱庭療法の意味について考えようとした。そして箱庭療法について何も知らない哲学者・中村雄二郎に説明していく。中村は，箱庭を実際に触れて体験し，また，河合の解説を聞いて，哲学者として自分の体験を言語化し，位置づけていく。そのプロセスが非常におもしろい。河合と中村がそのような対話を繰り返すことによって，箱庭療法の本質がくっきりと浮かび上がってくる。そこで中村は，カルフとも河合とも違う角度で，箱庭療法を捉え直していく。結果，河合の箱庭療法の定義と中村の定義の仕方が微妙にずれる。

　筆者はこの本を出版されてまもなく読んでいた。そして中村の定義は，非常に不思議で，新鮮に響いた。なぜなら，筆者はこのような定義づけを河合をはじめ，周囲の人から一度も聞いたことがなかったからである。しかし，筆者にはそれがいったい何を意味しているのか，不明のままであった。

　この『トポスの知』という書名から，箱庭療法のことが論じられているとは気がつかないだろう。つまり，この『トポスの知』は，物が置き方と場所を異にすればまったく意味が異なるということを表明しているのである。箱庭療法とは，「砂遊び」ではなく，「物と空間」の問題を扱うものであると表明したということができる。ここでは哲学者らしい普遍的な視点からの考察が加えられている。

　本書で中村は，箱庭は「イメージを噴出させる装置」であると規定した後，いろいろな観点から箱庭療法の本質に迫っていく。ここで忘れてはならないことは，中村の発言は，河合の前で，河合に向かって発せられたという事実である。河合がこの中村の発言を引き出したことは間違いない。さらにいうならば，ここで河合自身が箱庭療法から「コラージュ療法」を思いつく可能性もあった

はずである。

「ふつうは，絵を描くほうが箱庭をつくるよりも自由ではないかと考えられがちだと思うんです。しかし，これは間違いであって，自由に絵を描く場合に，かえって木は何の色であるか，どういう形をしているのかという，コンヴェンションにとらわれると思うんですね。

　箱庭の面白いのは，既成のでき上がったパーツを使っていることですね。実をいうと，われわれが世界をイメージとしてつくり上げているのは，結局『組み合せ』の問題なんですね。しかも，組み合せによって，もともとの形の意味は変わってしまう。……まったくの自由というのは，近代の一つの迷妄であって，ある形が与えられている，基本的なものがあることによって，かえって自由になれるんです」(76-77頁)

「私が箱庭療法にほとんどいかれるくらい感心したのは，絵を描く場合にはウマイ・ヘタがあるといわれたけれども，そのウマイ・ヘタがまったく問題にならないということです。また，ウマイ・ヘタを除いても，絵画ではわれわれは固定観念にとらわれやすい。

　たとえば，木を描けば，暗黙のモデルがあって，幹が中心にあるとか，枝や葉っぱが必要だとか，そういう固定観念に非常にとらわれやすいんですね。箱庭療法の場合には，もともと既成品を使っているから，そういう問題はまったくない。そして逆に自由な組み合わせができるから，二重に自由であることになる」(115頁)

「箱庭療法の箱庭は，実にすばらしい仕掛けをもったものでありながら，面白いことにまず材質ということはほとんど問題にならない。金や銀を使うことは意味をなさない。パーツの一つひとつのオリジナリティは必要とされない。それでいてみんなが同じものをつくるかというと，全然違うわけでしょう。

　だから，これまでの近代人のオリジナリティ信仰に対して実にいい批判を含んでいる。おそらく，初めて箱庭療法に接した人が箱庭を冷ややかにみれば，ものは粗末であり，出来合いのものを使っている。人形や乗り物だってありきたりだという形で退けられやすいけれど，実は，そこに現代人の否応なしに共有しているイメージがみんな揃っている。もしも『現代の先端的なイメージはこうだから，新しくこういうものをつくろう』というやり方だったら，だめだっ

たと思うんです。
　そうではなくて，いつのまにかわれわれの社会のなかででき上がり物質化されているようなあれこれのイメージが用意されている。その組み合せで表現するというところに，一見ありきたりなように見えながら，そういうことを通して一番うまく自分たちの心のなかの願望を引き出す仕掛けになっているんですね」(142頁)

　以上のように『カルフ箱庭療法』とも，河合編『箱庭療法入門』ともまったく違う発想が『トポスの知』には見られることが分かるであろう。今日，コラージュ療法を知った観点からすると，これらの発言は，コラージュのことを指していると容易に想像できるだろう。以上の記述の中には，「砂」という言葉が消えていることにも注意してほしい。このことは砂が重要では"ない"ことを意味しているわけではないが，砂も含めて，その本質を記述しようとしているのである。
　しかし，不思議なことに，『トポスの知』の中では「コラージュ」という言葉はまったく出てこない。最近（2008年以後）になって知ったことであるが，中村は同じ年に出版された別の本（『術語集──気になることば』，1984，岩波新書）には「箱庭療法」という項目がある。「コラージュ」ではなく「ブリコラージュ」という言葉で箱庭療法を説明している。この本は，『トポスの知』の後で書かれたことが推測される。筆者がもし，『トポスの知』ではなく，この『術語集』を読んでいたら，コラージュ療法を発見していなかったかも知れないと思う。
　そもそもいったい本法を何と名づけるべきなのだろうか。「砂遊び」と考えるか，「日本古来の箱庭づくり」と考えるか，それとも「イメージを噴出させる装置」と考えるか，それによって意味が異なってくる。コラージュ療法は，この最後「イメージを噴出させる装置」として考えることによって成立したということができる。
　コラージュは，「イメージを噴出させる」技法として，もっとも優れた方法の一つということができる。これまでは，少なくとも日本においては「イメージを噴出させる」方法としてのコラージュを心理臨床に活用することが重要であるという認識に到達していなかったということができる。

『トポスの知』の中で，箱庭療法とコラージュ療法の接点を示すもう一つのエピソードがある。これは河合がうつ病の女性の箱庭作品を紹介するくだりである（73頁以下）。この女性は砂箱の中に，何と「帽子」を置いたのである。これは「砂遊び療法」や「箱庭療法」からはとうてい想定されなかった「物」が砂箱の中に放り込まれたのである。この時，河合は「……私が思ったのは，箱庭で帽子を使うということは考えられないでしょう」と驚きを述べている。それに対して中村は「こういう箱庭が怖いというのか，すごいのは，帽子のような，なんでもないもので深刻な表現をしているということですね。……こういう帽子のようななんでもないものが高い象徴性を持ったのには驚きました。怖いですよ。……一つ一つ取りあげるとなんでもないことのなかに，すごい意味がひそんでいるという点では，大傑作でしょうね」と述べている。

2-4　森谷の「発想」——「レディ・メイドの組み合わせ」の意味

　筆者は，中村の言葉，「箱庭の面白いのは，既成のでき上がったパーツを使っていること……」という発言から，立体のレディ・メイドでも，平面のレディ・メイドでも効果は変わらないだろうと考え，コラージュ療法を発想したと述べた。しかし，さらに筆者の言いたいことは，箱庭療法の経験から，自分で絵を描くのと，自分自身で作り出さず，既製の玩具や絵で代用した場合，心理療法の効果は変わるのかどうか，という観点をも問題にしたのである。

　初期において箱庭療法の特徴の一つとして，絵を描くのが苦手な人でも箱庭療法ならできると言われていたからである。そして筆者は，箱庭療法の経験が積み重なるにつれて，自分独自の絵を描いたりしないでも，市販の玩具を組み合わせて砂箱に置くだけでも，心理療法の効果は変わらないと認識するようになった。それなら，無理に苦労して絵を描かなくても，玩具を並べるだけで，心理療法は進めることができるといえる。

　これを一歩進めて，筆者はこれをコラージュ療法に適用したのである。すなわち，「自分独自で絵を描かなくても，誰かが描いた絵や写真を選び，切って貼ったとしても，心理療法の効果はおそらく変わらないであろう」と。

　このことはコラージュを心理臨床の実践において試してきた結果，予期したような結果になったと思う。

2-5 芸術から芸術療法（心理療法）へ

2-5-a 美術のコラージュとコラージュ療法の関係

これまで箱庭療法からコラージュ療法がどのように出てきたのかを説明してきた。しかし，少し角度を変えて，「芸術（美術）」から，「作業療法」，「芸術療法」，「心理療法」との関係を考察してみたい。類書では，この関係にほとんど触れないままに，美術のコラージュからコラージュ療法が出てきたかのように書いてある。すなわち，「美術のコラージュ→コラージュ療法」の順番である。歴史的順番としてはこれが正しい。そのような説明は一見分かりやすいであろうが，それはまったく違うと言わざるを得ない。このような説明をする人は，自分でそれを開発したことがなく，後から推測でこうなったに違いないと言っているに過ぎない。ある論文では，コラージュ療法は自然に生まれてきたかのような言い方をしている。しかし，実際は美術のコラージュがそのままコラージュ療法になったわけでは決してない。

それは「砂遊び」をしていた人が，突如思いつき，「砂遊び療法」になったと説明するとどうであろうか。「砂遊び→砂遊び療法」の順。それはあり得ない話とまでは言えないだろう。しかし，事実はまったく違う。「砂遊び」から「砂遊び療法」が出てきていないのはご承知であろう。

同じように「遊び（遊戯）」から「遊戯療法」は出てきていない。しかし，多くの人は「遊び→遊戯療法」になったと錯覚しているようである。遊戯療法は，精神分析を子どもに適用するために考え出されたものである。そのことを少し紹介しておこう。メラニー・クライン（Melanie Klein）の『羨望と感謝』（1957）の翻訳書（1975）に「研究自伝――遊戯療法から――」（163-194頁）が収められている。当時，精神分析は潜在期以後の子どもしか適用してはならないと考えられていた。そこで1920年代初期に，おもちゃを使って精神分析を行うという方法が採用された。クラインは「この接近方法は，精神分析の基本原則――自由連想――に一致するものであった」と述べている。すなわち，「遊び」は「自由連想」と同じという発見から遊びが遊戯"療法"になったのである。子どもの自由連想は遊びを通じてできるというのが，遊戯療法である。まず，「精神分析（自由連想）」がありきである。そして遊戯療法にはどんなおも

ちゃを使うのがよいのかについてクラインが述べている。当時のおもちゃに対する考え方がうかがえて興味深い。これは箱庭療法やコラージュ療法との関係でも知っておくことはむだではない。要約すると，

(1) 一番重要なことは，たくさんの小さな人形。人形は機械的なものではないこと，色と大きさがいろいろな種類が必要。
(2) 一定の職業的な特徴を示していないこと。
(3) おもちゃはきわめて単純なもの。子どもがさまざまな体験や空想，現実の状況などを同時に表現することができるようにする。
(4) 主な玩具の種類を挙げている。
いくつかの小さな木製の男と女の人形——通常，大小二つのサイズが必要。自動車，手押し車，ブランコ，汽車，飛行機，動物，木，ブロック，家，塀，紙，ハサミ，ナイフ，鉛筆，チョークや絵の具，のり，ボール，はじき玉，粘土，ひもなど。
(5) おもちゃと同様に，遊戯室の備品もまた単純なものでなければならない。精神分析に必要なもの以外は何も備品に含めてはいけない。
(6) 備品としては，洗える床，流れる水，一つのテーブルといくつかの椅子，小さなソファーといくつかのクッション，たんす一つ，それだけで充分である。
(7) 子どものおもちゃは，それぞれの子どものために引き出しに鍵をかけてしまっておく。個人用の引き出しこそが，精神分析の感情転移状況の特徴ともいうべき分析者と患者の間の二人だけの緊密な関係を形づくる。

以上でお分かりのように，いわゆる「遊び」と，「遊戯療法」は別ものである。まず，精神分析が発見され，無意識へ接近する方法がいろいろ探索された。自由連想のように無意識への接近方法として子どもの遊戯が利用されたのである。クラインは，遊戯療法の技法で大切な問題は，どんな場合でも，感情転移を分析するということであると，明言している。「遊戯→遊戯療法」ではない。「精神分析→無意識への接近→遊びの利用→遊戯療法」という順番である。この時，「遊びが自由連想に匹敵できるほどの有効性があるのかどうか」という点が学問的に重要であった。それが長年の経験で認められたおかげで遊戯療法が成立

したのである。

　また，同じことが日本古来の「箱庭」がヒントになってそれが「箱庭療法」になったのではない。それはまず先に「？療法」（この場合は，カルフによる「砂遊び療法」）がまず着想されて，河合隼雄がそれを体験し，それを後になって「箱庭」の名前を借りたのである。河合自身は，この名前にそれほど固執する気持ちはなかったように思う。

　これについて興味深いエピソードを思い出した。河合はある時，日本箱庭療法学会常任理事会の席上，突然「箱庭療法学会では，箱庭だけを扱う学会にするのではなく，描画，夢，コラージュなど広くイメージ全体を扱う学会にしたい。そのために学会名を変えてもよい」と提案された。思いがけない提案に一同びっくりした。このような自由な発想は，河合以外にはできないことであった。そこで新しい学会名検討委員会が作られ，筆者がその委員長になった。そこで1996年6月に理事たちにアンケートで新学会名の提案をお願いした。

　1996年10月14日に「箱庭療法学会名変更についての報告」（委員長：筆者，委員：川戸　圓，樋口和彦，弘中正美）を提出した。一番多かったのは，「箱庭イメージ表現学会」が6名である。次に多いのが「箱庭イメージ療法学会」とおよび「箱庭造形療法学会」で各々3名の者が推薦した。これらを検討したが，どの名前も決定的な賛同が得られず，結局やはりもとの名称をそのまま使うことになった。しかし，以後，箱庭だけではなく，描画，夢，コラージュなどひろくイメージ全体を積極的に扱う方針が採用され，それが現在に至っている。

　箱庭療法の起源は，すでによく知られているように，ロンドンの小児科医のローエンフェルトが1929年に，若い頃に読んだ H. G. ウェルズの小説「床遊び（floor game 1911）」を思い出し，それを心理療法に取り入れようと思いついたのである。そこで彼女はさまざまな物，たとえば，色つき棒，模型，ビーズ，いろいろな種類の小さな玩具，紙模型，マッチ箱などを集め，それを箱の中に保管した，その箱は子どもたちによって「びっくり箱」と呼ばれていたという。それを世界技法として心理療法に導入した。

　箱庭療法のもとは，「砂遊び」とは無縁であることが分かる。むしろ，室内の「床の上」での遊びに起源を持っている。床におもちゃを並べて遊ぶことが本来の由来である。このやり方の方が，「箱庭」よりは中村の定義によく合っているということができる。すなわち，できあいの玩具を自由に並べたりして遊ぶ方

法である。

　繰り返すが，箱庭療法は，砂遊びが起源でもなく，日本古来の箱庭が起源でもない。同じく，コラージュ療法もコラージュそのものから出てきたわけではない。もし，美術のコラージュからコラージュ療法が出てきたのであれば，もっと初期から1910年頃，あるいはシュールレアリスムが出てきた1920年代頃からコラージュ療法が出てきても不思議ではない。遊戯療法は1920年代よりフロイトの末娘のアンナ・フロイト（Anna Freud）とメラニー・クラインが精神分析に遊びを導入して成立した。今日では遊戯療法（play therapy）と呼んでいるが，彼女たちはこれを遊戯分析（play analysis）と呼んでいた。これと並行して，同時期にコラージュ療法が出てきてもおかしくはなかったはずである。

　美術教育のコラージュがあって，それが「コラージュ療法」になったのではない。「箱庭療法」にヒントを得て「箱庭療法に匹敵する〈レディメイドの組み合わせ〉療法」ができあがった。ただ「切って貼る」という方法が「コラージュ」として知られた技法であり，その名前を借りた。そこで筆者は，最初「切り貼り遊び療法」という副題を付けた。この名称が一番本質に近いであろう。精神分析は，「おしゃべり療法」がその本質であるのと同じであろう。「おしゃべり」と「切り貼り」が等価ということになろう。箱庭療法が昔からの箱庭とは本質が異なるのと同じように，コラージュ療法は美術のコラージュとは縁遠いものである。これについて，もう少し見ていきたい。

2-5-b　美術（芸術）とコラージュの定義

　美術（芸術）と心理療法の関係を説明するのは意外にむずかしい課題である。芸術と療法の関係，作業療法，芸術療法，心理療法の関係も説明しようとすると意外にむずかしい。ややこしい議論をしないで，ただちにコラージュ療法を実践したい人には，このような考察を避けたがるかも知れないが，基本原理を理解することはとても重要である。

　そこで美術（芸術）としてのコラージュと芸術療法としてのコラージュについて説明することにしたい。この問題は，拙著『子どものアートセラピー』（1995）のところでも論じたことがある。

　「芸術」とは，辞書にあるように「一定の材料・技術・様式を駆使して，美的

価値を創造・表現しようとする人間の活動およびその所産。造形芸術（彫刻・絵画・建築など）・表情芸術（舞踊・演劇など）・音響芸術（音楽）・言語芸術（詩・小説・戯曲など），また時間芸術と空間芸術など，視点に応じて種々に分類される」（広辞苑第5版）。

すなわち，「美的価値の創造，表現」という面に主眼が置かれている。

一方，美術のコラージュについては池田（1987）が『新潮世界美術辞典』の定義を紹介している。

すなわち，「『糊による貼付け』の意。キュビスムのパピエ・コレ（貼紙）の発展したもので，本来相応関係のない別々の映像を最初の目的とはまったく別のあり方で結びつけ，異様な美やユーモアやロマネスクの領域を絵画に導入した。ダダやシュルレアリスムにより開発され，シュヴィッタース（Kurt Schwitters）の《メルツ》やエルンスト（Max Ernst）の《百頭女》《慈善週間》などが知られる。その後これに類する手法は，現実の多様性を画面に取り込むための最も有効な手段の一つとして，ネオ・ダダ，ポップ・アートをはじめ二〇世紀の芸術において広く用いられている」とある。

また，バックとプロバンチャー（Raymond E. Buck & Mary Ann Provancher, 1972）が紹介するコラージュの定義は，「新聞，布，押し花などのようなものの一部が，象徴的，暗示的な効果として，一貫性もない関係で，台紙の上に一緒に貼られているような形式のアートである」（Webster's New World Dictionary of the American Language, New York, World Publishing Co., 1968）と紹介されている。

共通しているのは，本来ばらばらなものが一緒の台紙に貼られているということだけである。「異様な美やユーモアやロマネスク」などを目的にすることをコラージュ療法は目指していない。

以上の芸術の定義を読んだ人は「コラージュ療法」を連想するだろうか。

現代のコラージュ作家である横尾忠則は，『コラージュ・デザイン』（初版1977）は「はじめに――なぜ，コラージュ・デザインをやるか！」の部分で次のように述べている。筆者は，この第6版（1990年2月6日発行）を1990年10月下旬に見つけた。

「ぼくの大部分の仕事はコラージュである。本当はコラージュで描く世界を絵

にすればいいのだが，何しろぼくが頭の中に描く世界を描写するには，相当な写実の技術を必要としなければならないのだ。残念ながらぼくにはそのような技術も才能もない。だから写真をコラージュするのである。ぼくの考えるコラージュの世界は，あたかも現実であるかのように思わせながら，その実，非現実的であるという，そんな奇妙な，まるで夢の中に出て来そうな世界を創ることである。つまり肉眼で見るこの地球の様相ではなく，ぼくの心の中にだけ存在するアナザー・ワールドをぼく自身が見たいために創るといってもいいのではないだろうか」（6頁）

　前半の部分は，写実の技術がないので，写真を使うという部分についてはコラージュ療法の趣旨と一致する。しかし，「非現実性」を創り出すという部分については必ずしもコラージュ療法の趣旨と一致するものではない。クライエントは非現実な作品を作ることもあろう。しかし，日常生活そのものを映し出す作品を作る人もいる。コラージュ療法では，どちらでも OK である。しかし，「新人へのアドヴァイス」（83頁）に述べている部分については，コラージュ療法とも共通する部分がある。

「もともとわれわれは日常生活の中で毎日コラージュしているのだ。頭の中を次から次へかけめぐる想念そのものがコラージュ的である。われわれの頭の中は常に非論理的なイメージがぶつかり合い，交錯し合っている。ひとつのまとまった考えに没頭することはなかなか難しい。いわゆる次から次へと雑念が湧き起こってくる。統一したイメージの世界ではなく，イメージ自体が複雑に絡み合っている。こんな原稿を書いている最中でも，ぼくはいろんなことを考えている。耳からはレコードの音が入り，視界には部屋のさまざまな形や色が飛び込んでくる。考えること自体がコラージュでもある。いや生きることはコラージュそのものかも知れない」

　この記述は，フロイトの自由連想法の世界に合致する。「次々にめぐる想念」，これがコラージュの世界であると同時に自由連想の世界でもある。この部分は，コラージュ療法の趣旨に一致するということができる。コラージュ療法は箱庭療法から出てきたと述べてきたが，別の言い方が可能である。すなわち，心理

療法の基本は自由連想である。遊戯療法も，箱庭療法も，さらにコラージュ療法もその本質は自由連想に匹敵する。これらを通して自由連想が実現できるという点で共通している。

2-5-c　美術史におけるコラージュ

ここではまず美術史におけるコラージュを簡単に紹介しておきたい。従来は，コラージュ療法の先駆としてのコラージュという位置づけで紹介をされてきた。たしかにその一面がないわけではない，しかし，それよりもむしろ筆者は，美術におけるコラージュが，心理療法の目的とは"いかに異なっている"かに注目する方が重要だと考える。この視点から美術史を記述している人は筆者以外にいないと思う。

コラージュの始まりは，ピカソ（Pablo Picasso）からと言われるのが普通である。しかし，池田（1987）は，それに先立ってトロンプ・ルイユ（Trampantojo：だまし絵）から出ているという。「だまし絵」は，実物と見違えるほど，細密に，ものの表面の質や凹凸などを描写するものである。図2-1は，筆者が1992年に国立西洋美術館と名古屋市美術館で開催された「スペイン・リアリズムの美・静物画の世界」展で見つけたペドロ・デ・アコスタ（Pedro de Acosta, 1741-1755頃に活動）の「だまし絵」の作品である。まるで本物の板の壁に絵画やパンフレットなどがピンで貼りつけられているように見える。一見すると，コラージュ作品のように見える。

1912年にピカソは最初にコラージュを作った。これ以前は，対象を分割する「分析的キュビスム」と呼ばれる方法をとっていた。図2-2は『マ・ジョリ』と呼ばれる作品で，キュビスムの手法で人物を描いたものであるが，要素に分割されていて，何を描いているのが分からな

図2-1　ペドロ・デ・アコスタ（1741～1755）『だまし絵』

い状態になっている。

『マ・ジョリ』は，ピカソの恋人エヴァの愛称。この愛称は，当時流行した『最後の歌』のリフレイン，「おお，マーン，僕のかわいい人（マ・ジョリ），僕の心は君にご挨拶」に由来するという。

そこで「対象を小さな断片に分解し，"再構成する"代わりに，既成の断片，壁紙，新聞紙などを集積，つまり総合し，具体的なイメージを作り上げた」（週刊グレート・アーチスト5．1990，同朋舎出版，31頁）。ここにコラージュが導入されたのである。

コラージュの導入によって，遠近法ではなく，空間的関係をもっと明確に表現することも可能となった（一片の新聞紙の上にグラスを描けば，グラスが実際に新聞紙の上に立っていることをわからせることができるとか，筆使いによって，だまし絵のように再現する必要はなくなった）。材料そのものを用いて，対象を直接そこに取り込むことができた。ピカソとブラックは見なれた材料を見なれない方法で用いることを喜んだ。新聞紙をバイオリンに，壁紙の一片をテーブル面に変えた。もっと複雑で高度な方法で，現実と幻想の観念に挑戦していった。このように美術書はコラージュを解説している。

美術史の中で最初のコラージュとして紹介されるのは，図2-3の作品である。

この作品について美術書は次のように紹介している。

「ここでは籐椅子の模様を印刷した油布を貼りつけ，また麻縄でカンヴァスを枠取りした。この現実的な要素に対して，一切のレモン，グラス，パイプ，ナイフ，帆立貝，新聞（ジュルナル）の三文字JOUが絵画で描かれた。模造籐模様の一部で，籐椅子を表し，JOUだけで新聞JOURNALを暗示する。画家の座っているカフェであろうか。断片や記号を引用する逆説的方法で，生活や環境をイ

図2-2　ピカソ『マ・ジョリ（ギターを持つ女）』（1911〜1912） ⓒ2012 - Succession Pablo Picasso - SPDA(JAPAN)

図2-3 『籐椅子のある静物』 油彩，油布，麻縄・カンヴァス（1912）
ⓒ2012 - Succession Pablo Picasso - SPDA(JAPAN)

メージ化する革命的な作品である」

　筆者がこれらの図と解説をここに掲載したのは，コラージュ療法とピカソのコラージュが似ているのではなく，まったく別のものであるということを言いたいためである。この作品解説文も，美術解説であり，コラージュという名前は同じでも，心理療法家のまなざしやアプローチとは違うものである。心理療法家にとって着目する点は，この作品に表現されたピカソが持つ個人的意味である。籐椅子や新聞，レモン，ナイフなどがピカソにどんな重要な意味を持っているかである。美術解説では当然，そこには踏み込まない。

　コラージュ療法は，筆者が言い出すまでもなく，美術教師が最初に言い出してもおかしくはなかったはずであるが，そうではなかった。このことはある美術教諭の発言にも現れている。1990年代半ばに教育分野での研修会で，筆者はコラージュ療法を取り上げたことがあった。その時に，美術教諭も参加していた。彼は授業でもコラージュを生徒に作らせたりすることがあったという。筆者は，研修会で彼が作った作品を見た。ヌードの女性の柔らかさと，その背後の建築物の鋭角的な作品との対比に注目してコメントをした。この指摘は彼

にとって大変意外であったらしい。彼は「作品は個人の人格とは関係がない。構成として美しいかどうかが問題。ヌードを貼ったからといって，自分とは関係がない」と言い張った。美術の教師のまなざしとコラージュ療法家のまなざしはこれほどまでに違うのである。

2-5-d　シュールレアリスム（超現実主義）とコラージュ療法

ピカソのコラージュについて述べたが，次にシュールレアリスム（超現実主義）について紹介しておきたい。まず，シュールレアリスムでの作品を少し紹介しておきたい。たとえば，マックス・エルンスト（1891-1976）の『百頭女』（1929）の中の作品の一つである（図2-4）。ピカソやブラックのコラージュ作品とも，また，さらに私たちが日ごろ，コラージュ療法として通常に得る作品ともまったく印象が"違う"という点に注目したい。いったいこれがどうコラージュ療法の作品と類似性があるというのであろうか，と感じてしまう。

美術書でのシュールレアリスムの解説を読むとほぼ共通して，以下のようなことが書かれている（『騒々しい静物たち』（篠田・建畠，1993）49頁以下）。

「1924年にブルトンの『シュルレアリスム宣言』（第一宣言）によって組織された，美術や文学，映画などにわたる広範な芸術運動．宣言では『思考の真の働きを表現しようとする純粋な心的オートマチスム』と定義されているが，ダダから継承した方法（オブジェ，コラージュ，偶然性の利用など）をフロイトの説を受けて無意識の世界の探究に結びつけた運動と言ってよい。

1921年にケルンからパリに出てきたエルンストはコラージュ，フロッタージュ，デカルコマニーなどの"イメージの錬金術"によって，不穏な幻想の世界を展開

図2-4　マックス・エルンスト（1891～1976）の『百頭女』（1929）　©ADAGP, Paris & SPDA, Tokyo, 2012

した。ミロやマッソンも一時期，オートマチスムを積極的に絵画の方法として取り入れている。一方，ダリは"偏執狂的批判的方法"を掲げ，非合理的な夢想を（偶然性の効果に依拠することのない）卓越した写実的技法で描いて見せ，また潜在意識を暴き出す"象徴機能のオブジェ"を制作した」
「シュルレアリスムの世界は，私たちの"夢見る力"に深く根ざしている。具象的な表現ではあっても，それは現実の光景の再現ではなく，合理的な世界の彼岸での幻想のドラマである」

　そして，アンドレ・ブルトン（André Breton）の『シュルレアリスム第一宣言』(1924) の引用がなされている。

「シュルレアリスム。男性名詞。それによって人が，口述であれ，記述であれ，その他いかなる方法であれ，思考の真の働きを表現しようとする純粋な心的オートマチスム。理性によるいかなる制御もなく，美学上ないしは道徳上のいかなる先入主からもはなれた思考の書き取り」
「オブジェも"いかなる先入主からもはなれた"自由な思考の産物である。それはコラージュと同様に，シュルレアリスムにとって無関係なものの偶然の出会いによって，新たな詩的価値を生み出す方法である。エルンストのいうようにその時およそ似つかわしくないはずの『コウモリ傘とミシンは恋をする』のだ。詩とコラージュとオブジェの実験は，ここではイメージの錬金術とも言うべき方法を共有しているわけである」

　コラージュが，精神分析の影響を受けて，無意識へ接近するための方法としてシュールレアリストたちに利用されるようになったということはとても重要なことであると思う。コラージュ療法はここに根があるということができると思う。しかし，それならなぜ，ここからコラージュ療法として発展しなかったのであろうか。精神分析の世界にコラージュが積極的に取り入れられてもよかったのにと思う。事実はそうではなかったようである。そこで，むしろなぜ，そこで結びつかなかったのかということの説明が求められる。
　このような解説を読んだり，作品を見ると，これらがコラージュ療法と関係するというよりも，むしろ逆にいったいコラージュ療法とどんな関係があるの

かと疑ってしまうのではないだろうか。これまでのコラージュ療法入門書，たとえば，入江（1991a，1993，1999）や徳田（1993）は美術とコラージュ療法が直接関係があるかのように書いている。そうであれば，入江や徳田がまず最初にコラージュ療法を言い出したらよかったではないだろうか。しかし，美術のコラージュ作品や解説書を読んで，とりわけ日本においてコラージュ療法を思いついた人がいるのであろうか。しかし，歴史的事実を考えても，シュールレアリスムから，コラージュ療法が出てきたということは事実ではない。むしろ，シュールレアリストたちが，せっかく重要な方法を提起したのに，心理療法家たちはそれを見逃していた，それを無視したという事実の方にアクセントをあてるべきだと筆者は考える。精神科医や心理療法家には美術史に詳しかったり，美術（芸術）を愛好したり，自らコラージュ作品を創作する人がいる。そうであれば，コラージュ療法は，筆者がわざわざ箱庭療法から遠回りして発見しなくても，このように美術に詳しい心理臨床家の人たちが最初に言い出した方が自然であった。しかし，歴史的事実が証明しているように，心理臨床の分野にコラージュが登場したのは，アメリカで1970年代になってからである。それは，シュールレアリスムがコラージュ療法へと発展したのではなかったといわざるを得ない。これはいったいどういうことであろうか。

2-5-e　ユングとシュールレアリスム

　この長年の筆者の疑問に解決の糸口を与えてくれたのが，2010年に翻訳出版されたユング（Carl G. Jung）の『赤の書』である。この中でソヌ・シャムダサーニ（Sonu Shamdasani）が「芸術とチューリッヒ学派」の箇所で，ユングとダダイズムとの関係を述べている。ユングは当時の芸術家とも交流があり，シュールレアリスムについてもよく知っていて，マルセル・デュシャン（Marcel Duchamp）の『階段を降りる裸婦』についてコメントしたりしていた。しかし，ユングはその影響を受けたというよりもむしろ逆であったようである。この論文の中に，1918年にユングはダダイズム運動を批判したとある。今日，コラージュ療法を知ったわれわれからするならば，この時，ユングは無意識へ接近するために，コラージュを取り入れてもよかったはずなのに，と思う。しかし，ユングはそうしなかったらしい。シャムダサーニは「ユングの絵画的な作品をダダイストたちの作品から隔てることになった決定的な要因は，彼が意味や意

義を重要視することを最優先した点にあったのだ」と述べている。

　筆者は『赤の書』の出版以前からすでに指摘してきたことであるが，ダダの誕生はチューリヒである。また，ユング心理学，カルフの箱庭療法の誕生もまたチューリヒである。筆者はとても偶然とは思えなかった。この関係にどんな意味があるのかを知りたく思っていた。2002年夏にチューリヒ美術館を訪れる機会があった。予想通りそこには，コラージュ作品も展示されていた。その中には1920年の作品で，ミロのビーナスの胴体に男の頭，下半身は机の台という身体部分の切り貼り作品があった。筆者たちが，身体のすげ替えとか，コラージュ身体像とか，キメラ身体とか呼んで注目している現象である。ユングや箱庭療法家カルフがダダの価値を見出し，そこからコラージュ療法が生まれてもよかったはずであるとその時もそう考えた。なぜ，そこで結びつかなかったのか，そして今でも結びついていない。筆者は疑問を抱きつづけた。

　筆者の予想した通り，この『赤の書』の解説で見るように，ユングとダダは違った方向に向かっていたのである。今回改めて，年表を作成して見て気づいた。ダダは，1916年にチューリッヒで誕生した。この1916年に，ユングは『無意識の構造』，『超越機能』という論文を出している。この超越機能は，芸術療法の理論のようなもので，筆者はこれまでにも何度も引用している。また，この年にユングははじめてマンダラを描いている。ユングにとっても自分のアートセラピーに没頭していた時である。

　この時期に，シュールレアリトたちは分析家に関心を向けた。しかし，分析家の方がシュールレアリスムを評価しなかったのである。チューリヒでコラージュが知られていても，両者はすれ違いに終わったという事実の方がより重要である。分析家から見ると，シュールレアリスム宣言は，自分たちとは違うと言わざるを得ないだろう。筆者ですら，今日，ブルトンの『宣言』を読んでも，ちんぷんかんぷんで，少なくとも表面的には，これがコラージュ療法と何の関係があるだろうといぶかるしかない。

　フロイト（Sigmund Freud）もシュールレアリスムを快く思っていなかったという。

　中村（1991）は「シュルレアリスムの運動のひろがり」の中で，アンドレ・ブルトンとフロイトの関係について以下のように述べている（87頁）。

「ブルトンはフロイトの精神分析を学び，理性の支配下にない潜在意識を探ることによって，人間性を全的に解放するための芸術を主張。夢あるいは無意識の中に原型のまま残されたイマジネーションと超現実的な経験を求めるものであった。

これに対してフロイトは，精神分析をその人の子供時代の記憶や連想の助けを借りて，感情的・情緒的無秩序から回復するのを目的と考えた。それゆえに，理性からの解放を求めるブルトンと秩序への回帰を目的とするフロイトの間には，大きな相違がある。ブルトンが準備した夢のアンソロジーへの寄稿をフロイトが断ったのもこの理由による。

しかしブルトンをはじめとするシュルレアリストたちは，ダダイストたちの文明・社会・人間の理性に対する不信をそのまま受け継ぎ，悪しき理性の奴隷にならないことを目ざしたのであるから，フロイトとの相違はその出発点からして明らかであった」

芸術家からのアプローチに対して，フロイトもユングもともに距離を取ろうとしたことが分かる。それ故に，すれ違いに終わったということができるであろう。

さらにフロイトの場合，言語的交流が中心であったために，芸術療法自体に関心を持つことはなかったようである。このことは「なぐり描き法」の提唱者であるナウムブルグ（Margaret Naumburg, 1966）が『力動指向的芸術療法』の中で次のようなエピソードを紹介している。

「フロイト自身は『無意識はイメージにおいて語る』ことを主張したにもかかわらず，患者が夢を説明するのに，言葉ではなく，絵で説明したいという患者に対して，フロイトはそれを許さなかった。また，第一級の精神分析訓練施設長が『どうせいずれは言葉にしなければならないことを，苦労して絵にする必要がなぜあるのか』と語ったという」

ナウムブルグは「彼もまた，芸術療法において自発的な想像が言語化を早めるのが分からない人であった」と嘆いている。

また，動的家族画や円枠家族描画法を開発したバーンズ（Robert C. Burns,

1992）は，フロイト派が，描画という視覚的技法を重視せず，完全に言語的システムを強調することによって，家族画研究の進歩を遅らせていると批判している。

『人間と象徴』（第4章「美術における象徴性」）にも，アニエラ・ヤッフェ（Aniela Jaffé, 1964）が，ユング心理学と美術の関係に触れている。筆者はこの本が翻訳された1972年頃，河合隼雄から紹介されて，とても興味深く読んだ。ここにコラージュやシュールレアリスムが紹介されていることを，2000年頃に，鳴門教育大学大学院生と本書を輪読していて再発見した。これは潜在記憶となって，コラージュ療法を思いつく土台になっていたのではないかと思う。そこには以下のように記述されている。

「具象派の出発点は，デュシャンの有名なビン乾燥器であった．このビン乾燥器自体では，別に何ら芸術的価値を持ちえない」

「スペインの画家ホアン・ミロは，浜辺に打ち上げられたもの，"そこに横たわって誰かがその個性を見つけだしてくれるのを待っている，そうしたもの"を集めるために，毎朝明け方に浜辺に出かける。そこで見つけたものを彼は自分の仕事部屋に集めている。ときどき，それらをいくつか組み合わせてみると，非常におもしろい構成ができあがる。

1912年までにさかのぼると，スペイン生まれのパブロ・ピカソとフランスの画家ジュルジュ・ブラックはいろいろながらくたから「コラージュ」と称するものを作り出した。

ドイツの画家クルト・シュヴィッテルスは，自分のくずかごの中身を使って作品を作った。くぎ，茶色くなった紙，新聞紙の切れ端，汽車の切符，それにぼろぎれ．彼は真剣に，また新鮮な気持ちで，こうした廃物を集めては，おどろくほど効果的に奇妙な美を生み出すことに成功した」

「シュヴィッテルスの作品は，そこに使われている物体の魔術的なたかまりとは，近代絵画が人間の心の歴史においてどのような位置を占め，またどのような象徴的な意味を持っているかについて，最初のヒントを与えてくれる。それらは無意識のうちに永く続いてきた伝統をあらわしている。それは中世の密教的キリスト教徒たちの友情の伝統，錬金術者たちの伝統であるが，彼らは物質すなわちこの世の物にも，宗教的な黙想を捧げるに足るだけの威厳を認めてい

た」

「シュヴィッテルスがごく粗末なものを芸術の地位，あるいは"大聖堂"（このなかにはガラクタが足の踏み場もないほどぎっしり詰まっている）にまでたかめたことは，探し求める貴重な物は汚い物のなかに見出されると考える，昔の錬金術の説にそっくりならうものである」（170頁以下）

　ヤッフェの記述を読むと，彼女はこの技法を心理療法に使えるとは考えてもみなかったことが明らかである。彼女の関心は，心理臨床への利用よりも，コラージュと錬金術の関係に向けられている（172頁以下）。
　そして彼女は，ブルトンの自動書記について次のように述べている。

「無意識から上ってくる語句が，何等の意識的統制なしに，書き留められた。……こうした実験経過は無意識の流れに通路を開いてはいるものの，意識が演じるべき重要な，あるいは決定的でさえある役割を無視したものである。無意識がどれくらい価値を持ちうるのか，その鍵を握っているのは意識であり，だからこそ，決定的な役割を果たすのは意識の方だ。意識は，それ自身でいろいろなイメージの意味を規定したり，今ここに，現在の具体的な現実性の中にいる人にとっていろいろなイメージがどのような意味を持っているのかを認識することができないのである。意識とのある種の相互作用を通してのみ，無意識はその価値を証明できるのであり，さらに空虚がもたらす憂鬱を克服するすべを示すことも可能になるのである」（179頁）

　この記述を読むならば，ヤッフェがコラージュやシュールレアリスムについてよく知っていて強い関心を持っていても，それを心理臨床における重要性を認識し，それを一つの技法として積極的に利用しようとする方向には向かっていなかったことが分かる。彼女の関心は錬金術の伝統である。そして，逆にブルトンを批判していることが分かる。コラージュは「無意識への接近法」にその特長があるはずなのに，この点を評価せずに，むしろ，逆に「意識の重要性」を強調する立場にたって，この技法の長所を否定している。この態度は，今日の視点から見るならば不思議ですらある。
　ユング心理学とコラージュはすれ違いに終わり，それらが結びつくことはな

かったと推測せざるを得ない。

2-5-f　最近のコラージュ作品

　コラージュは美術の中でずっと影響を持ち続けたようである．戦後の美術にもコラージュ作品が見られる．筆者の目についたものを簡単に紹介しておきたい．

　これについての美術書の解説には次のように述べられている．
「この小さなコラージュ作品は，1950年代半ばに始まるブリティッシュ・ポップ・アートの端緒を開いたハミルトンの代表作．また，ポップアート全体の先駆的な作品とされる．1956年に彼は『ディス・イズ・トゥモロー』という展覧会の企画に携わったが，そのときのポスター用に制作した作品である．1929年生まれのハミルトンは戦後社会の耐乏生活への反動から，アメリカの消費文明と広告への関心を，誇張をまじえたアイロニーと共に作品化した」(『騒々しい静物たち』(篠田・建畠，1993)の解説より，103頁)．

　ピカソやエルンストらを紹介してきたが，どうもわれわれが経験しているコラージュ療法の作品とはあまりにも似通っていないように見える．しかし，このハミルトン(Richard Hamilton)の作品(図2-5)はわれわれが普通に見るコラージュ作品と近いように見える．もし，今日の筆者がコラージュ療法を開発した視点で見るならば，この作品に対して別の解説が可能である．

図2-5　リチャード・ハミルトン「何が一体今日の家庭をこんなにも違って，こんなにも魅力的にしているのか？」(1956)　25×26cm　チュービンゲン美術館　ⓒRichard Hamilton, All Rights Reserved, DACS 2012

すなわち，筆者は，これは1950年代のアメリカ社会の雰囲気をよく伝えているのではないかと思う。テーマになっているのは，戸外ではなく，家庭内が舞台である。天井が抜けていて，すぐ上は月の世界である。世界最初の有人宇宙飛行は1961年であるが，この当時も月が間近な存在であったのであろう。室内にはたくさんの電化製品――テープレコーダー，掃除機，車のエンブレム，電話，テレビ，缶詰，など――に満ちあふれた家庭状況である。おそらく当時最新の流行の品々であろう。しかし，このような近代化された家庭内の人間関係はどうなのか，ということがこの作品から一番目につく。男女関係，おそらく中年期の夫婦関係が一番のテーマになっているようである。二人とも精神性よりも肉体が過度に強調されている。しかし，親密な男女というよりも，むしろよそよそしい関係として描かれている。お互いの視線が交わることがない。そこに登場する人は，人と人の関係が描かれているのではない。ものとかかわりが深くなっているにもかかわらず，人と人の結びつきはとても希薄である。この中の男と女はとても離れた位置に貼られている。二人はどのような会話を交わすのであろうか。おそらく，ものを介しての会話になるのではないだろうか。車のこと，電化製品のこと，これらを間にはさまないと会話自体が成り立たなくなっているような印象を受ける。裸の女性のすぐ後ろのテレビの映像がある。このテレビの女性は，電話をかけて，何かコミュニケーションを図ろうとしている。背後の壁――ちょうど男女の真ん中の位置にある――には，ポスターが貼られている。このポスターの中には仲睦まじいカップルが描かれている。「Romance」という文字が強調されている。

　それは作者ハミルトン自身の男女関係を直接反映しているかも知れないし，自身ではなく，当時の社会状況，すなわち，個人的無意識よりも，集合的無意識の表現であるのかも知れない。家庭内の男女のすれ違いを表現しているように見える。それがハミルトンにとってどういう意味があるのかは，作者自身に聞いてみなければ分からないというのが，コラージュ療法家のまなざしである。筆者はハミルトンの人生について何も知らないままに述べているので，間違っているかも知れない。以上のことは美術評論家と心理臨床家のまなざしがどう違うのか，その一例として理解していただきたい。

2-5-g　レディ・メイドの登場

　以上においては，ピカソを中心に絵画作品のコラージュを見てきたが，三次元の作品にも注目すべきであろう。池田は『コラージュ論』(1987) において次のように述べている。

　「レディ・メイドの登場は20世紀美術のなかで，おそらく最大の事件にふさわしかった。『レディ・メイド』はそれを芸術作品だと画家自身が宣言すればよかった。彼は絵を描く代わりに日常的な生産品を何か一つ選び，置き方と置く場所を選び，名付ければ，そのままの形で見事に質的に変化したのである」(31頁)「コラージュ，フォトモンタージュは印刷物や既製品を素材として使うという点において，今までの絵画に対する考えを根底からひっくり返した」(48頁)

　このレディ・メイドを登場させたのが，マルセル・デュシャン (1887～1968) である。彼はピカソが最初のコラージュ作品を作った翌年に，『自転車の車輪』(1913) (図2-6) を制作し，さらに『ビン乾燥器』(1914) (図2-7) を作った。

　筆者はこれについて「マルセル・デュシャンと箱庭療法」というエッセイを1992年に書き，それを加筆修正して箱庭療法学会誌の巻頭言とした (森谷，1994)。それをここに再掲しておきたい。

　「最近，箱庭療法からヒントを得て，コラージュ療法なるも

図2-6　マルセル・デュシャン (1887～1968)『自転車の車輪』(1913) 京都国立近代美術館　©Succession Marcel Duchamp/ADAGP, Paris & SPDA, Tokyo, 2012

図2-7　マルセル・デュシャン（1887〜1968）『ビン乾燥器』（1914）京都国立近代美術館
ⒸSuccession Marcel Duchamp/ADAGP, Paris & SPDA, Tokyo, 2012

のに関心を持ち出し，いろいろなケースに適用したりしている。過去30年になる箱庭療法は"できあいの物，すなわちレディメイド"をさまざまに組み合わせることが非常に有効な手段であることを教えてくれた。箱庭療法は主に立体のレディメイドを利用してきたが，平面のレディメイドも利用可能ではないか，というのがそもそもの発想の原点であった。すなわち，新聞や雑誌などに掲載されている，できあいの絵や写真をも同じように利用できるはずである。これは美術の世界ではよく知られているコラージュである。このようないきさつでコラージュ療法を実践していると，今まで見えてこなかった箱庭療法のユニークな特徴などが逆に見えてくるようになり，私はますます箱庭療法とは何かという点に興味を深めている。

　そこで最近，現代美術書などを紐解いていると，非常におもしろい人物に出会った。それはフランス生まれのマルセル・デュシャン（Marcel Duchamp 1887-1968）という人である。美術の世界で非常に有名な人であるという。

　コラージュはその発祥はピカソやブラックに求められる。ピカソは1912年に彼の初めてのコラージュである『籐椅子のある静物』と題する作品を作った。

彼は籐椅子の模様を印刷した油布をそのまま貼りつけ，麻縄でカンヴァスを枠取りした．

　それから1年ほどの後，デュシャンは1913年に『自転車の車輪』と題する作品を作っている．この自転車の車輪は彼自身が創造したものではなく，レディメイドの車輪そのものを使ってそれに少し加工を加えて（椅子の上に車輪を逆さまに付けた），美術作品として提出したものである．翌年の1914年には有名な『ビン乾燥器』という作品を提出している．この『ビン乾燥器』とは，コップなどを洗った後，乾かすためにコップなどを逆さまにひっかけておく台所用品そのものである．実はこれもデュシャンが自分で作ったものでは決してなく，パリのデパートで購入したもので，それをそのまま作品として提出したものである．さらに傑作なのは，1917年にニューヨークのアンデパンダン展に，市販の便器を『泉』という題をつけ，『Mutt氏』という署名をつけて出品した．展覧会委員会は仰天し，出展を拒否した．そこで彼はその反論を出した．『マット氏がそれを作ったのかどうか問題ではない．彼はそれを選んだのだ』彼は日用品を取り上げ，新しい題名をつけ，思いがけない場所に置いたのである．そうすることによって『物質に対して新しい観点を作り出した』のである．"物質への新しい観点"，そこに彼の創造性が発揮されているのである．このようなことを聞くと，わたしは自分でも芸術家になれそうな気がしてきて本当にうれしくなってしまう．ともかくデパートで何でもいいから選び，それを美術館に並べればそれで芸術家の端くれに入れてもらえるのである．

　このようなことは箱庭療法の実践に携わったことのある人ならば，それほど違和感を抱かずに彼の行動を理解したのではないだろうか．箱庭療法の初期の導入においては，自分で作らなくてもよい，棚にある市販の人形や車をただ砂箱に並べればよい，描画技術も必要なく，誰にでもできる方法として説明された．デパートから仕入れられ，棚の上に置かれたウルトラマン人形をただ砂箱に置けばよい．しかし，それが子どもの手によって置かれたとたんにウルトラマン人形の意味がまるきり変わるのである．子どもはそれをいくつかの中で選んだのであり，その選択行為の中に彼の人格そのものが非常に深いレベルで反映されているのである．箱庭療法の実践で得たまなざしを逆にデュシャンの『ビン乾燥器』の作品に向けることもできるであろう．もし，患者がこのビン乾燥器を砂箱の上に置いたとすると，セラピストは仰天するに違いない（図2-8）．

するとそれは,何とも手のつけようのない作品である。針金で作られた製品は,すべて筋金だけでできており,何とも空虚な感じを抱かせる。コップを引っかけるべき針金が,まるでハリネズミのようにあちこちに上向きに突出している。すこし手を出せば,突き刺さるような恐怖に襲われる。また,突出した無数の男根にも見える。これらからデュシャンの世間の常識に逆らった生き方の反映を見て取れるだろう。その他,いろいろ想像を刺激する作品である。しかし,1917年の『便器』の作品では,それが陶器に変わっており,それまでの『自転車の車輪』や『ビン乾燥器』とは異なり,針金ではなく,実質を備えた陶器に材質が変わっていることも注目されるだろう。箱庭作品として選ばれた物体が針金製から,陶器製に変わった場合,色々議論を呼ぶ考察がなされるに違いない。

　デュシャンは『どんなものでも芸術と呼べる,どんなものでも使われ,技術や職人芸は持たないでもよいし,ユニークなものでもよいし,ユニークでない

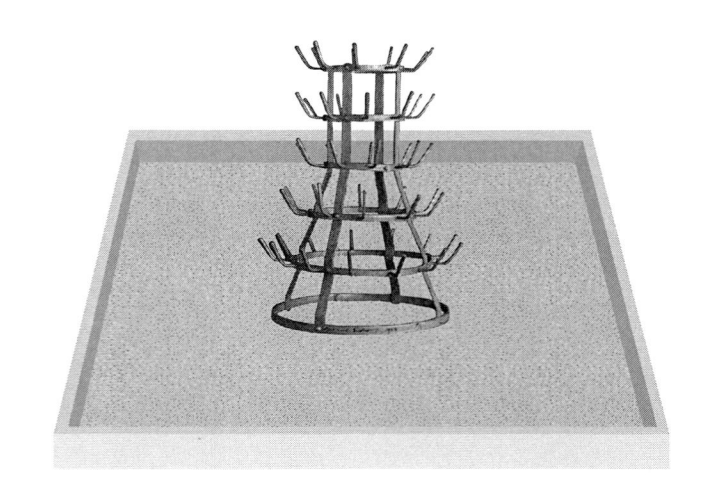

図2-8　コラージュ「砂箱に置かれたビン乾燥器」（森谷作,2011）
（デュシャンはパリのデパート売り場からワインの空き瓶を洗って乾燥させる台所用品を購入し,それを何の手も加えず美術作品として美術館に置いた。美術館ではなく,砂箱に置いたらどうだろう。箱庭用ミニチュアはみんなどこかの店で買ったものばかりなのだから。）

ものでもよいし，大量生産でもよいし，美しいものでも，みにくいものでも差し支えない。美的関心を催さないものでもいい，レディメイドのようなすぐにできるものでもいい』と述べている．このような精神は箱庭療法と非常に近いものを感じないであろうか。箱庭療法とは，このように選ばれた物をその人の生き方と重ね合わせ，じっくり，時にはしつこいほどのまなざしでみようとするのである。砂箱とはこのようなまなざしを喚起する舞台空間といえるだろう。（『箱庭療法学研究』第7巻第1号より転載）

2-6 「療法」とは

さて，これまでは美術の視点から述べてきたが，次に「療法」の視点から考えてみたい。

まず，療法の定義から始める。

「（治）療法」とは「病気やけがをなおすこと。また，そのために施す種々のてだて」（広辞苑）を意味する。

この定義は美術の定義，目的がまったく異なる。このように「芸術療法」という言葉は，まったく異質な言葉「芸術＋療法」が合成されたものである。芸術は「美」を追究し，療法は，「治す」ことを追究する。

コラージュを問題にする場合には，「療法」に関してさらに二つを問題にしなければならない。それは「作業療法」と「心理療法」である。この二つについてこれまで誰も問題にしてこなかった。この二つの違いをどう考えるべきであろうか。

2-6-a 作業療法 (occupational therapy)

まず，臨床場面にコラージュが登場するのは，作業療法からであるという事実を確認しよう。海外の文献全部を調べ尽くしたわけではないので，今後まちがいが見つかるかも知れない。コラージュ療法の過去の文献史は，筆者が1993年の『コラージュ療法入門』で「臨床場面におけるコラージュ技法の歴史」として紹介したのが最初である（第3章参照）。しかし，今日に至るまでにこれ以上の詳細な海外文献が紹介されたことはないように思う。筆者は最初から海外での先行研究には関心があり，気を配ってきたが，意外に見つからない。

ランドガーテンの『マガジン・フォト・コラージュ』には，文献が皆無である。それ故に，コラージュ療法に関するまとまったレビュー紹介は，案外『コラージュ療法入門』で森谷（1993）が執筆した以外にないのかも知れない。どなたか知っておられる人がいたら，お知らせ願いたい。

　筆者が知る限り，臨床分野でのコラージュに関する論文は，バックとプロバンチャー（1972）による「評価技法としてのマガジン・ピクチャー・コラージュ（magazine picture collage）」というもので，『アメリカ作業療法誌』に掲載されている。バックは医師で，アメリカのミシガン州デトロイトのラファイエット・クリニックのリハビリテーションサービス主任で，プロバンチャーは成人作業療法のスーパーバイザーと論文に記載されている。この論文末尾に，サイナイ山病院作業療法士でマガジン・ピクチャー・コラージュの創始者（initiator）であるジェーン・ミッチェル（Jane Mitchell）に感謝する旨の記載がある。おそらくミッチェルが提唱し，それを研究論文にしたのがバックらであったのであろう。ミッチェルの業績は不明であるが，研究などをするタイプの人ではなかったのかも知れない。

　さて，作業療法とはコーチン（Sheldon J. Korchin, 1976）によると「患者に意味ある仕事を与え，技能を上達させ，社会環境への関心を回復させること。外界の生活をひな型にした諸活動の中で患者が交流し協力できるようにダンス，音楽会，種々の授業，レクリエーションやチーム・スポーツが企画された」（『現代臨床心理学』）である。

　また，日本作業療法士協会のHPによると，次のような内容が述べられている。

「身体又は精神に障害のある者，またはそれが予測される者に対し，その主体的な活動の獲得を図るため，諸機能の回復，維持及び開発を促す作業活動を用いて治療・指導・援助を行うこと。
　作業療法の目的
　・基本能力（運動機能・精神機能）
　・応用能力（食事やトイレなど，生活で行われる活動）
　・社会生活適応能力（地域活動への参加・就労就学の準備）」

すなわち，以上のように作業療法でのコラージュの目的は，「技能の向上，社会への関心，運動・精神諸機能の回復」がその主な目的ということができる。それ故に，切ったり貼ったりする作業が伴うコラージュは作業療法としてうってつけと考えられている。しかし，バックらの論文では，ただ作業だけではなく，心理的評価にも使えるという視点で発表されている。
　コラージュについての臨床的応用の論文は最初に作業療法の分野から出て，その後に時をおかずに芸術療法の分野の論文として出てきているように思う。この違いは何かということである。作業療法と心理療法の区別をある程度はっきりさせておかなければならない。

2-6-b　心理療法とは

　「コラージュ療法は心理療法の一部門である芸術療法の中の一技法である」と筆者は定義している。それでは心理療法とは何かということをはっきりさせなければならない。心理療法をどう定義するのかは簡単なことではない。いくつもの定義づけが可能となろう。
　筆者はいろいろ検討した結果，森谷（2005）の頃より，フロイトの定義を出発点にすることにしている。
　フロイトは『精神分析入門』の序論の部分で精神分析とは何かを以下のように述べている。当時は，「精神分析」という言葉は，心理療法を意味していた。そこで「精神分析≒心理療法」と考えてよいだろう。

「精神分析（心理療法）では医師と患者の間に"言葉のやり取り"があるだけ。患者は過去の経験と現在の印象について語り，嘆き，その願望や感情の動きを打ち明ける。医師はこれに耳を傾け，患者の思考の動きを指導しようと試み，励まし，その注意を特定の方向へと向かわせ，そしていろいろと説明してやり，その時に患者が医師の言うことを了解するか，あるいは拒否するのか，という反応を観察する」

　このフロイトの定義づけから出発して，いろいろな学派の主張を整理した（表2-1，森谷，2005）。コラージュ療法はこの「言葉のやり取り」部分に非言語的な方法（芸術，つまりコラージュ）を利用するということである。フロイトの

表2-1　心理療法のさまざまな試み（森谷，2005）

フロイトの方法	修正，改善点	新しい試み
1.医師と患者の間	→ グループ間	→ エンカウンター，家族療法
2.言葉のやり取り	→ 非言語的やり取り	→ 絵画，箱庭，**コラージュ**，音楽などの芸術療法
	身体的表現のやり取り	→ 遊戯療法，ダンス，動作療法
	言葉のやり取りの工夫	→ 物語，俳句，連句療法など
3.過去の経験重視	→ 症状の意味，目的，未来の重視	→ アードラー，ユングなど
4.現在の印象	→「いま，ここ（here-and-now）」をより重視	→ ロジャース，ジェンドリン，認知療法
	心の内的イメージをより重視	→ 夢分析（ユング），対象関係学派（クライン）
	治療時間の短縮	→ 時間制限心理療法（短期精神療法）
5.患者の思考の動きを指導する	→ 指導しない	→ 非指示的方法（ロジャーズ）
	認知の修正	→ 認知療法，論理療法
	行動の修正	→ 行動療法
	家族問題の重視	→ 内観療法，家族療法
6.注意を特定の方向へと向かわせる	→ 身体への焦点づけ	→ フォーカシング（ジェンドリン）
7.フロイトとは関係なしに成立	→ 東洋的方法	→ 森田療法

いう「言葉のやり取り」とは，自由連想法を意味しているが，筆者はもう少し広く，自由にコミュニケーションできることという意味に理解したい。

　コラージュ療法は，「言葉のやり取り」の部分を，言葉以外の既製品の絵や写真を媒介にコミュニケーションをする方法である。つまり，美を追究したり，運動・精神機能の向上を追究するものではない。また，重要なことは，フロイトの定義の後半部分はそのまま必要である。すなわち，コラージュ作品を完成させるだけではなくて，それを通じて，「患者は過去の経験と現在の印象について語り，嘆き，その願望や感情の動きを打ち明け」ているのである。コラージュ作品をただ作ればよいというのではない。たしかに作るだけでもなにがしかのカタルシス効果が生じる。しかし，セラピストの役割は，その作品を通して，制作者の心の思いを理解し，その理解したものについて反応を返すという，こ

の一連の継続したプロセス全体に対して責任を負うものである。これが心理療法としてのコラージュということができる。もし，作業療法で創られた作品を通して患者の内面の理解にまで責任を持とうとしているのであれば，その人はすでに心理療法家としての役割をも果たしていることになるだろう。逆に，ただ，切って貼るという制作過程そのものを自分の役割と考えている心理臨床家は，自らの心理療法家としての役割を果たしていないことになる。自分の本来の任務は何か，この点を明確に自覚したいものである。

2-6-c　芸術療法

心理療法としてのコラージュ療法はユングの言葉で表現することもできる。筆者はしばしばこの言葉を引用するのであるが，ここでも引用したい。

芸術療法としてのコラージュ
「もろもろの感情をイメージに翻訳すること，すなわち，感情の内に隠されているイメージを見出すことに成功する分だけ，心の平安が訪れた。イメージを感情の中に隠されたままにしていたなら，きっとわたしは無意識の内容のためにばらばらに引き裂かれていたことであろう。たぶん，その無意識の内容を分裂させることができたであろうが，その場合抗いがたい力で神経症に陥り，ついにはその内容がわたしを破壊していたにちがいない。実験を通じてわたしは，感情の背後にあるイメージに気づくことが治療的観点から見ていかに救いになるかを認識した」（村本訳『ユング自伝』，1994）

このユングの発言は，シュールレアリストらの発言と大きく異なることが分かるであろう。ユングとダダが結びつかなかったのも当然であろう。すなわち，コラージュ療法とはできあいの絵や写真，さらに文字などの表現力を借りて，心の内面の無意識イメージを形にすることである。それによって，カタルシス効果が生まれたり，心の整理ができたり，セラピストへのコミュニケーションとして使うこともできる。

コラージュ療法が成立するためには，ユング心理学や箱庭療法という回り道を通して，ようやく再発見されるしかなかったのではあるまいか。

2-7　患者から生まれた「コラージュ」

　コラージュという言葉は，非常に便利な言葉であり，少し多用し過ぎていたのかも知れない。目下のところ，コラージュということで意味しているのは，3種類あるのではないだろうか。一つは，ピカソの「コラージュ」，次はシュルレアリスムの「コラージュ」である。そして，作業療法の「コラージュ」である。同じ「コラージュ」でもまったく違う意味を含んでいるということを説明してきた。コラージュ療法はピカソよりもシュールレアリスムの意味するコラージュに近いということができる。しかし，このコラージュも，フロイトやユングから見ると違うものであると認識せざるを得ない。筆者の実感としても，シュールレアリスムの主張は，とても違和感がある。何か違うという印象を持つ。その確信は，2010年のユングの『赤の書』の出版によって得ることができた。

　そこで今回，本書をまとめるにおいて，改めて気づかされたのは，もう一つのコラージュの流れがあるということである。自然状態では，クライエント自らが必要に迫られてコラージュを作成し，それが心理療法的意味を持つことが記載されている。第1章での芸術療法学会での山中や大森の指摘につながることである。

　医者で芸術史家のプリンツホルン（Hans Prinzhorn）は1890年から1920年頃にかけてヨーロッパ各地の精神病施設で収集した絵画などの中にコラージュ作品があり，それについてヤーショフ（Irwin Jarchov）はすでに芸術療法学会誌第11巻（1980）に写真入りでコラージュ作品を紹介している。これについてはすでに森谷（2003）で指摘した。

　ヤーショフは「……これはとくに無数のコラージュにおいて明確にある。これは紙でももちろんであるが，石，ボタン等々多種多様な物が用いられており，当時の公式的芸術にはまだ見られなかった技術である」と述べている。ピカソより前に精神病の患者の方が先に，後の「コラージュ」と呼ばれる方法を採用していたのである。彼らは自らそれを必要としたのであろう。

　西丸四方の精神医学の教科書（西丸，1949）には，統合失調症者の「支離滅裂のはり合わせ絵を得意になって見せる」写真（160頁，図30）が掲載されている。「甘辛人生」，「君の名は」，「家庭の王」，「自然の力」，「ノーシン」など

の活字や絵を貼り合わせた作品である。日本においても，患者が自発的にコラージュを作っている。

　これはまた1969年に山中の患者の発見でもあるし，その後もこれに続く人がいる。筆者がコラージュ療法の研修や講義をしていると，その中に自分でかつてコラージュを作っていたという人がいるものである。その人たちは，「コラージュ」という名前さえ知っていたかどうかも定かでないが。

　コラージュには，この四つの流れがあるのでないか。いずれも「コラージュ」という名称になっているために混同してしまうのではないか。共通しているのは，単純なことで，「切って貼る」方法である。それ故に，筆者が最初にこの方法につけた名前「切り貼り遊び療法」が一番誤解を与えなくてよかったのかも知れない。中村（1984）の発言「レディ・メイドの組み合わせ」の趣旨も言い換えれば「切り貼り」以外の意味は含んでいないはずである。

　さて，筆者のコラージュ療法のルーツはいったい何かということが問われる。筆者のコラージュは，ピカソでもないし，シュールレアリスムでもないと思う。患者が自ら作った伝統に一番近いと思う。ただ，患者由来のコラージュは，誰からも正当に評価されなかった。西丸の発言「支離滅裂のはり合わせ絵を得意になって見せる」に代表させるように，治療者はその「はり合わせ絵」の価値を見落としている。その作品は，いわば暗号で書かれている。その暗号の意義を読み解き，学術水準にもたらすには，箱庭療法という非常な遠回りをしなければならなかった。

　今日，ピカソやシュールレアリスムのコラージュが，箱庭療法を通すことによってその価値が再発見されるようになったのであると筆者は考える。

2-8　まとめ──コラージュの複素数分析

　以上，美術，美術教育，作業療法，心理療法（芸術療法）などの区別を論じてきた。しかし，筆者の説明に対して，読者はなかなか理解しにくいのではないだろうか。その異同を本当はうまく説明できない。筆者はそれを説明するために，最近になって以下のような図2-9を工夫してみた。これはご覧になってお分かりのように横軸を実数，縦軸に虚数（i）を取る複素数の空間である。

　このような図を考えるきっかけになったのは，森谷（2009a,b）からである。

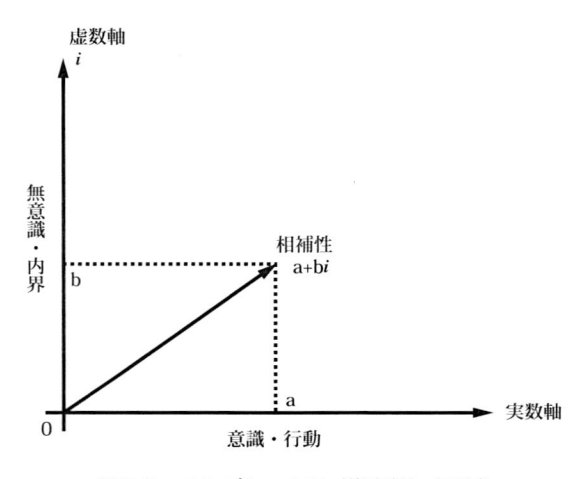

図2-9 コンプレックス（複素数）心理学

横軸に実数軸（意識，行動；精神物理学）を取り，縦軸に虚数軸（i）（無意識：深層心理学／精神解剖学）を取った．意識と無意識は相補的関係がある．この空間では，無意識へのコミットの大小がその直線の傾きで表現仕分けることができる．

臨床心理職の国資格化をめぐって，心理学の内部で実験心理学系と臨床心理学系の間で，学問的背景の相違に由来することで対立が生じた．筆者はこの両方の立場が不毛な対立を引き起こすのではなく，相補う関係にあることを説明する必要を感じた．そこでユングの「超越機能」（1916）の中にある文章「超越機能とは数学でいう超越関数に比較できるような，いわば実数と虚数（imaginary number）の相関機能である．心理における『超越機能』とは意識内容と無意識内容との連合から生じる」から思いつき，複素数（complex number）空間に位置づけることを思いついたのである．1916年はチューリッヒで「ダダ」が誕生した年でもある．

　ユングのいう心理療法とは解離した意識と無意識とをどのように統合させるかである．この意識と無意識の統合を超越機能と呼んでいる．そのためには，まず，いかにして無意識に近づくのかがもっとも重要である．まず，無意識の素材を手に入れるには，意識の機能を弱める必要がある．たとえば，夢は意識が眠っていることを利用して無意識的素材を手に入れる方法である．自発的空

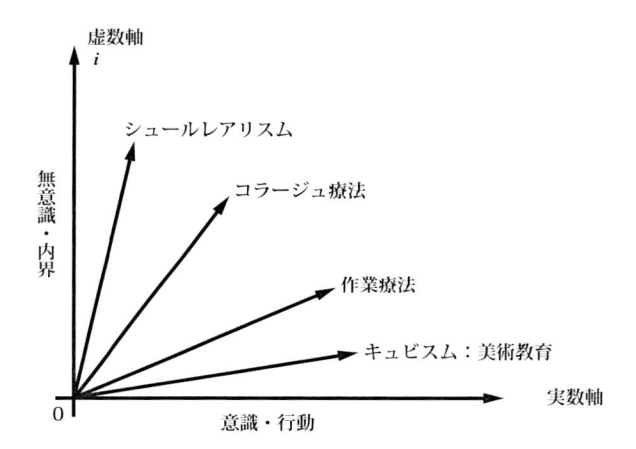

図2-10 複素数空間上におけるコラージュ療法の位置づけ——美術，作業療法，芸術療法

想も，批判的注意力を緩め，潜在的空想を湧き上がらせる方法である。フロイトの自由連想もこれに属する。その他に絵を描く方法や，粘土，ダンスなどの方法があると述べている。

今日から発想すると，ここでユングは「コラージュ」もその一つとして挙げてもよかったはずであるが，コラージュについては何も述べていない。

「患者がなんらかの画才を持っている場合，情動を絵の形で表現できる。その絵が技法や美的観点から言って，うまく描けているのかどうかは問題ではない。空想が自由に働く場となっていればそれでよいので，あとは画ができる限り入念に描かれていればよい。原理上はこの手法は先に述べた手続きと同じことである。この場合でも無意識と意識双方の影響を受けた産物が生み出されるわけで，それは光をもとめる無意識の努力と，実質を求める意識のそれを，共同の所産の内に具現している」

すなわち，心理療法は，意識の統制を緩めることによって，無意識的素材を手に入れ，その手に入れた無意識的素材を次には，しっかりと意識の力を借りて，意識の中に組み込むことになる。すなわち，作品は，意識と無意識を統合

したものである。この考え方が，シュールレアリストたちと心理療法家との違いである。シュールレアリストたちは，理性（意識）を取り去ることばかりを考えている。

　筆者は，そこで図を描くことを思いついた。

　横軸を実数（意識）に，縦軸を虚数（無意識）にした。実数と虚数の和（a+bi）が図に示されることになる（図2-9）。

　この図2-10で分かるように，同じコラージュという名前であってもその意味方向が異なる。キュビスムのコラージュは，作家の無意識を問題にしていない。造形の問題である。一方，シュールレアリスムでは，理性（意識）を排除する過激さがある。それ故に，まったく両極端である。美術教育は，造形技術を主にする場合と，制作者の心を重視する場合があり，どちらの方向であるのかは，方針次第である。生徒の内面を問題にするようなコラージュ制作であれば，芸術療法に近くなる。しかし，通常教師は生徒の無意識を扱わないものである。

　作業療法は，作業という技術，意識的側面を重視するが，その過程で，知らず知らず無意識の問題も扱うことが多いであろう。しかし，作業療法士自身は，無意識を扱うことは本来の業務ではないはずである。

　芸術療法は，意識と無意識の両方を重視するものであることが図によって理解されるであろう。作品を通して，制作者の意識的側面のみならず無意識的側面に対しても責任を持とうする行為ということができる。

第3章
コラージュ療法の発展の歩み
―― 先行研究と歴史的位置づけ ――

はじめに

　第1章ではコラージュ療法が誕生する動機づけとその着想のいきさつとそれを公式発表するまでを述べた。第2章では，コラージュ療法の理論的背景を美術，箱庭療法，作業療法などと比較しながら考察した。本章では，コラージュ療法が出てくる由来について，精神分析，箱庭療法，美術史とからめて年表を作成した。さらに1987年の日本におけるコラージュ療法の公式学会発表後，25年近い歳月の経過について述べていきたい。

　研究者は「着想から公式発表」までは自分一人で行うことができるが，これ以後の研究は研究者個人のものではなくなる。広く社会とのかかわりが問題となる。他の研究者との関係など，それまでとは違った次元の問題に遭遇することになる。「7．他者による追試，検証，批判」という段階，「8．普及―研究会，学会」などが新しい問題になってくる。研究が誤解されたり，質が問われたりする。これらは一研究者ではどうにもならない問題である。これらの問題について触れていきたい。

3-1　箱庭療法とコラージュ療法にまつわる歴史年表

　コラージュ療法をフロイトの精神分析の歩み，箱庭療法の歴史，美術史をからめて年代順にまとめた（表3-1）。

表3-1 箱庭療法とコラージュ療法にまつわる歴史年表

17世紀後半〜18世紀半ば	スペインのアンダルシア南部において「だまし絵(トロンプ・ルイユ)」(第2章図2-1)が発展する
1890〜1920	医者で芸術史家のプリンツホルンは,ヨーロッパ各地の精神病者の絵画を収集。その中に無数の「コラージュ作品」があったことを発見
1900	フロイト(1856〜1939)『夢判断』
1904	ドラ・M・カルフ誕生(1904〜90)
1906	ユング(1875〜1961)『診断学的連想研究』をフロイトに贈る
1907	ピカソ(1881〜1973)「アヴィニョンの娘たち」からキュビスムが始まる。ブラック(1882-1963)
分析的キュビスムの時代(1907-1912秋)	
1909	フロイト,ユングらはアメリカのクラーク大学を訪問
	マックス・エルンスト(1891〜1976)ボン大学入学。哲学と精神医学を学ぶ
1911	ピカソ,エヴァ(1915年死亡)と知り合う(第2章図2-2)
1912	総合的キュビスムの時代(1912〜1920年頃)
	初めてパピエ・コレの手法を用いる。『藤椅子のある静物』(第2章図2-3)
	ユング『リビドーの変容と象徴』 この頃,フロイトとユングが意見対立
1912〜14	ピカソはさかんにコラージュを制作
1913	デュシャン(1887〜1968)『自転車の車輪』——はじめてのレディメイド作品(第2章図2-6)
1914〜18	第一次世界大戦
1914	デュシャン『ビン乾燥器』(第2章図2-7,図2-8)
1915	エヴァ死亡
1916	第一次大戦中,チューリヒのキャバレー・ヴォルテールで「ダダ」運動始まる
	ユング『無意識の構造』,『超越機能』,はじめてのマンダラを描く
1917	デュシャン,ニューヨークのアンデパンダン展に『泉』という題名,「Mutt氏」という署名入りで男性用便器を出品
	フロイト『精神分析入門』

第3章　コラージュ療法の発展の歩み ‡ 069

1918	ユング，ダダイズム運動を批判（『赤の書』の「芸術とチューリッヒ学派」より）
1919	アンドレ・ブルトン（1896〜1966）「自動記述」を始める
	エルンストはこの頃より，コラージュ制作を始める
1920年代	超現実主義（surrealism）の絵画の手法としてつねにコラージュが利用される
	20年代初めに子どもの精神分析として遊戯療法が始まる
1924	『シュルレアリスム宣言』（ブルトン）
1925	エルンスト 「フロッタージュ」（ものの表面に紙を当ててこすり，その模様を写し取る方法）
1928	河合隼雄（〜2007）生まれる
1929	エルンスト『百頭女』（コラージュ集の第1作）（第2章図2-4）
	ロンドンのローエンフェルトはウェルズ（Herbert G. Wells）の床遊び（Floor Games）からヒントを得て，子どものための心理療法の一手段として，「解釈や転移なしに治療できる方法」「視覚のみならず触覚のような感覚の要素を持つ技法」，子どもの内的世界を表現する「世界技法The World Technique」を導入（1939年に論文発表）
1930	エルンスト 『カルメル修道会に入ろうとしたある少女の夢』
1934	エルンスト 『慈善週間または七大元素』
1939	フロイト死去　第2次世界大戦始まる
	ローエンフェルト「世界技法」論文発表（The World Pictures of Children——A Method of Recording and Studying them）
1941	エルンスト，アメリカ亡命
1948	C. G. ユング研究所チューリヒに創設
1949	カルフは1949年から6年間ユング研究所で学ぶ。ユングの妻のエマ・ユングに分析を受ける
	西丸四方『精神医学入門』（南山堂）（「支離滅裂のはり合わせ絵を得意になって見せる」統合失調症者の写真を掲載）
1950	ローエンフェルト「世界技法」を発表（The Natures and Use of the Lowenfeld World Technique in Work with Children and Adults.）
1954	カルフがローエンフェルトの「世界技法」の講演をチューリヒで聞き，関心を持つ
1956	カルフ，ローエンフェルトの世界技法を学ぶために1年間，ロンドンに留学。M. フォーダムやD. W. ウィニコットとも交流

1956	リチャード・ハミルトンのコラージュ『なにが一体今日の家庭をこんなにも違って、こんなにも魅力的にしているのか？』（第 2 章図 2-5）
1961年	ユング死去

〈日本における箱庭療法のはじまり〉

1962〜65	河合隼雄　スイスのユング研究所に留学。カルフと出会う
1962	岡田洋子「幼児における情緒障害診断の試み─ワールド・テストによる」を東洋英和女学院短大論集に発表（日本における「世界技法」の最初の紹介。しかし，普及せず）
1965	河合隼雄　ユング派分析資格を得て帰国。天理大学と京都市カウンセリング・センターで箱庭療法を導入。日本におけるユング心理学，夢分析の始まり
1966	Dora M. Kalff 1966 Sandspiel ── Seine therapeutische Wirkung auf die Psyche. Rascher Verlag, Zürich und Stuttgart.（原題：砂遊び──その心における治療的効果）（河合隼雄監修　大原貢・山中康裕訳　『カルフ箱庭療法』誠信書房，1972）
	カルフ，来日
1967	河合隼雄『ユング心理学入門』（39歳）
1968	バックとプロバンチャーミシガン州デトロイトで新入院患者に作業療法としてコラージュ導入。500例をもとに1972年に論文発表
1969	河合隼雄（編）『箱庭療法入門』，誠信書房
	山中（1986）の事例のクライエントが絵画療法の過程で自発的にコラージュ作品を作る
	岡田康伸「箱庭療法の基礎的研究」（作品の印象をSD法で分析し，類型化）
1972	河合隼雄監修　大原貢・山中康裕訳　『カルフ箱庭療法』誠信書房

〈作業療法分野にコラージュを導入〉

1972	バックとプロバンチャー「評価技法としてのマガジン・ピクチャー・コラージュ」をアメリカ作業療法誌に発表
1973	ピカソ死去
1974年〜77年頃	松原秀樹，九州大学診療内科で，フォーカシング研究のパイロット・スタディとしてとしてコラージュを導入。しかし，「治療機序，作用のメカニズムが判明せず」，学会発表には至らず

第3章　コラージュ療法の発展の歩み ‡ *071*

1978	山中康裕『少年期の心』（中公新書）
1979年春頃	橘玲子，精神病者にコラージュを試みるが，学会発表に至らず
1980	ヤーショフがプリンツホルンの収集の中にコラージュ作品があることを，芸術療法誌に発表（Jarchov, I., 1980）
1982	カルフ主催の「国際箱庭研究会」（チューリッヒ）創設
	第1回日本心理臨床学会（九州大学）
1982〜87	河合・山中編『箱庭療法研究』（誠信書房）が3巻出版される。
1984	河合隼雄・中村雄二郎『トポスの知──箱庭療法の世界』（TBSブリタニカ）
	岡田康伸『箱庭療法の基礎』（誠信書房）
1985	木村晴子『箱庭療法──基礎的研究と実践』（創元社）
1986	山中康裕「分析心理療法（ユング派），精神療法による自己実現」精神科MOOK　15, 吉松和哉編『精神療法の実際』, 23-33, 金原出版
〈日本におけるコラージュ療法のはじまりと日本箱庭療法学会の創設〉	
コラージュ療法誕生と日本箱庭療法学会創設は，同じ1987年である	
1986年12月	筆者，小林哲郎から卒業制作「ミニ箱庭制作の問い合わせ」の手紙を受け取る。「何かの間違い。よいものを作ってほしい」と返事
1987年2月	池田満寿夫『コラージュ論』（白水社）出版。取り寄せて読む
5月1日	日本箱庭療法学会結成／「入会のすすめ」。
5月13日	筆者，コラージュ療法着想，翌週より心理臨床実践に導入
7月	日本箱庭療法学会設立／第1回大会（京都）
10月	第6回　国際箱庭療法学会開催（京都）
12月5日	森谷，第126回東海精神神経学会（静岡）でコラージュ療法の最初の公式学会発表
1988年	臨床心理士誕生
5月	森谷の学会発表「心理療法におけるコラージュ（切り貼り遊び）の利用」が「精神神経学雑誌」に掲載される
6月8日	精神神経学雑誌を見た式場病院（千葉県市川市）の精神科医秋元勇治氏より，コラージュ療法について手紙（6月8日消印）での問い合わせ
6月14日	森谷，執筆中で，ほぼ完成のコラージュ療法論文を秋元氏へ送る

1988年	（1988年6月21日　秋山さと子の箱庭療法セミナーにおいて，不明の参加者が箱庭とコラージュの関係を示唆する発言をしたと杉浦（2006）は言う。それ以前は，このエピソードは1987年と主張していたのを2006年に変更。このできごとの真偽は未だ不明）
1989年6月	森谷「児童心理外来――コラージュ技法の再発見」（愛知医科大学小児科教室のあゆみ（1986～1988））
7月	山中「絵画療法と表現心理学」（臨床描画研究）
11月3日	森谷，第21回日本芸術療法学会で二度目の公式発表。山中と大森が森谷の発表について質問（第1章6節参照）
	杉浦・入江　日本芸術療法学会で最初の公式発表 （以後，筆者は協力して，研究を進め，普及に弾みがつくが，コラージュ療法について誤解が始まる）
	森谷「抑うつ神経症のコラージュ療法」（最初のコラージュ療法論文）第7章第2節参照
1990年	ドーラ・カルフ死去
	横尾忠則『横尾忠則のコラージュ・デザイン』
	森谷「心理療法におけるコラージュ（切り貼り遊び）の利用――砂遊び・箱庭・コラージュ――」（芸術療法誌）
	森谷・堀口・藤本「思春期やせ症のコラージュ療法」（紀要）

〈コラージュ療法の普及〉

この頃から日本心理臨床学会自主シンポジウムでコラージュ療法を取りあげる。各地での研究会活動が始まる。また，学会などでもワークショップとしてコラージュ療法が取り入れられるようになる。学会機関誌にもコラージュ療法論文が出てくる

1991年9月	森谷寛之・杉浦京子・入江茂・服部令子・近喰ふじ子・斎藤真　第10回日本心理臨床学会（京都大学）で自主シンポジウム「心理療法におけるコラージュ技法の利用――コラージュ療法の可能性――」を開催。以後，毎年（1998年，名古屋大学頃まで）継続する
	三木アヤ，光元和憲，田中千穂子『体験箱庭療法』，山王出版
	第10回国際箱庭療法学会（京都）河合隼雄会長，山中康裕準備委員長
1992年1月5日	秋山さと子先生，ご逝去
7月	コラージュ療法研究会（東海，東京）の設立
9月5日	日本心理臨床学会第11回大会（日本大学）にて自主シンポ「心理療法におけるコラージュ療法の可能性（その2）」

	9月15日	『体験コラージュ療法』（『入門』よりも後に計画されたが，先に出版され，著者の順番，起源に対する記述の間違いのために大きな誤解を与えた。p.96参照）
	11月7日	森谷，ワークショップ「コラージュ療法」（第6回日本箱庭療法学会）
1993年2月9日		橘玲子より手紙（1979年頃の精神病者のコラージュ作品を受け取る）
	4月	森谷，鳴門教育大学へ異動
	8月	『コラージュ療法入門』（コラージュ療法に関する最初の基本的入門書）。コラージュ療法の体裁が整う。森谷と杉浦がその着想の由来を詳細に記述。杉浦は「あとがき」ではじめて自分の起源を明かした。しかし，2006年にこの内容が間違いと公表
	11月20日	第7回日本箱庭療法学会（鳴門教育大学），シンポジウムでコラージュ療法を取りあげる。森谷が座長，服部令子が事例発表
		Landgarten, H. B. 1993 Magazine photo collage: a multicultural assessment and treatment technique. Brunner/Mazel,Inc.（2003年に翻訳）
		（日本の『コラージュ療法入門』とランドガーテンの『マガジン・フォト・コラージュ』は同じ年に出版された）
1994年2月		杉浦『コラージュ療法』（川島書店）（内容などに誤りがあり，多くの研究者はこれを無批判に信用したために，日本全国に間違いが広がる。後に（2010年10月），絶版となる）
		この頃，矯正分野にもコラージュ療法が広まる
	9月	日本描画テスト・描画療法学会第4回大会ワークショップ「コラージュ療法入門」
	10月	日本芸術療法学会第26回大会　シンポジウム「コラージュ療法への期待」（京都市生涯学習総合センター）
	12月	徳島箱庭・コラージュ療法研究会発足（筆者代表）
		東山紘久『箱庭療法の世界』，誠信書房
1995年		スクールカウンセラー制度始まる
	11月	第2回臨床心理士大会　森谷・杉浦・中村勝治　研修ライブ・デモ「コラージュ療法」（奈良大学）
1996年		森谷寛之　『子どものアートセラピー』，金剛出版
		（絵画療法,箱庭療法,九分割統合絵画法,コラージュ療法を紹介,解説）
	10月	日本箱庭療法学会，箱庭だけではなく絵画，夢，コラージュなどイメージ全体を扱う学会として再出発
1998年4月		森谷，鳴門教育大学から京都文教大学へ異動

	9月	森谷，第17回日本心理臨床学会大会ワークショップ「コラージュ療法入門」（名古屋大学）
1999年		現代のエスプリ（至文堂）『コラージュ療法』特集
2001年7月		「京都文教コラージュ療法研究会」（筆者代表）発足
	10月	「九州コラージュ療法研究会」（西村喜文代表）発足
2003年		ランドガーテン1993『マガジン・フォト・コラージュ』を共同で翻訳
2005年9月26日		森谷，韓国ソウル市東部児童相談所にて「日本におけるコラージュ療法の起源と発展」を講演
〈コラージュ療法文献の間違い発覚〉		
2006年1月21日		服部令子，京都文教コラージュ療法研究会で，東京のコラージュ療法の起源に疑問を口にし，それに対して森谷も同感した。それ以後，共同で過去を振り返る。服部が杉浦に氏の起源を質問。それが8月の紀要に至る
	8月17日	河合隼雄先生　意識不明の状態に。
	8月25日	杉浦，紀要論文で自分のコラージュ療法の起源の間違いを公表（最初，杉浦のコラージュ療法発想の発端となる秋山セミナーが1987年ではなく，1988年6月21日の間違いであると告白。これによって氏のコラージュ療法の起源に明確な疑惑が生じた。以後，年末にかけて筆者と服部令子がコラージュ療法の過去文献を詳細に調査。広範囲な間違いを発見）
	8月26～27日	コラージュ療法全国研修第1回大会（京都文教大学）
2007年1月〜2月		明らかになった調査結果をもとに，日本心理臨床学会，日本芸術療法学会倫理委員会に対して事実究明を申し立てる
	7月19日	河合隼雄先生，ご逝去
	8月2日	森谷，今村友木子　第1回中国表現療法学会（蘇州大学）のワークショップでコラージュ療法を紹介
2008年12月		コラージュ療法全国研修第2回大会（西村喜文会長　長崎大学）（コラージュ療法研究の混乱状況を鑑み，学会設立準備について話し合う）
〈コラージュ療法の再出発〉		
これまでのコラージュ療法研究を振り返り，今後の進展を図る		
2009年8月8日		森谷，第117回アメリカ心理学会（カナダのトロント）において，「持ち運びできる箱庭療法としてのコラージュ療法—日本におけるその起源と発展」を発表

2009年8月29日〜30日		日本コラージュ療法学会第1回大会（森谷寛之大会会長；キャンパスプラザ京都）159名参加。コラージュ療法の再出発を図る
	10月31日	日本心理臨床学会倫理委員会「倫理公告」（コラージュ療法の間違いに対して学会として裁定を公表）
	11月	第20回国際箱庭療法学会（京都文教大学）
2010年8月		第2回日本コラージュ療法学会（今村友木子大会会長；金城学院大学），学会誌「コラージュ療法学研究」創刊
2011年3月11日		東日本大震災起こる
	8月	第3回日本コラージュ療法学会（西村喜文大会会長；長崎大学）

3-2　先行研究について——コラージュ療法以前

　第1章で，コラージュ療法を思いついたいきさつと，それを学会発表するまでの経過を記した。ここではその後の経過について，年代を追ってまとめ，これまでコラージュ療法が辿ってきた道を記録しておきたい。

　筆者は，着想の際に，この方法は非常に簡単であるから，すでに誰かが試みているかも知れないと考えて，先行研究に注意を払ってきた。1987年12月の公式学会発表後は，いろいろな人に積極的に尋ねた。その頃は，まだコンピュータが普及していなかった。当然，インターネットもない時代である。文献検索は手探りであった。先行研究は思いのほか見つからなかった。

　当時，愛知医科大学助手で，後に京都大学医学部精神科教授となられた林拓二は，ケルン大学留学中，どこかで見たと言われた。大場登も1980年代のはじめドイツ留学中に見たといわれた。大場は，ユング派の分析家で，箱庭療法の最初期の実践研究家の一人である。黒木賢一は「アメリカでアートセラピィを受けた。コラージュはアートセラピィの中の一つとしてやっていた。しかし，アメリカではコラージュを専門にしている人はいない。向こう側の論文に出せば注目を浴びるだろう」（1991年頃）と語った。筆者はこれらの人がなぜ，それを日本に紹介しなかったのか，と不思議に思った。結局のところ，コラージュがそれほど利用価値がある方法という認識を持つに至らなかったからであろう。コラージュを知っているということと，その価値を見抜くということはまったく別であることが分かる。

　木村晴子は箱庭療法で博士論文をとった2番目の人で，1987年頃，名古屋の南山短大にいた。私がコラージュ療法を説明したら，「そんなことはすでに知っている」と言われた。それは「セルフ・ボックス」という方法で，立体の箱を「Self（自分）」に見立て，その箱にコラージュして自己イメージを作り上げるものであった。そこで私はまた同じ質問をした。「どうしてそれからコラージュ療法へ……としなかったのか？」と。

　1992年に第2回の臨床心理士全国大会の時に横浜のホテルで，橘玲子と朝食が偶然一緒になった。「実は私も自分がコラージュが好きで精神病者にコラージュを作らせたことがある」と突然いわれ，驚いた。しかし，公式発表はして

いない。後でその当時の写真を送ってくれた（1993年2月9日消印，その手紙では昭和54年春頃とあるので，1979年頃が正しいようである）。台紙に丸枠をつけたり，いろいろな工夫の後がうかがわれた。しかし，その意味を公式に説明できなかったようである。たしかに，精神病者たちの作品をもとに理論化し，みんなを説得することがむずかしいだろうと思う。事例に恵まれなかったのではないだろうか。

　1996年に松原秀樹（当時広島エリザベト音楽大学）と高松の講演会でたまたまご一緒した。その時に，氏からコラージュの体験を耳にした。その後，『現代のエスプリ』のコラージュ療法をめぐる座談会で氏の経験を紹介するつもりで，その経験について手紙で質問したところ，その返事をもらった（1999年6月8日付け）。氏は当時のカルテを調べ，九州大学心療内科時代，1974年から3年間ほどフォーカシングの研究として，パイロット・スタディに3例，治療機転まで適用しつづけたケース4例にコラージュを導入した，と述べている。しかし，「その後，続けなかったのは，治療機制，作用のメカニズムが判明しなかったこと，新規刺激のリフレッシュ効果以上のものが言い切れなかったこと」にあるとしている。

　橘も松原も二人とも動機づけがあり，心理臨床実践能力も持っていた。しかし，その効果を実証し，理論化する段階で，止まってしまったということができる。この二つのエピソードは，コラージュを事例に適用したからと言って，それがすぐに成功裏に終わるわけではないことを示していると言えよう。先行研究がなく，誰も発表していない時に，最初に言い出すということは大変むずかしい。

3-3　日本におけるコラージュ療法初期文献

　公式記録に基づく文献を捜し，筆者がこれまで確認したのは以下のようなものである。

西丸四方（1949）精神医学入門．南山堂

Jarchov,I.（1980）Bildnereien und Texte aus psychiatrischen Anstalten（ca 1890-1920）．芸術療法学会誌, 11, 79-88.

山中康裕（1986）分析心理療法（ユング派）．精神療法による自己実現．吉松和哉編：精神科MOOK 15「精神療法の実際」, 23-33, 金原出版

森谷寛之（1988）心理療法におけるコラージュ（切り貼り遊び）の利用（抄）．精神神経学雑誌, 90(5), 450.

山中康裕（1989）絵画療法と表現心理学．臨床描画研究, 4, 63-95.

森谷寛之（1989）児童心理外来──コラージュ技法の再発見──．愛知医科大学小児科教室のあゆみ（1986～1988）, 3, 98-99.

森谷寛之(1989)抑うつ神経症のコラージュ療法．愛知医科大学基礎科学科紀要, 16, 1-14.

森谷寛之・堀口久美子・藤本孟男（1990）思春期やせ症のコラージュ療法．愛知医科大学基礎科学科紀要, 17, 1-23.

森谷寛之（1990）心理療法におけるコラージュ（切り貼り遊び）の利用──砂遊び・箱庭・コラージュ──．芸術療法, 21(1), 27-37.

杉浦京子・入江茂（1990）コラージュ療法の試み．芸術療法, 21(1), 38-45.

杉浦京子（1990）学生相談におけるコラージュ療法の試み．学生相談センター報告書, 33-41.

　コラージュは思いがけないところで見つかることがある．コラージュは町中ではごくありふれたものとなっているが，しかし，そう思ってみない限り，それは気づかれないままに終わる．

　この時期に特筆すべき論文に山中（1986）がある．この論文はなかなか人目にふれにくい文献である．筆者は，これをずいぶん後になってようやく手に入れた（1995年2月21日）．最初に手に入れたのは，山中（1989）である．たまたま同じ号に筆者の九分割統合絵画法に関する論文（「九分割統合絵画法と家族画」）が掲載されていたので，偶然目に入った（森谷，1989）．この出版年月（1989年7月31日）から判断すると，1989年11月の第21回芸術療法学会発表の直前に見たことになるであろう．論文タイトルにはコラージュの文字はなく，ユング派理論の紹介に焦点が合っている．山中（1986）と山中（1989）の事例は同一のものである．山中（1986）は文字ばかりで記述されている．そのために，読者はコラージュとは何か分からないだろう．山中（1989）にはコラージュ作品が写真として掲載されている．このクライエントは最初は絵画療

法をしていたが，その後，1回だけ箱庭を作り，後にコラージュを作るようになる。患者の方がコラージュを先に発見している。

　興味深いのは，箱庭療法の記述である。1986年の論文では，箱庭（療法）という言葉は，3カ所で使われている。また，文献としてカルフ『箱庭療法』の翻訳書だけ挙げられている。箱庭療法は，風景構成法と関係することが指摘されているが，コラージュと箱庭療法の関係には何も述べていない。そして，1989年の論文では，箱庭という言葉は一切ない。すなわち，山中はこの時点では，コラージュが箱庭療法に匹敵するほどの利用価値のある方法であるという認識がなかったと言わざるを得ない。

　山中の二つの論文（同一の事例）は，見事な事例であるが，あくまで「ユング理論」や「絵画療法」一般の紹介であり，コラージュ療法の発案ではないと判断しなければならない。この山中の論文からコラージュ療法を思いついたという人も聞いたことがない。

3-4　海外における初期文献

　以上は日本における初期の文献を紹介したが，海外での初期文献を挙げてみたい。この以下の部分は『コラージュ療法入門』（1993）において，筆者が執筆した内容とほぼ同じものである。これ以後にとりわけ重要な文献が新たに見つかったということもない。

　手持ちの文献の中で一番早期に「コラージュ」という術語が見られたのは1970年にアメリカ・イリノイ州シカゴのリプキン（Stanley Lipkin）の論文である。彼は『心理療法——理論，研究，実践』誌に「想像上のコラージュとその心理療法における利用」と題する論文を寄稿した。彼によると，われわれはいつも言葉や色，アイデア，シンボル，感情などを束ね，集め，不要なものを捨て去り，組織化，再組織化している。これはちょうど頭の中でコラージュしていることである。そこで彼はそれを臨床に応用し，頭の中で患者に自分の願望する何かを集め，組み立て，それを想像上のキャンバスに見たままに配置するように求める。そして想像上のキャンバスを二人でながめながら対話を進めていく。想像上のコラージュは，絵を描いたりするよりも，外的刺激に拘束されずに，患者は自分自身の内界に従って生産するので好都合であると彼は述べ

ている。

　この論文はわれわれの進めるコラージュ技法とは趣旨は同じであるが，技法としては異なっていると言えるであろう。われわれの言う雑誌などの切り抜きをもとにするコラージュ技法をテーマにしたもので一番早期のものは，1972年の『アメリカ作業療法』誌（American Journal of Occupational Therapy）に掲載された，バックとプロバンチャーの二人による「評価技法としてのマガジン・ピクチャー・コラージュ（magazine picture collage）」と題する論文である。バックは医師でミシガン州デトロイトのラファイエット・クリニック（Lafayette Clinic）のリハビリテーションサービスの主任であり，プロバンチャーは成人作業療法のスーパーバイザーである。この論文の末尾に，サイナイ病院の作業療法士でマガジン・ピクチャー・コラージュの創始者であるミッチェル（Jane Mitchell）に感謝する旨の記載が見られる。これからすると，おそらくこのジェーン・ミッチェルがコラージュを臨床場面に初めて適用したのではないと推測される。ミッチェルについてはこれ以上の詳細は不明である。彼女自身の手になる論文も見当たらないように思われる。それ故に，コラージュ技法の臨床場面への応用はアメリカのデトロイトの作業療法士を中心に始まり，後にアートセラピストたちにも展開していった，と考えることができるであろう。

　バックとプロバンチャーは「精神分析の枠組みから，患者の人格の力動的構造に作用している症状を評価する」ために，1968年2月から，18歳から70歳までの精神病院の新入院患者約500例に対して，作業療法プログラムの一つとしてコラージュを実施してきた（カルフが箱庭療法を出版したのは1966年である）。

　彼らの手続きは以下のようなものである。患者はあらかじめ用意されたさまざまな雑誌（『Life』，『Look』，『Ladies Home Journal』，『Playboy』，『Outdoor Life』，『Mechanics Illustrated』など）を切り抜き，12×18インチ（約30×45センチ，これはだいたいA3判の大きさに相当する）の色つきの用紙に貼り付けるように求められる。その後，「なぜ，これらの絵を選んだのか，これらの絵はあなたにとってどんな意味があるのかを用紙の裏に記入する」ように教示される。制作時間は30分である。

　その結果，躁病やひどい行動化をする患者はしばしば5〜10枚の切り絵を使い，一方うつ病や統合失調症患者はたった一枚の絵しか使わないことなどが

判明した。そしてこの絵の内容はしばしば無意識的葛藤を暴露するので，評価技法として有効であることを指摘している。

1972年のバックとプロバンチャーの論文が出された翌年1973年にはミシガン州デトロイト大学のモリアーティ（James Moriarty）が「女性入院慢性統合失調症患者のコラージュ・グループ療法」と題する論文を『心理療法』誌に発表している。彼は年齢20歳から56歳の8名のもっとも自閉的な女性の慢性統合失調症患者（平均5年の入院）に対してコラージュを集団で実施した。方法は『Life』，『Look』，『Ebony』，『Good Housekeeping』などの数種類の雑誌の絵を切り抜く。これはバックとプロバンチャーの技法とほぼ同じである。「あなたにかつて起こった最悪のもの」，「病院」，「もっともよかったこと」，「どうすればあなた自身で見えるか」，「どうすれば好きなことができるだろうか」などのテーマを与えてコラージュを作らせることもできる。その結果，コラージュ制作はグループで使うのに適しており，患者への脅威も少ないことを述べている。

1977年にはカナダのトロントのサイナイ山病院精神科の作業療法士であるラーナー（Carole Lerner）とロス（Gael Ross）が同じく『アメリカ作業療法』誌にマガジン・ピクチャー・コラージュの客観的なスコアリングの試みを提出している。彼らは12人の精神科入院患者と12人の病院職員のコラージュ作品を比較実験した。被験者は5種類の同じ雑誌（『People』，『Playboy』，『Chatelaine』，『Saturday Evening Post』，『Better Homes and Gardens』）の入った包みが渡される。台紙は大きさが12×18インチで8種類（赤，黄色，オレンジ，緑，青，紫，白，黒）の色画用紙である。

その結果，患者群には「切り抜きの数が少ない，全体のバランスのなさ，中心となるテーマの欠如，人が少なく，動物が多い」などの特徴が見出された。有意差はないが次のような傾向が観察された。すなわち，患者群は色が抑制されている，非活動的な人物の絵が多い。統制群は，それに反して，輪郭をきれいに切り抜く傾向があり，できあがりがきれい。また，絵を引き裂く，過度の糊づけ，でたらめの切り抜きは患者に多いが統制群にはほとんどいない。制作時間は統制群では30分以下は一人だけだったのに対して，患者で1時間を超えたのは一人だけであった。

1977年にはラトクリフ（Elizabeth R. Ratcliffe）がカリフォルニア州立大学の修士論文として「古典美術作品のコラージュ——自己発見のための芸術療法

技法」として『芸術・心理療法』誌に発表している。この頃より，作業療法の分野だけではなく，芸術療法としての技法としても注目されてきているようである。

　彼女は約2,000枚の古典美術作品の複製郵便葉書を床一面に広げ，次のような教示を与える。

1．「ネガティブであれ，ポジティブであれあなたが強く反応するおよそ20枚のカードを選びなさい。判断基準はあなたが感情的に強く惹かれたり，反発を感じるようなカードを選ぶように」
2．「それを3，4つのグループに分け，それを床の上に広げなさい」
3．「なぜ，それらのカードに惹かれたのか考えなさい。あなたの中の何がそれと同一化するのですか。あなたの正面の床の上にあなた自身を意味あるように表現するように床の上に並べなさい。関係がありそうなカードはそのように置きなさい」
4．「お互いにあなたの自己コラージュを言葉で説明しなさい。できるだけ正直で，開かれた態度をとりなさい」

　この技法では，古典作品を切ったり糊で貼りつけたりしないで，何度でも使用するらしい。この論文では集団で実施し，その前後に心理テストを実施して，その影響を調べている。そしてこの技法は自己を発見するのに有用であると結論している。また，この論文にはフロイトやユングさらにユング派分析家ペリー（John Perry）の論文の引用があるが，箱庭についてはまったく言及されていない。

　ハーバード大学哲学博士オルソン（Eric Wicks Olson, 1977）は「精神のコラージュ——成人の心の構造」と題して，理論的な観点からTATやロールシャッハ・テストとコラージュの比較考察をしている。ここでも箱庭への言及は皆無である。

　カナダのトロントにあるサイナイ山病院精神科の作業療法士であるラーナー（1979）は，コラージュ評価の妥当性について検討した。すなわち，6つの学問領域（精神分析家，精神科医，実習医，心理学者，ソーシャルワーカー，看護師）からなる12人の精神科スタッフに，12人の精神科入院患者と12人の

統制群のコラージュ作品を弁別する課題を与えた。その結果，患者群のコラージュ作品と統制群の作品とを弁別することは有意ではなかったが，しかし，心理状態を非常に正確に推論できることが分かった。コラージュは心理的プロセスを評価するのに都合がいいが，コラージュ要因を人格要因と関係づけるには，もっと厳格な研究が必要であると述べている。

アートセラピストのグリーンスプーン（Debra B. Greenspoon, 1982）は『アメリカ芸術療法』誌に「事例研究：重度な障害をもった青年の自己表現の発達」を報告している。彼女は幼児分裂病と診断された15歳のスザンナに芸術療法を試みている。患者ははじめ赤ん坊の絵を描いていた。しかし，4カ月ほど後に，スザンナは「コラージュ・ボックス」の中の切り抜きに興味を示し始めた。そして赤ちゃんの写真を選び，コラージュを作り始めるようになった。コラージュのおかげで表現力の乏しかったスザンナがそれを克服した様子が証明されている。

この「コラージュ・ボックス」はあらかじめセラピストが切り抜きを溜めてある箱である。文献が乏しいので断言できないが，コラージュには主に**マガジン・ピクチャー・コラージュ法**と**コラージュ・ボックス法**の二通りの方法があると考えるとよいのかも知れない。そして文献から判断する限り，初めはマガジン・ピクチャー・コラージュから出発したのではないであろうか。コラージュ・ボックス法が採られるようになったいきさつについても不明である。少なくとも筆者の知る限り，コラージュ・ボックスという名称はこの論文が初めてであろうと思う[注1]。

スターゲス（Jennifer Sturgess, 1983）はオーストラリアのクィーンズランド大学の医学部精神科作業療法学科の講師である。コラージュはアメリカ以外にも広がりを持ち始めたらしい。彼女はコラージュを作業療法の臨床実習の訓練としてグループで使用した。コラージュは学生の訓練としても使えることを述べている。

マサチューセッツ州のボストン大学の作業療法専攻の学生であるカーター（Barbara A. Carter）ら（1983）はマイヤーズ＝ブリッグスの性格検査（MBTI）によって，被験者をユングのタイプ論に基づく直観タイプと感覚タイプのグループに分けた。そして，2種類のやや異なった教示――一方は創造的に，他方は模倣的に作る――を与えて，25分間にコラージュ作成させ，その変化

を追跡した。

　ボストン大学作業療法課程大学院生のエイデルスタイン（Laurie A. Adelstein）と西ミシガン大学の作業療法課程助教授のネルソン（David L. Nelson, 1985）はコラージュ材料が共有されるか否かで表現に差が生じるのかどうかについての研究を行った。それによると，共有されるか否かで差が生じなかった。ノーマルな大学生のようなグループでは材料の共有によっても，ほとんど影響されないのではないか，と解釈された。

　アートセラピストのライリー（Shirley Riley, 1987）は『アメリカ芸術療法』誌に，描画などの芸術療法が外来患者の個人心理療法において重要な貢献をなすことを述べた中で，コラージュについても触れている。この論文では重度のうつ病を患う18歳の統合失調型人格障害の一例にコラージュを実施している。この症例に関してコラージュが役立ったことを述べているものの，コラージュ自体の詳細な解釈はなされていない。すなわち，コラージュは芸術療法の中で，きわだった位置を与えられているわけではないことが分かる。

　レイヨーラ・メリーマウント（Layola Marymount）大学教授でアートセラピストのランドガーテン（1987a, b）は家族芸術療法の一つとしてコラージュを積極的に利用している（佐藤，1988）。

　その後，ランドガーテンは1993年に『マガジン・フォト・コラージュ』を出版した。ここでそれを紹介しておきたい。

3-5 『マガジン・フォト・コラージュ』について

　Landgarten, Helen B.（1993）Magazine photo collage: a multicultural assessment and treatment technique. Brunner/Mazel,Inc.（ヘレン・B・ランドガーテン（1993）近喰ふじ子・森谷寛之・杉浦京子・入江茂・服部令子訳（2003）『マガジン・フォト・コラージュ――心理査定と治療技法――』．誠信書房）

　『コラージュ療法入門』が出版されてまもなく，筆者が1994年頃，丸善の洋書案内で発見し，すぐに注文して手に入れた。さっそく翻訳にかかろうとしたが，どの出版社も引き受けてくれなかった。『コラージュ療法入門』ですら，出版を引き受けてもらうのが大変だった。それで翻訳するのに10年も時間がかかることになった。

この方法は，いわゆるコラージュ・ボックス方式である。セラピストが予め切り抜きを箱の中に溜めておく。その場合，「人物用」の箱とその他「雑多な物の箱」を別の箱として収納する。次のような四つの心理査定課題がある。

第1課題：導入の容易さ
　①雑多な物の箱から気に入った絵を選び，台紙に貼る
　②絵から思い浮かぶものを台紙に書き込むか，述べる
第2課題：人間関係を見る
　①人の写真を5,6枚選び，第2枚目の台紙に貼り付ける
　②人が考えたり，話していることを想像して台紙に書くか，述べる
第3課題：善と悪を見る
　①人物用箱と雑多な物の箱から，良いもの，悪いものを4〜6枚選び，貼る
　②絵が意味しているものを書き込むか，述べる
第4課題：将来の変化を見る
　①人物用の箱から1枚だけ写真を選び，貼る
　②人に何が起きているか，状況が変わるか，変化を示す絵を見つけるか，何がそれを変えるのかを述べる

3-6　解題——MPC法とコラージュ療法

この訳書のおわりに，筆者は「解題」を書いた。それをここに再掲したい[注2]。

『ランドガーテンのマガジン・フォト・コラージュ（MPC）』は1993年に出版された。日本のコラージュ療法についての最初の解説書『コラージュ療法入門』（以下『入門』）を出版したのも同じ年である。日本とアメリカでコラージュに関する本がほぼ同時に出たということは単なる偶然なのか，それとも共時性（シンクロニシティ）が働いていたのだろうか。

これまでも述べてきたことであるが，わたしは1987年5月に偶然の機会に箱庭療法をヒントにコラージュ療法を思いついた。すなわち，箱庭療法から「（自分自身で作ったり描いたりしたものではない）レディ・メイド（既製品）の組み合わせ」が重要な意味を持つという洞察を得た。そこで「平面のレディ・メ

イドの組み合わせ」，すなわちコラージュに行き着いた。わたしは1993年の時点では6年の経験を有していたことになる。しかし，一方ランドガーテンは「序論」で述べているように25年以上も前からコラージュに関心を持っていたという。これに比べると，日本でのコラージュ療法の立ち上げとその普及がいかに急速であったかということが分かるだろう。これも箱庭療法の普及があったからであると思う。

　MPCの場合，推測すると，1960年代末頃がそのはじまりということになる。この時期は，わたしがコラージュ療法の起源を尋ねた時に行き着いたバックとプロバンチャー（1972）の研究と同じ頃ということになる。バックらは1968年から研究を始めている。コラージュがどのようにして心理療法の分野に導入され今日に至ったのかについて，わたしはかねてから関心を持ってきた。しかし，その起源と来歴について記されている論文や出版物にはまだ出会ったことがない。実は本書にもそれを期待していたのであるが，この面での期待は満たされることはなかった。これについては，今後の課題としたい。

　原本は，1994年頃に洋書のカタログから見つけて手に入れた。わたしはすぐに翻訳しようと考えて，今回と同じ訳者たちと翻訳分担を決め，出版社に交渉したけれど，どこも引き受けてくれなかった。『入門』を出版して間もない頃だったからそれもやむを得なかったかも知れない。（『入門』の出版ですら，なかなか引き受け手がなかった。）翻訳の機会が得られないまま10年近くが過ぎた。この間にコラージュ療法は急速に普及してきた。わたしが忘れていた頃，近喰ふじ子さんがもう一度チャレンジしてみようと声をかけて下さったので，ようやく日の目をみることになった。

　訳書を手にされた読者はどのような印象をもたれたであろうか。コラージュ療法について知らなかった読者は新しい技法を知り感激されたであろう。一方，これまで日本式のコラージュ療法をすでに実践して来られた心理臨床家には，今まで実践してきたやり方や作品の雰囲気が異なっていることに戸惑いを受けられたかも知れない。いったい同じコラージュなのだろうか。わたしはおよそ10年前に本書を見た時，わたしの知りたかったコラージュ療法の起源に関する記述が載っていないこと，写真から受ける感じが日本のコラージュ療法の作品とずいぶん違う感じがしたので，いったい何故だろうと思った。当時は翻訳計画が中座したために，ざっと目を通して見ただけであったが，今回は翻訳文

を全部見直してみて，新たな感慨を受けた。

　序文のバーンズ（Burns, R. C.）博士は，日本では動的家族画（KFD）や円枠家族描画法（FCCD）などの創案者として，非常に有名な人である。1991年9月1日，日本描画テスト・描画療法学会の創設時に日本に「円枠家族描画法」について招待講演されたことがある。バーンズが1990年に創案した「円枠家族描画法」は，わたしが1983年に創案した九分割統合絵画法とが非常に似た発想から生まれているのに驚き，質問したことをなつかしく思い出す。彼が言うように，MPCは「時代遅れとなった絵画統覚テスト（TAT）を更新」するものとして位置づけられている。お手本としているのが，TATなのである。（本書には「コラージュ療法」という言葉はどこにも使用されていない。）

　日本では箱庭療法をお手本にしてコラージュ療法が生まれた。同じコラージュに注目するのでも，TATを背景にしている場合と，箱庭療法を背景にする場合とでは，その後の発展の形が違うということができる。TATは投影法心理テストであり，査定の手段として活用されてきた。しかし，箱庭療法は，クライエントの「心から自然に流れてくるもの」（河合隼雄）を最大限に尊重し，そしてそこに示された事実をきちんと評価するという姿勢を堅持してきた。目標をしぼってアセスメントとしての機能を前面に出すか，それとも，心の赴くまま何でも自由に制作させるかという点において，MPCとコラージュ療法が異なった立場をとることになる。

　現在日本で行われているコラージュ療法には，アメリカをはじめ諸外国の影響をほとんど受けていないということができる。よい意味でも悪い意味でも日本で生まれ育ったやり方で過去16年が経過した。本書を訳出することが一つの時代の区切りとなるかも知れない。このような歴史的な転回点にあたり，これまで日本で培って来たこととを比較し，その共通の問題意識や相違点を思いつく限り忠実に記録しておきたいと思う。

共通の問題意識

　マガジン・フォト・コラージュは，「治療過程を早めたり，助けることのできる安価な方法」であり，文化差が問題となる少数民族のための技法として紹介されている。日本では文化差は目下のところあまり重要視されていない。この点は日本は関係ないと読者は思われるかも知れない。しかし，日本において

も男女の文化差，子ども，大人，老人などの文化差がある。これらの対象に適切に対応できる技法はこれまでなかったということができる。コラージュはこの文化差を見事に克服することができる。

　注意点として，マガジン・フォト・コラージュに頼る理由を自分なりに理解していることが絶対に必要であること，クライエントたちがMPCを通して無意識的素材をさらけ出すことの危険性について述べていることも同感である。

マガジン・ピクチャー・コラージュ方式とコラージュ・ボックス方式という区別

　日本では筆者はコラージュ制作法には二つの基本的なアプローチがあると説明している。すなわち，クライエントが自分で雑誌から切り抜き，自分で貼る方法で，他方は，セラピストがクライエントのためにあらかじめ切り抜き，それを箱の中に貯めておき，クライエントはその箱の中の切り抜きから選び貼り付ける方法である。前者をマガジン・ピクチャー・コラージュ方式と呼び，後者をコラージュ・ボックス方式と呼んでいる。この二つの術語は，筆者が過去の英語文献の中からこの言葉を見つけ，『入門』（1993）の中で定義づけた。コラージュ・ボックスという言葉の方が歴史的に遅く出現している（Greenspoon, 1982）。

　しかし，ここでは一つの疑問が生じてきたということができる。これまでの日本での説明の仕方に従うと，ランドガーテンさんのやり方は，「マガジン・フォト・コラージュ」という名称であるにもかかわらず，「マガジン・ピクチャー・コラージュ方式」ではなく，「コラージュ・ボックス方式」を採用しているというややこしい事態になったからである。今後，このアプローチの差を表現するのにもっと適当な言葉を考え直さなければならないかも知れない。

手続きの相違

①台紙のサイズ

　約40×50cmが最適と述べている。日本では臨床場面ではB3判（36.5×51.5cm）か，その半分のB4判の大きさ，A3判（30×42cm）を使用することが多い。本書のいうサイズはB3判に近いがこれよりも大きい。日本では臨床場面では面接時間の制約などもあり，B4判ぐらいがよく使用される。

②人物とその他の切り抜きを分ける——切り抜きの分類法

　日本には人物とその他とを二分するような発想はなかったと思う。だいたい一つの箱ですましていたと思うし，これ以外には各自が場面でもっといろいろな分類をした箱を持っていたと思う。筆者も棚に整理して分類したことがある。しかし，ランドガーテンのこの分類の仕方は大変参考になるだろう。また，これまで切り抜きの人物イメージについての細かい指示は日本ではなかったのでおおいに参考になるだろう。日本ではこの点について各自の自由な発想に任せていた。ランドガーテンも「肝心なことはセラピスト自身の想像力」と述べているが同感である。本人の集めたものが，個人としての片寄りがあるので，「別の人がコラージュ・ボックスの中身をチェックする」という発想も参考になるだろう。日本の場合，「別の人」とは「クライエント」に相当する。クライエントの心情に合うかどうか，を尋ねてみるということでセラピストの個人的片寄りが修正されてきたのである。

③糊の使用

　日本ではこれまであまり溶液糊を使ってこなかった。わたしは以前に，子どもに使ったことがあるが，べとべとにするということも一つの表現法として利用するという方法もある。

④文字の書き込み

　できあがった作品の絵に添えて文字を書き込むという方法もこれまで取って来なかったけれど，これも参考になるだろう（筆者の場合，九分割統合絵画法のような描画法においては文字の書き込みはよく行っていた。）

コラージュ作品の印象について

　本訳書に掲載されたコラージュ作品と日本のそれと比べてみるとずいぶん異なる印象を受ける。日本のコラージュ療法の際に行われる一般的な教示は，「何か心惹かれるもの（気になるもの，好きなもの）を貼り付けなさい」というものであり，それはランドガーテンの四つの心理査定の課題1に相当する。この第一課題による作品だけは日本の作品と直接比較することができるけれども，それでもかなり様子が異なる。全体に貼られた切片数が少ないという印象がある。

　本書の作品を見ると，風景や自然，植物などが目立って少ないという印象が

ある。この相違は，日米の文化差や風土差に起因することが考えられる。あるいはこれも TAT と箱庭療法の違いから来ているのかも知れない。ご存知のように TAT の図版は，登場人物が中心になっており，人物を通して物語りが展開するようにデザインされている。しかし，箱庭療法の場合は，メインは風景であり，人物は自然風景の中の一構成要素に過ぎない。このような背景があるので，切り抜きも自然，動植物の写真は必須である。日本の場合，ほとんど風景ばかりで作品が作られるということは珍しくない。

　本書の〈様々なもの〉に分類される切り抜きには，木々や花が入っていないし，「自然の景色」は一番最後に挙げられているだけである。

　日本でもコラージュ療法では「家族」についても十分考えてきた。しかし，箱庭療法がそうであったようにコラージュ療法にもユング心理学の知識が入っていて，象徴的に解釈することが習性としてあった。それ故に，山や海，または動植物などを父や母イメージとして象徴的に考えていたために，「父親，母親」の人物写真自体にはこだわってこなかった。

課題によるコラージュによる制作

　MPC 法はテーマを与えるというところに特徴があるということができる。筆者らはこのテーマを与えて作成させるということはあまり重点を置かずにきたということができる。すなわち，これまで日本のやり方では，クライエントの心惹かれるイメージを自然な形で集めて構成する。そうしていると，自ずとテーマ性が浮かび上がってくる。それを自然に受けとめていた。これも箱庭療法がそのやり方であったからである。

　しかし，筆者は描画法ではこのようなテーマを与えるやり方を頻繁に行ってきた。とりわけ筆者の開発した九分割統合絵画法ではこの方法がぴったりであった。たとえば，「私の一生」，「私の好きなこと，嫌なこと」，「私の家族」，「いじめられたこと」，「将来の希望」などテーマを与えることによってより治療が促進させることができた。しかし，コラージュ療法ではそのようなことをしたことがあまりなかった（卒論指導で「恋愛イメージ」（中野, 1997）などをコラージュで作らせたことがある）。

　本書を読むと，ランドガーテンさんはじつに見事にその状況に即応したテーマを与え，そのことで治療がうまく展開している。たとえば，ホロコーストを

生き残った親を持つ28歳の女性の治療において，初回では自由制作，第2回目では「家族」，第3回目では「罪の意識を感じる人間」，第4回，5回ではまた，自由制作という具合である。

その他にも「自分の出身とは何か」，「あなたが子どもとして周囲の人々から受けたメッセージ」，「肯定的人生の回顧」など心理臨床実践上で参考になるテーマがたくさん見られる。この点はもっと積極的に見習ってよいことであろう。

事例報告

本書には非常の多くの事例が紹介されている。年齢幅も7歳から83歳まで広範囲にわたり，症状についても神経症から境界例，統合失調症まで多彩でおもしろいと思う。わたしたちの経験と同じく，コラージュの適用範囲が非常に広いということがここでも裏付けられている。本書は無理な理論化はさけて，経験的事実に即して語られているので，非常に説得力があるということができる。

治療過程において，日本と同じように自由にコラージュを制作させている場合があることがよく分かる。

統合失調者の作品では，絵のまわりにカプセルを描くのは，日本なら中井先生の「枠づけ」の理論が連想されるだろう。

アメリカに渡った日本人の事例も二例含まれており，外国に適応するのに苦労し，それが克服されていく姿に感激した。その日本的な写真を見ていると，まさに文化差を克服する技法の面目躍如という気がする。

いずれにしても，本書は日本のコラージュ療法の発展にとって，非常によい刺激を与えてくれることが期待できる。また，同時に日本のこれまで15年余の取り組みも諸外国に影響を与える部分があるだろうと思う（『マガジン・フォト・コラージュ』（2003，誠信書房）より引用）。

―――――○―――――

追記：今日，本書をまとめるに際して，改めて感じたことを付記しておきたい。

当時のMPCの作品を見た時に何か違和感があったのであるが，それをうまく言語化できなかったことがある。

日本のコラージュ療法の場合，クライアントが使う切片数は枚数制限されていない。しかし，MPCの場合，四つの課題が与えられ，貼り付け枚数が4〜6枚に制限されている。そのために，全体のイメージを統合し，構成し，作品にするという態度が乏しい。筆者が最初，このコラージュ作品を見た時，統合失調症者の作品ではないだろうか，と勘違いしたほどである。なぜなら，たんに選び出した切片を構成しようという意図もなく，ただ台紙の上に貼り付けただけというものにすぎないから。「この4枚を選びましたよ」という証拠を残すためにある。構成しようという意志がそこには見られない。筆者は構成力の欠如は，統合失調症の場合の重要なサインであると認識していた。

筆者のコラージュ療法の場合，さまざまな切り抜きを何枚でも自由に貼らせている。制作者は，多数の切片を台紙の中にどう位置づけるのか，その構成力が問われる。日本のやり方は，四つの課題をいっぺんに一枚の台紙の上で行う方法といえるであろう。そういうまなざしでMPCの作品を見てみると，統合力のない統合失調症者の作品のように見えた。

3-7　コラージュ療法研究の発展

表3-1の年表を参照していただくとお分かりのように，1991年以降は，芸術療法学会誌を中心にコラージュ療法の論文が出てくるようになった。その後，コラージュ療法に関する論文は急増している。卒業論文や修士論文の形でいろいろな角度から取りあげられている。

初期は事例研究が中心であった。この事例もいろいろな分野に広がっている。ノイローゼ疾患別の研究も出てきている。病院だけではなく，ちょうど1995年に始まったスクールカウンセラー制度の影響もあって，学校現場でも使用されるようになっている。産業分野でも使われている。1994年頃より，少年院や刑務所など矯正分野でも使われるようになった。

1991年から毎年のように日本心理臨床学会の自主シンポジムを開いていった。また，各学会でのワークショップにコラージュ療法が取り入れられるようになった。

1992年から各地で研究会が開かれるようになった。

このようなコラージュ療法の関心のたかまりを受けて，「入門書」が望まれ

るようになった。そこで筆者が中心になって『コラージュ療法入門』を編集した。これが1993年8月に出版された。コラージュ療法に関する出版物も出ている。コラージュ療法で博士号の学位を得た人は，筆者の知る限り，これまでに7人いる。今後また増えていくだろう（佐藤静，2001；青木，2005；佐野，2006；今村，2006；西村，2010b；加藤，2012；山上，2010a, b）。

　ここで主な研究報告を紹介しておきたい。これまでに多くの研究報告がなされるようになった結果，過去の文献レビューがいくつかある（宮本・中山，2003；入江，2004b；佐野，2006；2007；山本，2008）。これらのレビューも参考にしていただきたい。
　コラージュ作品の集計調査は，杉浦（1994）から始めたことは事実であるが，この集計調査は人数も少なく，また資料の正当性についていくつかの疑問が出ている。それを修正するつもりで，鳴門教育大学大学院生が修士論文として小学生から高校生までのデータを集計している（岩岡，1998，2010a, b；澤田，1997；滝口，1995；山根，1996；山根・森谷，1999；滝口・山根・岩岡，1999）。最近では西村（2010b）が乳幼児から成人までのデータを収集している。このような調査研究は，箱庭ではなかなかむずかしいが，コラージュの場合は，箱庭での調査に比べればやりやすい。このような試みが継続して続くと，より安定したデータが明白になってくるであろう。
　不登校に対するコラージュ療法として森谷（1990b）（第7章第1節参照）が最初期から報告している。その後も継続して報告がある（浅野ほか，1996；片山ほか，1997；近喰ほか，1993；宮武，1996；森谷ほか，1993；森谷，1995；佐藤仁美，1994，2001；下山，1991，1992，2004；曽我部，1999；山本・北川，2007）。それと並行して，さまざまな神経症の悩みを抱えるクライエントにも，コラージュ療法が適用されている。対人恐怖には服部（1991a，1992a，1997，1999），服部・杉浦（1992）が，いじめ・虐待の事例では森谷（1995），服部（2003），石原（2010），牧田・田中（2001）がある。強迫神経症には服部（1991b，1993a），日下部ほか（2002）が報告している。筆者の最初のコラージュ療法の事例報告は，森谷（1989b）のうつ病（第7章第2節参照）からであるが，その後も服部（1991c，1992b，1994，2003），日下部ほか（1999），岡田・河野（1997b）がある。トゥレット症候群の事例は服部（2003）がある。

神経症だけではなく，統合失調症への適用について筆者は，『コラージュ療法入門』(1993)(154-155頁)の部分で当時の精神病者との経験を次のように述べている。筆者は，長期入院している慢性統合失調症者の個人面接やグループを経験していた。これを要約してここに再掲しておくことにしたい。

(1) 今後症例を積み重ねていくと，疾患ごとにある傾向が出てくる可能性がある。
(2) 精神病者は統計的有意差については未検討であるが，使用する切り抜き枚数が普通よりも少ないだろう。
(3) ノイローゼ患者の作品に比べると統合性に欠ける。ばらばらで何が言いたいのか分からないことが多い。
(4) 重ね貼りが少ないようだ。ノイローゼの人は，3枚，4枚も重ねて貼ることも珍しくない。
(5) 精神病者は構成する力が弱い。ただ1枚の絵を1枚だけ，べったりと貼り付けるだけで終わることがよくある。
(6) 貼り付けないで，ただ切り抜きをもとに話題として利用することもできる。マンネリ化しがちな面接で少し変化をつける時にもコラージュ断片を利用することが可能である。(精神病者とのやり取りを少し載せている。)

以上のように述べていたが，それ以後筆者は，精神病者のコラージュ療法についてまとまった報告をしないまま今日に至っている。この分野では藤田(1997a)が精神病者のコラージュ療法の事例を発表した。岡田敦が一連の研究を発表している(河野・岡田, 1997；岡田, 1999b, 2001, 2002, 2003, 2004a, b)。

岡田・河野(1997)はコラージュは精神科領域において年齢，性別を問わず，ほとんどすべての症例に適応可能であった，また病理水準の重い症例，言語的接近の困難な慢性統合失調症者や思春期青年期の境界水準の症例においてもよく適応したと述べている。これは筆者も同感である。岡田(1999a,b)はまた，精神病に適用するにあたって侵襲的にならない工夫として「大コラージュ・ボックス法」という方法を提案している(第4章参照)。

岡田(2002)は「分裂病者のコラージュ表現をとらえる分析枠の検討──作品構成から見た『心的空間』の検討」の中で，統合失調症の構成上の特徴を分

類している。それによると，素材数から画面分割としての構成として，①1枚貼り，②2枚貼り，③3枚貼り，④4枚貼り，⑤5枚貼り，⑥6枚貼り，⑦その他の配列　⑧9枚貼り，また，心理的距離の接近，奥行きや広がりから見た構成，過剰な重ね貼り，前景化，無背景化（無地化），背景化・遠ざかり，空白化，埋めつくし，はみ出し，裏表貼り，並置・平板化，格子状配置が見られる。その他の注目すべき特徴として恣意化，文字化，抽象化，絵画化，キメラ的空間，縦横の混在，枠付け囲い込み，対角線的配置，中心化を挙げている。

　大沢・日下部・山下・加藤（1998）は，「分裂病2症例のコラージュと描画の比較――集団レクリエーションの作品を通して――」を発表している。

　上別府（1999）は「臨床場面におけるコラージュの安全性の再検討――主に精神分裂病者の『貼る過程』について」という論文についてを報告している。

　その他，統合失調症の研究として，長谷川（2002, 2003, 2011），今村（2001a,b, 2002, 2004, 2006），上別府・海老沢（1996），日下部（2004），大沢ほか（1998），浦川ほか（2000），山本・木島ほか（2007）がある。

　非行・矯正分野では，藤掛ほか（1994, 1995），藤掛（1996, 1998a, b, 1999, 2004, 2005），市井（1996, 1997, 1998a, b, 1999），小島（1995），上野（1997）の報告がある。

　重度心身障害へのコラージュ療法は西村喜文（2000）が報告している。

　教育分野での利用として，村上（1997），中村・山下（1995），中村ほか（2004），佐藤仁美（2003），芝（1997, 1999），徳永（1994），鳥丸（2007, 2008），山根和子（2002）がある。

　産業分野では緒方（2000, 2003）が寄稿している。

　高齢者やターミナルケアへの適用には，原（2006），匹田（1999），石﨑（2000, 2001），中原（2000, 2003），湯浅ほか（2003）が見られる。

　コラージュ作品とパーソナリティとの関係に焦点を当てた研究は，荒井（2004），畑中（2006），藤井（2002），Ikemi ほか（2007），石口・島谷（2006），今村(2001a, 2010)，河井（2002），菊池（2002），木下・伊藤（2001），岸井(2002a,b)，近喰（2000b），中島・岡本（2006），中野（1997），西村則昭（1997），落合（2001），佐野・土田(1999, 2000)，佐野（2000, 2001a, b, 2002），佐藤静（1998, 1999, 2001），澤田（1995），土永・吉野（2002），土田・佐野（2001），筒井（2004），山上（2010a, b）がある。このうち山上（2010a, b）はハンド・

テストの解釈仮説を用いてコラージュ作品のアセスメントを試みるというものである。今後，どう発展するのか注目すべき研究である。

コラージュ療法と芸術との関係に踏み込んだものは，入江（1991a, 1993, 1999），入江・高江洲・大森（1992），森谷（1994），徳田（1993）がある。

3-8　普及に伴う困難

コラージュ療法の間違った論文

　何事も普及することに伴って困難さが出てくるものである。最初には予想もしなかったことが起きる。この方法は非常にシンプルな方法であるだけに，誤解されてしまう危険が常にあった。それらの中でも一番残念なことは，コラージュ療法の文献に間違いが伝わったことである。すなわち，森谷の業績と杉浦の業績が区別がつかない形で広がった。森谷の業績であるはずのことがどういうわけか，全部，杉浦のものになってしまったのである。杉浦が森谷にまったくすり替わった事態となった。また，森谷の真意が理解されず，間違えて伝えられた。

　最初期からわずかな間違いが生じていたが（村井, 1994；高江洲, 1994），年々それがひどくなった。とりわけ杉浦（1994）以後は，その間違いがひどくなった。その間違いの経過を詳しく調べて森谷（2008a）は報告した。それを参照していただきたい。

　問題の源は，杉浦が自分の起源についての5W1H（いつ，誰が，どのように…）について明確にしなかったことである。このために多くの人が本当のことを知らないままに，杉浦が発見したと思い込んでしまった。氏は，自分の起源をあいまいにする一方，発想の時期，発想の由来も森谷と同じだと主張し続けた。たとえば，『体験コラージュ療法』（1992）のまえがきにおいて，氏は次のように書いている。読者ははたしてこの文章の間違いをいくつ見抜くことができるだろうか？

杉浦による前書き「この本のなりたちについて」
「この療法は私どもが，『簡便な箱庭療法』として，1987年頃から試み始めたものから発展してきた。もともと箱庭療法から発想したものですから，箱庭を

実施している方は当然導入がたやすいでしょう。……本年1月に急逝された秋山さと子先生が，とくに東京を中心にその普及にご尽力……日本では河合隼雄先生や秋山さと子先生などのお力により，私どもは箱庭を身近なものとして用いています。おかげで森谷にしても私にしても，すぐにコラージュ技法を箱庭と結びつけることができました」

「1987年」から「簡便な箱庭療法」として発想したのは，森谷には妥当することがらである。しかし，ここでは「私"**ども**"が」と「1987年"**頃**"」というようなあいまいな言い方をすることによって，二人の起源の区別をつかなくしてしまったのである。学術論文では，「森谷はいつこうした，それに対して，私はいつこうした」と書くはずのところを，すべて「私**ども**が」，「**頃**」と書いて，相手のアイデアを自分のものと一緒にしてしまったのである。杉浦のオリジナルなものはいったい何か，これがどこにも書かれていないのである。

　自分の業績を明示しない一方，逆に非常に強い断定口調と，権威者（秋山，河合）を全面に出すという手法によって，読者は錯覚を起こすことになる。

　学術論文は自分の意見と他人の先行研究がいかに違い，何か新しいもの（something new），オリジナリティがあるのかを主張するものである[注3]。それをしないで，その真逆に，自分の意見は，先行研究の他人（森谷）の意見と同じだと，繰り返し繰り返し主張したために先行研究の存在があいまいになり，その区別がつかなくなってしまった[注4]。

　箱庭が身近にあれば，「すぐにコラージュ技法を箱庭と結びつけることができる」ということは言えない。それは河合や山中の経験でもお分かりであろう。世界的に見ても，筆者以外誰も，箱庭とコラージュを結びつけることはできなかったのである。筆者もそれを結びつけることができたのは，いろいろ回り道をしたあげくである。このような氏の表現で，読者は森谷と杉浦を完全に間違えてしまった。そしてこの本は，『コラージュ療法入門』の後から計画されたにもかかわらず，それより1年も前に出版され，より誤解を与えることになった。

　また，1994年に出版された『コラージュ療法』（杉浦著，川島書店）の表紙カバーには，次のように書かれている。

「コラージュ療法は……，日本で'87年頃から始められた新しい心理療法であ

る。……」

　1987年から始めたのは筆者には妥当する。それならば，「'87年（森谷）」としなければならない。そう出典を明記しなければならないのが研究者のルールである。しかし，「頃」と書き，森谷の名前を入れないことによって，読者は，杉浦が起源であると錯覚することになる。後の研究者はみんな錯覚し，間違えた。間違いが間違いを呼び，年々激しくなった。情報発信地である東京からマスコミを巻き込み，間違った情報が全国に流れた結果，あげくの果てにすっかり間違った論文ばかりが学術誌に出回ることになったのである。たとえば，その一例を挙げると，一番権威のある学術誌に2006年に発表された論文には，次のような内容が掲載されている。

「わが国では，1980年代以降，臨床場面におけるコラージュ療法が注目・実施され，……今日ではコラージュに関する事例研究もかなり蓄積されている。……コラージュ制作の特徴に関しては，理論的研究では杉浦（1994），中井（1993），杉浦ら（1997）などが見られる。杉浦（1994）は，コラージュ制作の特徴として"平面における切り抜きなどの組み合わせ"であると言及している。……杉浦ら（1997）ではコラージュは箱庭よりも意識的要素が強いことや，重ね貼りの表現，深海や宇宙のイメージなどはコラージュの方法でしか表現できない……」
（杉浦ら（1997）は明白な間違いで，杉浦ら（1992）の『体験コラージュ療法』のこと）

　これは某国立大学の修士論文で，主任教授の審査の目も，大学院教員による修士論文の審査，さらに学会誌の投稿論文審査員の厳しい目もくぐり抜けてきたことを意味している。誰も間違いを見抜くことができない状態になってしまった。コラージュ療法において，筆者の名前はすっかり消え，その業績が全部杉浦のものとなっている。
　この文献の「平面における切り抜きの組み合わせ」は，もともと筆者がコラージュ療法を発想する一番コアとなるアイデアであった。「深海や宇宙のイメージ」も筆者の文章の無断引用である。杉浦（1994）を読む人は必然的に間違う。
　筆者は上述の論文の著者たちに抗議した。著者は誠実に過去の文献を調査し，

間違いを自覚し，謝罪された。

　学術論文における間違いはなかなか気づかないものである。なぜなら，研究者ほど真実を大切にする人はいない，出版物や学術論文に間違いはないと，みんな信用し，思い込んでいたからである。

　これが明確に間違いであることを発見したのは，2006年のことである。2006年1月に服部令子が京都文教コラージュ療法研究会で，東京のコラージュ療法の起源に疑問を投げかけたのである。それに対して筆者も最初から疑問を抱いていたので，同感した。その後，服部が杉浦に対して，起源についていくつかの質問をした。それに対して，杉浦は，紀要論文という形で答えた（杉浦，2006）。ここに秋山セミナーが1987年ではなく，1988年6月21日の間違いと訂正し，さらに従来のコラージュ療法発見のストーリーを大幅に変更したのである。そうすると，上述の「この本のなりたちについて」（『体験コラージュ療法』）などの内容がまるきり間違いであることが明確になった。すなわち，「私どもが……1987年頃から……」ということが言えなくなった。

　また，現実に，公式発表において森谷が1987年12月に対して，杉浦は1989年11月で2年の差がある。それ故に，「同じ頃に独立して，箱庭療法からコラージュ療法を思いついた」というのは，学術的に明白に間違いである。

　また，調べていくと，杉浦は，森谷の文章だけでなく，他の研究者たちの文章を出典を明示しないままに，無断引用を繰り返していたことも判明した。

　この問題の詳細は森谷（2008a, b, c），森谷・服部（2010, 2012a, b），西村（2010a），日本心理臨床学会（2009）「倫理公告」[注5]をご覧いただきたい。この問題はすべて公刊された学術論文や著書の中の文章に残されている。読者はご自分で確かめることができるし，ぜひ，確かめていただきたい。それは『コラージュ療法』（杉浦京子，1994，川島書店）の内容と，『コラージュ療法入門』（1993）と『箱庭療法』（木村晴子，1985）の内容を比較検討していただければ，明白になる。『コラージュ療法』の内容が，『コラージュ療法入門』と『箱庭療法』からの出典を明記しないままの文章がたくさんある（森谷・西村・服部，2012）。また，杉浦氏自身の論文同士の内容を比較すれば明白になるであろう。なぜなら，起源の5W1Hが不明であることと，論文によって内容が一貫していないからである。

　このような間違いを訂正し，研究においてより学術レベルを保証するために，

2009年に日本コラージュ療法学会を創設し，正しい普及と質の向上を目指して地道な活動を続けることにした。コラージュ療法は再出発しようとしている（森谷，2010；森谷・西村，2010）。

注1）「マガジン・ピクチャー・コラージュ法」と「コラージュ・ボックス法」の二つのアプローチがあるとはじめて『コラージュ療法入門』のここで定義し，提案した。これは筆者が術語として借りて，概念化したもので，アメリカにこのような概念の区別があるわけではない。

注2）今日までに明らかになったコラージュ療法の起源についての間違った事実の部分については適切な修正を加えた。

注3）APA（アメリカ心理学会，2001）は，すべての学術的な論文に共通する基本的な倫理原則があることを述べている。倫理原則は二つの目標達成のためである。

1．科学的，学問的知識を正確に伝えること
2．知的財産権を守ること

以上から，次のような倫理原則が出てくる。

【結果の報告（原則 6.21）】他者によって，追証可能とする。そのためにねつ造したり，修正したりすることの禁止。

もう一つが，剽窃行為の禁止である。

【剽窃（原則 6.22）】
「心理学者は他人の表現や見解を自分のものとして主張してはならない。他者の功績として正当に評価すべきである。他者の意見や表現は一字一句正確に引用符を用いて表すべきである。他の著者の言葉を言い換えて用いる時（例えば，ある一節を要約したり，文の順序を組み替えたり，言葉の一部を言い換えたりするような場合）にも，そのつど，本文の中にその出典を述べる必要がある」（294頁）
「執筆者は他人の仕事を自分の仕事であるかのように発表してはならないということである。それは単に言葉・表現だけでなく，思想・意見にもおよぶものである。誰か他の人が作ったモデルにしたがって自分の研究を行う場合には，そのモデルを

作った著者にその功績が帰するようにしなければならない。ある研究を行う理論的根拠が他人の論文の考察の部分でほのめかされていたという程度であっても，その人にその功績は帰せられるべある。自由な意見の交換（これは健全で活気ある心理学研究のためにきわめて重要なことである）があった場合，その研究に対するアイデアがどこから最初に生まれたかはっきりしないということがあるかもしれない。しかし，分かっている場合には，その出所について認めなければならない。これには個人的な通信や会話も含まれる」（294-5頁）

注4）また最近（2011年10月）発見した文献（杉浦，2000）がある。これは氏が2000年に愛媛県で行った「コラージュ療法について」と題する講演の逐語記録である。ここでは以下のような点が問題としてあげられる。

1. 氏は最初から「コラージュ療法は，箱庭に替わるもの，ということで発想致しました。考え出したんですね。私と，それから，……森谷寛之先生が，ちょうど1989年ですから」とあたかも自分の発見であるかのように語っている。
2. この講演でも，出発は1989年として，森谷の1987年の先行記録をまったく無視している。明確な時間の記録は1989年しかない。当然，氏の『コラージュ療法』（川島書店）の表紙，「コラージュ療法は1987年に……」という事実とまったく違う。
3. 「持ち運べる箱庭」，「簡便な箱庭」に続き，「切り貼り遊び」も，「出来合いのもの，既成のもの……」，「レディ・メイドのものを使って，自己表現する」まで，筆者の発想の重要なものすべてを，いずれも氏のアイデアであるかのように語っている。本来「森谷は」というべきところを，「私と，森谷先生が」とか，「森谷寛之先生も」という言い方で，聞き手に錯覚を起こさせている。
4. 氏は自身の由来はあいまいなままにして，一方，堂々と自分のものであると主張する。聴衆は「よく分からないけれど，たぶん，この人もおそらく森谷と同じようにコラージュ療法を作り出したのであろう」と錯覚をしてしまう。いやむしろ，聴衆は「杉浦と同じように森谷も……」という風に逆に受け取るだろう。
5. また，筆者の名前をしきりにあげているが，それも筆者と氏の境界を分からなくしているのである。

 なおなど問題を多く発見した。これについては改めて報告する予定である（森谷・服部，2012a,b）。

注5）日本心理臨床学会倫理委員会　2009.10.31　倫理公告　心理臨床学研究誌　27（4），509
　　倫理公告

倫理委員会は，倫理規定第4条第3号により，コラージュ療法の起源に関する見解について調査検討を行い，結論として次の1〜3を第一回理事会（平成21年4月11日）に報告（答申）した。

1. 本学会は，コラージュ療法を箱庭療法と結びつけて理論化するという着想は森谷寛之氏に帰せられるものであることを認める。
2. この点をめぐる被申立人の著作，論文における記述，その他発言には，ただちにそれを故意によるねつ造，剽窃とまでは断言できない。しかしながら申立人および被申立人の業績の混同，曖昧化，説明の不十分があったことを認められた。以上を確認し両者に伝えることとした。
3. 被申立人に対して，著作，記述に関する訂正と申立人に対する謝罪を求めることとする。

　　一般財団法人日本心理臨床学会（理事長：鶴光代）は，上記の申し立てに関する倫理委員会結論についての理事会承認にもとづき，平成21年6月23日付で申立人および被申立人に上記の1．2．3に事項を通知した。　以上

　　日本学術会議（2006）『科学者の行動規範』に示しているように，学会倫理委員会が問題を取りあげ，審議し，裁定を示すという仕組み作りは重要なことである。その努力に対して筆者らも感謝し，評価している。これは学会が自浄能力があることを示している。しかしながら，この「倫理公告」はいくつか問題を残していると言わざるを得ない。

①署名入で公刊された学術論文によって引き起こされ，広範囲に影響を及ぼす間違いであるのもかかわらず，裁定は匿名で公表された。情報公開の面から果たしてこれでよかったのか。
②公告で問題（「ねつ造，剽窃」）があると示唆されたが，どこがどのように間違いか不明のままに残した。
③公告を出しただけで，それ以上のことを何もしようとしなかった。ジャーナル，著書などには今でも手つかずのまま間違いがそのまま残っている。
④裁定内容は本当にこれで正しかったのか。将来の歴史家による検証，判断が必要となろう。

　　現在，はっきりしていることは読者，一般会員はいったい何が起こったのか，分からないままである。そのために，教師は，今なお学生に間違ったことを教えているし，研究者は相変わらず間違った文献を引用し論文投稿し続けざるを得ない。問題は未解決のまま継続している。これら経験は，将来の教訓の糧となることを期待する。

第Ⅱ部

コラージュ療法の実践活用

第4章
コラージュ療法の実際

はじめに

　第1～3章で迂遠な説明をしたのは，コラージュの価値を再発見するにはかなり回り道をしなければならなかったことを理解してもらいたいからである。しかし，いったんその本質が分かると後は一直線である。この方法はただ「切って貼る」という非常にシンプルで明確な方法であるために誰でも間違えることはない。また，適応範囲は非常に広い。しかし，注意するべきこともある。本章ではその実践方法について解説したい。

4-1　制作手続き

　制作の基本的手順は以下のように明確でむずかしい手順はない。切り抜いてもよい雑誌やパンフレットなどを用意する。

　（1）雑誌などから「心惹かれるイメージや言葉」を選ぶ
　（2）好きな形に切り抜く
　（3）集める
　（4）台紙の上で構成する
　（5）糊で貼り付ける
〈オプション〉
　（1）言葉を書き込む
　（2）好きな絵を描き，付け加える
　（3）ストーリーを作る
　など，いろいろな工夫をすることができる。

4-1-a　心惹かれるイメージ

　ここで一番重要なことは，ともかく「何となく心惹かれる」イメージを集めることである。自分の心にふさわしい素材を見つけることがもっとも必要である。できるだけ素直になって心を開き，自分の気持ちに触れるイメージを集めることが必要である。セラピストはクライエントがそれを探し出せるように環境を整え，援助する。

　そのためにはまず，セラピストとクライエントにお互いに信頼関係，ラポールを作り上げることが必要である。これはすべての臨床心理学のテキストに記載されているように，ロジャーズなら「受容と共感」，また，箱庭療法でカルフのせりふとしてよく言われる「自由にして保護された」雰囲気を作り出すことである。

　もし，信頼関係が築けない時には，クライエントは自分の気持ちにそぐわない素材をわざと集め，無造作にそれを貼り付けるような事態が生じる。すなわち，むしろ自分の心を表さない，自分の心に似つかわしくない作品ができる。そのような作品は心理療法的意味を失う。それがいかに美しく，美的価値が高くても，心理療法とは関係がない。

　しかし，一方このように制作においてコラージュは自己防衛が容易にできるということは安全性につながるということもできる。すなわち，自分を表現したくない時には適当に当たり障りのないイメージの切り抜きを貼って，その場を切り抜けることも可能である。そのような形で自分を守ることもできる。それらはあくまで，制作者の自由である。このような作品が生まれた場合，セラピストは，まず，十分な信頼関係が築けていないのではないか，あるいは，クライエントには心の準備ができていないのではないかと判断し，無理強いしないようにしたい。そのような場合の作品は，その人らしくない，訴えかけるものがない，よく分からないという印象を与える。

　コラージュ制作は，台紙の上で構成し，糊で貼り付けると主な作業は終わりである。その後は，言葉を書き込んだり，クレヨンやクレパスなどで新たに描き込んだりもできる。また，作品からTATのように物語を作るということもできる。これらは自由にしてよいと思う。

4-2　制作における準備

準備するものは台紙と糊とはさみ，そして切り抜き用の雑誌やパンフレットである。

台紙のサイズについてはこれまで一定のきまりはない。葉書大からB3判（36.4 × 51.5cm）のサイズが使われている。

一番重要なのはクライエントの表現したいものが，その中に収まる台紙のサイズとなっていることである。また，同時に，入手しやすさ，持ち運び，後の整理や保管のしやすさも考慮して選ぶべきである。

筆者は描画法においてはバウム・テストに使用されるA4判（21 × 30cm）を基準に使ってきた。九分割統合絵画法（森谷，1986，1987，1989c）で用いる場合もA4判である。この大きさは，ビジネスにおいて標準となる大きさで，もっとも便利である。しかし，コラージュ制作に用いるにはやや小さい。そこで筆者は最初からコラージュ制作にはB4判（25.7 × 36.4cm）を使ってきた。

このB4判の大きさは面接時間内での制作時間やクライエントの心的エネルギーなどを考慮して決めた。これで何とか間に合うであろう。これでは足らなくて2枚連続で作ったり，2枚を貼り合わせてB3判の大きさで使う人もいる。あまりに大きなサイズでは時間のむだばかりではなく，貴重な切り抜き素材もむだに消耗してしまう。また，台紙のサイズが大きいと，同じ内容のものを繰り返し使うことことになる。

藤掛（2003）は葉書大のサイズを使っている。藤掛は，「台紙等の制作道具をコントロールして，表現を制約すると，深めない効果が期待できる。深層表現ばかりでなく，ある程度自分で意識しながら意図を持ってイメージを作る」と述べている。これは台紙のサイズが小さくなると，その人にとって一番大事なイメージのものだけが選択されるので，それが重要でもある。ただ，この場合，いろいろな切片を組み合わせ構成することができないので，構成力，統合力を評価することがむずかしい。この構成能力（統合能力）は統合失調症などのアセスメントをする重要なサインでもある。

4-2-a　糊とはさみ

　糊はとくに制限がない。筆者はたいていの場合，スティック糊を使っている。チューブ式の糊の場合，子どもは全部出してベトベトにして使うことがある。これも大事な反応として重視することもあるがあまり勧められない。

　はさみについては，凶器ともなり得るので注意が必要である。筆者の経験では，リストカット念慮のあるクライエントがはさみに敏感な反応を示した。はさみの使用が禁止されている施設もある。そのような場合には，予めセラピストが切っておくなどの配慮が必要になろう。

　切り抜きが予め用意されている場合，それ以上自発的にはさみを使うことは少ない。それでもはさみを使うのは，かなり積極的な人である。あるいはロールシャッハ・テストのWカットと同じく，批判的で，自分のやり方に固執する人と考えられる。

　コラージュ・ボックス法で切り抜き素材を蓄える場合，クライエントが切り抜く余地を残すために"意図的に"おおざっぱに縁を残したままの切片を準備しておいた方がよいだろう。それをそのままに使うか，自分に合わせて切り抜くかで選択の自由がある。

4-2-b　制作時間

　制作時間については澤田（1997）は，B3判の台紙を使用した場合，小学生全体の平均は33分で，小学生の低学年では27分，中学年は30分，高学年では40分と述べている。岩岡（2010a,b）のまとめによると，高校生ではB3判では83.6分である。筆者の経験によると，一般の大学生では制作に1時間以上かかることが珍しくない。年齢が上がるにつれて，制作時間が延びるということは，それだけ，入念に工夫をするようになるからである。コラージュ制作は，一見すると非常に単純な方法であるけれども，それぞれの年齢の人に対してその人にふさわしい課題を与える。簡単に作ろうとすると，まったく簡単にも作れるし，熱中しようとするとどこまでも熱中できる。非常に柔軟でかつ，魅力的な方法である。

　臨床群と一般の人では制作時間がずいぶん違う。臨床群では30分以上費やすことは少ないという印象を持っている。精神病者の場合，もっと短いという

印象を持っている。制作に熱中するという態度に乏しい。

　もっとも臨床群では，たとえば緘黙児の場合，一つひとつの行動が緩慢で，1時間にたった1枚しか貼らないということが起こる。そのために1つの作品を完成するのに何週間もかかることがある。また，強迫的な人の場合，すべての素材をいちいち確認してからしか作ることができないことがあり，その場合には異常に時間がかかる。

4-3　切り抜き素材の準備方法

マガジン・ピクチャー・コラージュ法とコラージュ・ボックス法

　切り抜きの準備には二つの方法がある（表4-1）。
「マガジン・ピクチャー・コラージュ法」と「コラージュ・ボックス法」という術語を作ったのは筆者である。筆者は，『コラージュ療法入門』(1993) の中で，英文献の中の言葉を借りて術語化した。マガジン・ピクチャー・コラージュ法は，バックとプロバンチャー (1972) から借りた。コラージュ・ボックス法は，グリーンスプーン (1982) の文献中にあった言葉を借りた。前者は作業療法の分野であり，後者グリーンスプーンはアートセラピストである。文献から推測する限り，まず最初に登場したのは「マガジン・ピクチャー・コラージュ法」で作業療法として使われ，「コラージュ・ボックス法」は10年後にアートセラピーとして出ている。すなわち，「コラージュ・ボックス法」は発見するのにむずかしい方法であるといえよう。この方法は，セラピスト以外は誰も思いつかない方法であるといえる。相手の気持ちを想像し，それにふさわしい素材を用意できるのは，セラピストしかいない。また，この方法は初心者には少しむずかしいと感じるようである。なぜなら，初心者は，いったいこのクライエントは何を望んでおり，何が治癒のために必要であるのか，見当がつかないからである。

　前章でも述べたが，作業療法の場合には，患者が自分で選んだり，切ったり，貼ったりする作業によりアクセントがある。しかし，心理療法の場合，必ずしも切ったり貼ったりする作業は本質的なものではない。（分割し再構成するということの心理療法的意味はあることは事実であるが）むしろ，クライエントの内面に潜んでいるイメージを何とか形にもたらすことが最重要となる。

表4-1 コラージュ制作における二つのアプローチ

（1）【マガジン・ピクチャー・コラージュ】方式	（2）【コラージュ・ボックス】方式
セラピストがあまり関与せず，クライエント自身が本やパンフレットを自分で選び，そこから気に入ったイメージを自分で見つけ，切り抜き，自分で貼る。 美術授業，作業療法ではすべてこのやり方。 しかし，セラピストが，クライエントの心に配慮して，雑誌などの種類を用意するのなら，意図はボックス方式と似通ってくる。 自分で自由に作りたい人には向いている。	筆者の「持ち運びのできる箱庭療法」というコンセプトから発想された方法。 セラピストがクライエントの自己表現に必要であろうイメージを推測し切り抜いて集め，箱の中で溜める。 そこからクライエントが選び貼り付ける。 自分で素材を集めたり，選んだり，切り抜く意欲に乏しいクライエントの場合，この方法がふさわしい。 エネルギーの乏しい人，幼児，老人にはこの方法がふさわしい。 ある程度，前もってセレクトされた内容から選ぶので，クライエントは心をまとめることが容易になる。 セラピストが予め切り抜き内容を把握できる。危険なイメージを除くこともできる。相手に合わせて，内容を調整できる。 制作時間が短縮できる。 箱に入れて持ち運び可能。 この方法は，セラピストの活力（想像力）を相手のために援助する方法。 セラピスト以外の人は思いつかなかった方法であろう。ピカソも，シュールレアリストも発想し得なかったはず。
《短所》 クライエントの想像力により制限される。 自己防衛的作品になりがち。 イメージがマンネリ化する。 自分で選んだり，切ったりするので制作時間がかかる。	《短所》 セラピストの想像力による制限。すなわち，クライエントが本当にほしいものが分からないことが生じる。 セラピストにとってあらかじめ切り抜く手間がかかる。

図4-1　筆者の初期のコラージュ制作風景
（左側の箱の中に切り抜き材料を入れてある。右側の箱の切り抜きは選んだが，使わなかったもの）

　筆者は心理療法に適用するための手段としてコラージュ療法を考えた。また，筆者は「持ち運べる」こと，またかなり重度の事例や，幼い子どもの場合を対象にしていたので最初から"**主に**"「コラージュ・ボックス法」から出発している。健康度の高い人の場合，コラージュ療法に頼らなくても，他にいろいろ方法があるからである。健康度が高く自分で雑誌から切りたい人はそうしていた。

　注意したいのは，外国にこのような術語があるわけではない。あくまで日本で筆者が仮に命名し，術語化しただけである。二つの方法は便宜的なもので，明確な区別があるわけではない。ただ，対象と場に応じて，使い分ける程度の差しかない。通常は併用されるし，その方が都合がよい。

　しかしながらこの術語は，コラージュ療法が普及するにあたって誤解を与えた面があるので，その使い方には慎重でありたい。すなわち，東京では，森谷は，「コラージュ・ボックス法」を考えたに過ぎない，という風に筆者の発想を矮小化して伝えられた。筆者の「レディメイドの組み合わせが重要」という根本の発想は，この二つの方法の両方を含んでいるアイデアである。筆者は「コラージュ療法」を発想したのであって，単に「ボックス法」を提案したのではない。ちなみにランドガーテンの『マガジン・フォト・コラージュ』は「マガ

ジン・ピクチャー・コラージュ法」ではなく，「コラージュ・ボックス法」であることはすでに述べた（第3章5節）。

　クライエントの自己表現を促進するために，セラピストが雑誌やパンフレットという形で，クライエントにとってふさわしいイメージを集めて準備する場合，コラージュ・ボックス方式と基本的に意味は同じことになる。

　1993年12月，日本心理臨床学会大会（琉球大学）が開催され，コラージュ療法の自主シンポを開催した。その時にアメリカのアートセラピーを体験した，シンポジストの一人の鈴木恵氏と話す機会があった。アメリカでは「マガジン・ピクチャー・コラージュ」よりも「コラージュ・ボックス」方式の方が中心であるという。コラージュ・ボックスを使うのは，イメージをセラピスト側で調整できるからであるという理由で，セラピストはいくつもの箱を持っている。しかし，コラージュ・ボックスを使うのに「携帯性」という観点はなく，箱庭療法との関係もないと語った。これは後に，鈴木（1999）によって「アメリカにおけるコラージュ療法」としてまとめられた。

4-4　切り抜き素材の集め方

　コラージュ療法はその表現力を切り抜き材料の表現力に依存している。問題はそれをいかに集めるかである。

　まず，切り抜きを集めるのは誰か？　という観点を問題にしなければならない。これは，箱庭療法の場合では，「いったいミニチュアを集めるのは誰か？」という問いと等しい。箱庭療法の場合，それは主にセラピストである。セラピストが子ども（大人でも同様であるが）にとってふさわしいイメージを想像して集める。子どもが，あのミニチュアがほしい，とセラピストに伝えたり，子どもが自分で持ってくることがある。それ故に，箱庭療法の棚の内容物は，セラピストとクライエントの双方の想像の産物となっている。

　コラージュ療法の場合にも同じことが生じる。すなわち，コラージュの場合，切り抜きを集める主体はクライエントとセラピストの両方が考えられる。コラージュ療法ではクライエント自身で好きなイメージを集めることがより容易である。すなわち，クライエントは自分の日頃見慣れている雑誌やパンフレットから集めることである。しかし，積極的に素材を集めることに協力してくれ

るクライエントばかりではない。

　多くの場合，クライエントに任せることがむずかしい。何よりも，クライエントは自分がいったい何を望んでいるのか，心の中は自分でも分からなくなっている。そのためにセラピストがクライエントに代わって，クライエントの心の中を思い測って，必要だろうと推測するイメージを捜す方法が必要となってくる。

　図書館などは年末に不要になった雑誌類を処分することがある。前もって処分される雑誌を予約しておくと，無料でいただけることがある。知り合いなどに声をかけておくと，不要な雑誌類を持ってきてくれる。町を歩いていると使えそうだと感じた図柄のパンフレットなどを少しいただいておくとよいであろう。思いがけないよいイメージが見つかり，クライエントの心の成長に寄与するだろう。流行中の子どもたちにお気に入りのイメージなどもリアルタイムで取り入れることができる。

　そこでセラピストは，クライエントの自己表現を促すと思われるイメージを推測し，雑誌やパンフレットを集めて用意する。"クライエントの心の中をあれこれ推測しながら，イメージを集めるような努力"ができる人は，セラピスト以外にはいないということができるだろう。美術教育の場での先生はここまでの配慮を普通はしないはずである。作業療法の指導者の場合も，クライエントの深層心理，無意識までを推測しながら，切り抜きを用意したりはしないと思う。もし，そのようなことをも配慮してイメージを集める教師や作業療法士がいたら，それはほとんどサイコセラピストと同種，同等の働きをしているということができる。

4-5　素材として何を集めるか

　筆者はコラージュ療法の研修会などにおいて，イメージを集める場合，クライエントによって好みが違うので，できるだけ多方面のイメージを集めるとよい，それぞれが工夫してほしい，という説明をしてきた。筆者はその指示で十分に理解されると考えていた。しかし，コラージュ療法の初心者にとっては，これが意外にむずかしい課題であったようである。心理療法の実践経験の乏しい初心者にとっては，いったいクライエントが何を望んでいるのかを推測する

のがむずかしいということが分かった。その時，筆者は最初から相手の望むものを集める必要はない，面接が進むにつれてだんだんと，相手の望むイメージが分かってくるはずだから，最初はともかく何でもよい，と説明していた。しかし，その説明でも理解してもらうのがむずかしいということが分かった。何を集めるかについてもっと具体的な指示が必要なようである。それ故に，コラージュ・ボックス法というのは，経験のあるセラピストしか思いつかないより高度な方法である。少なくとも日本において，コラージュ・ボックス法を導入したのは，筆者しかいないと思う。

　基本はクライエントの心の成長を助けるためのイメージを集めることである。さて，それはどんなイメージを集めるとクライエントの心の成長を助けることになるのであろうか。これは考えるととてもむずかしい課題でもあるが，一方，あまり深刻に考える必要もないともいえる。そこで筆者は，切り抜き素材の集め方について研修用のレジメで以下のように説明してきた。

4-5-a　切り抜き素材の内容
（1）発達課題にふさわしいイメージ（幼児期，児童期，思春期など，それぞれの年代にふさわしいもの）
（2）喜怒哀楽など心の内実を表現可能にするもの
（3）何か心の癒しにつながるもの。うつ状態の心に希望を与えるもの，イライラした心にはゆとりを与えるもの
（4）新しい可能性を示唆するもの，（人物を貼らない人には人物を入れる。人物ばかりを貼る人には景色や食べ物などそれ以外のもの，その人が避けているもの）などを強制でない形で入れる
（5）相手が何を気に入るか不明であるので，できるだけ幅広い分野から集めると無難（人物，動物，植物，食べ物，衣服，家，自然，風景，小道具，乗り物など）
（6）大きな切り抜き（クローズアップ）も小さな切り抜きも必要
（7）意味がないと思えるものも時には必要
（8）しかし，全部揃えようとしなくても可能
（9）切り抜き方はラフな形で（余白を残したままで）

集め方の基本はクライエントの気持ちに何かヒットするイメージである。クライエントはそれぞれの年齢にふさわしい関心事があるはずである。それは通常，クライエントの愛読する雑誌やパンフレットそのものである。その年代向きに発行されている雑誌類がもっとも参考になるであろう。社会はそれぞれの年代の人たちの心にフィットする，それにふさわしい雑誌を発行している。それらがまず重要である。

　クライエントの好みは多様で，ファッション，食べ物などあらゆるものが必要であろう。これらはあまりにも種類が多すぎるので，集めると際限がなくなる。ただ，臨床群――たとえば，精神病群や神経症群――に対しては，集めることが比較的容易である。なぜなら，臨床群においては，たいてい事前に症状が何で，何が必要かは，ある程度予測がつくからである。むしろ，健康な人は関心の範囲が広いので，かえってこちらが集めることがむずかしい。しかし，健康な人は，また，あり合わせの材料の範囲内でも作ることもできる。

　それであらゆるものを「全部揃えなくてもよい」という規則が出てくる。徐々にクライエントの気持ちと合ってくればよいので，最初からぴったりしたものを見出し，揃えることはできない。クライエント自身も自分の心に何がふさわしいか，自分がいったい何を望んでいるのか，自分自身でも分からないのであるから。それで筆者は，素材を集める時に，あまりこだわらないで，"いい加減に選ぶ，少し無責任に選ぶこと"を進めている。相手の気持ちにぴったりと合わせるような切り抜きはそう簡単に選べるものではない。"少し無責任に"というのは，クライエントは意外な素材を意外な形で使うものであるから，意図的（意識的）に選ぶよりも，無意識の選択に委ねるという意味である。

4-5-b　文献からみた素材選び――箱庭療法の場合

　筆者は自分自身の箱庭療法や夢分析の経験などから，集める素材を選んできた。筆者にとってはそれは至極当然の集め方であった。しかし，これは上述したように本当はむずかしい課題ということがいえる。箱庭療法の経験のある人と経験のない人で，ここで差が出る。ここで改めて，文献を振り返り，どのような種類のものを準備しているのかを調べてみよう。すると意外な発見をすることができた。

　第２章でも述べたが，河合隼雄『箱庭療法入門』（1969）ではどのようなも

のを集めるべきかを述べている。今日，再度この書の玩具の部分を精読してみて，改めて河合の洞察力のすばらしさに気づくことができた。この説明は今日振り返ってもきわめて適切な記述である。カルフの玩具を選ぶ基準は，ローエンフェルトの選択基準に従っており，それは「子どもの空想の中に現れてくる周知のもの」という考え方である。すなわち，それによって子どもは空想の世界を砂箱で再現することができると考えている。

しかし，河合の箱庭療法では，ただ単に空想の世界に登場する像としての玩具だけではなく，玩具それ自体の持つ表現力と診断力，さらに，臨床心理学的理論の背景もその中に含んでいることが分かる。河合の記述以外に，このような視点で玩具の扱い方を取りあげたものはないと思う。それまで美術の「コラージュ」のことを知っていても，それがコラージュ療法へと移行できなかったのは，以下のような河合の方針が理解の中に入っていなかったからではないだろうか。この河合の指針は，コラージュ療法にも当てはまる。
以下にそれを要約する（4頁以下）。

①玩具は特に指定しないが，できるだけ多くの種類を用意する
②テスト的使用にするのであれば，玩具を一定にすべきであるが，治療に用いる場合，できるだけ多彩な表現の可能性を引き出すために，指定しないで多くのものを揃える
③サイズを一定にしない。サイズが雑多にある方が，表現力を増すこと，また，表現された意味がサイズによって明確になる
④サイズにこだわるか否かによって，強迫性の診断にもなる
⑤ぜひ用意するべきもの，人，動物，木，花，乗り物，建築物，橋，柵，石，怪獣など
⑥人間は兵隊，インディアン，警官，楽隊などの特殊なもの。ほかに，男女，老若の普通の人。自転車やオートバイに乗っている人
⑦材質も粘土，金属，布製，プラスチックなどいろいろ
⑧兵隊は大きさや色など異なると敵味方を区別することができる
⑨仏像，キリストやマリア像，天使，十字架
⑩動物は野獣と家畜，鳥類，貝，魚。蛇やカエルは大変重要
⑪動物の数について――大小集めることで，親子関係を表現できるようになる

同種のものを5，6匹用意すると家族関係が反映される
⑫乗り物——自転車，汽車，飛行機，舟。さらに戦車，軍艦
⑬乗り物の中で救急車や消防車が象徴的に用いられるので必須
⑭ガソリンタンクは給油のテーマとなる
⑮家は和風と洋風の両方が必要
⑯神社，仏閣，教会，城なども必須
⑰柵，塀，垣などは防衛を示すので多数必要
⑱怪獣やウルトラマンなど子どもが喜ぶものも必要
⑲普通の石，タイルやビーズなど，予想外によく用いられる
⑳以上のものを一度に全部そろえることは困難で，段々とそろえてゆけばよい
㉑少数の玩具だけでも相当な表現を得られる。限られた玩具の中でクライエントが工夫をこらすことにも意味を見出す

　今日，この河合のミニチュア集めの方針を見ると，それは「砂遊び」用のおもちゃ集めの方針と違うことが明白である。とりわけ，玩具の大小を不揃いで集める意義などは，河合以外は誰も指摘していない。玩具のサイズがアセスメントとして重要な意味を持つという指摘である。そのまなざしで，今日改めて『カルフ箱庭療法』の冒頭扉写真の箱庭用玩具の棚を見ると，カルフの場合，玩具の大きさが一定サイズに限定されていることが分かる。続く箱庭事例の写真でも，玩具のサイズが統一されている。玩具のサイズの不揃いがむしろ有効な働きをするという認識がカルフにはないことが分かる。日本の箱庭療法の場合，どんなサイズでも許容された。とても大きな怪獣がどーんと砂箱にいっぱいに居座ることで迫力が増したことは間違いない。これは河合の功績と言わなければならないだろう。
　コラージュ療法の際でも，筆者はこの教えを無意識の内に受け継いでいたことを改めて自覚した。すなわち，小さな切り抜きも必要であり，また異様に大きなサイズのアップの写真もまた，重要な表現手段である。そういう意味で，改めてランドガーテンの『マガジン・フォト・コラージュ』の本に登場するコラージュ作品を見ると，切り抜き素材自身の持つサイズなどの効果については考慮されていない。河合の『箱庭療法入門』では高橋史郎の事例において，砂箱の中に椅子を配置して，その上に本人が座るという行為も示されている。筆

者の経験でも自ら砂箱に入り込む子どももいる。それは本人自身が作品である。

　箱庭療法での玩具において，心の構造モデル，家族関係モデル，西洋と東洋の対比，宗教性，攻撃性，自我領域，自我防衛などが表現可能となるようにという意図で河合は揃えている。また，筆者が気づいたもので，強いていえばこの中でないのは，エロチックなものということができる。コラージュ用素材にはエロチックな表現は大変豊富で重要である。

　また，強迫性の診断を含めて，箱庭療法は診断にも使えるとも考えていることが分かる。河合は，これまでロールシャッハ・テストの専門家でもあった。ある一定の心理学的類型論を適用しようとはしないで，できるだけ多彩な表現力を引き出すことに焦点がある。河合の玩具へのまなざしには，これまで培ってきた心理学的知見をすべて適用しようとしていることが分かる。これはカルフの「砂遊び」との大きな違いである。この考え方が，筆者のコラージュ療法そのものに知らず知らずに引き継がれている。

　この河合の方針の先見性は，以下に示す他の文献と比較することによってより明らかになるであろう。

4-5-c　文献からみた素材選び──マガジン・ピクチャー・コラージュ法の場合

　バックとプロバンチャー（1972）はコラージュの定義として，「コラージュは，新聞，布，押し花などのようなものの一部が，象徴的，暗示的な効果として，一貫性のない関係で，台紙の上に一緒に貼られているような形式のアートである」（Webster's New World Dictionary of the American Language, New York, World Publishing Co., 1968）と紹介されている。そして，切り抜き素材として『Life』，『Look』，『Ladies Home Journal』，『Playboy』，『Outdoor Life』，『Mechanics Illustrated』，ほかを挙げている。モリアーティ（1973）でも『Life』，『Look』，『Ebony』，『Good Housekeeping』，ほかであり，ラーナーとロス（1977）は『People』，『Playboy』，『Chatelaine』，『Saturday Evening Post』，『Better Homes and Gardens』を挙げている。

　以上は雑誌を集めて利用する場合に，どんなものを集めるとよいか参考になるであろう。

　日本でのものとして，今村（2006）は統計調査をするにあたって，全被験者

に共通素材を用いている。それは『オレンジページ』（料理，女性ファッションを扱う），『ターザン』（男性のライフスタイル，ファッション）の2雑誌とカラープリント（海外旅行からの海外風景，雑貨，室内風景，マンダラ，動物）を用意している。

　西村（2010b）は，乳幼児から成人に至るまで，発達段階が異なる各世代にコラージュ制作をさせ，その集計調査を行ったきた。その際，各世代に共通する雑誌として『サライ』と『オレンジページ』を利用した。それに付け加えて，各世代に特有の雑誌——たとえば，幼児には幼児用雑誌——を併用した。その他に，ボックス法を併用し，自然，人間，動物，乗り物などを揃えた。

4-5-d　文献からみた素材選び——コラージュ・ボックス法の場合

　以上はマガジン・ピクチャー・コラージュ法での利用である。

　コラージュ・ボックス法を採用し，その素材に触れているのはランドガーテン（1993）しか筆者は知らない。特徴は「人物用の箱」とそれ以外の「雑多なものの箱」の二つの箱を用意することである。

〈人物用の箱〉
  ・さまざまな文化の多様な人物
  ・だいたいは現実的な人，ほんの少し典型的な魅力的人物
  ・男女
  ・あらゆる年齢
  ・いろいろな顔の表情
  ・体の活動と静止状態
  ・いろいろな経済状態
  ・一人，二人，グループ，家族

〈雑多なものの箱〉
  ・セラピストの予想するものを入れておく（薬物中毒，性的虐待などを暗示する写真）
  ・時計，車，着物，コンピュータ，皿，家具，道具，薬，機械，家，動物，酒瓶，火（炎，砲火），配管，食べ物，宝石，風景，鉄砲，破壊されたもの
　集める内容を見ていくと，マガジン・ピクチャー・コラージュ法とコラージュ・

ボックス法では，狙っているところが違うことに気づいてほしい。コラージュ・ボックス法では，クライエントのより内面に焦点が合っていることが分かるであろう。コラージュ・ボックス法は初心者にはむずかしいということもこれでお分かりであろう。

　ランドガーテンのこの方法の特徴は，人種の違いを乗り越える技法，TATに代わる方法として開発されたいきさつがあるために，人物用の箱の設計思想として，人物像の多様性を重視していることである。あらゆるタイプの人物を入れようとしている。多様な人物像を素材として利用できるのは，箱庭療法と違うところである。

　そして人物以外の箱の中には，「セラピストの予想するもの」として薬物中毒や性的虐待を暗示する写真を利用するとあることが注目される。すなわち，相手の無意識的葛藤を表現できるものをセラピストが予め予想して，その表現を促す素材を用意しているという点である。この考え方については筆者も同感である。クライエントがそれを採用するか否かは別にして，そのような表現をすることが可能になるような素材を想像したりして，配慮をして準備することに意味がある。ここで注意すべきことは，クライエントがその素材（たとえばトラウマを暗示するもの）を選び，それを表現した時，セラピスト側がそのことを共感的に理解し，受容できるだけの心の準備ができているかどうかである。セラピスト自身に心の準備ができていない場合，そのような切り抜きを入れるのは控えるべきである。セラピストが準備できる素材は，セラピストの器，セラピストの想像力が限度となる。

　すなわち，いろいろな症状のクライエントにとって必要なイメージを予測して，それらの表現を許容する雰囲気を作り上げる。このような役割と配慮が可能なのは，セラピストだけである。セラピスト以外の人は，それが表現された時，どう扱ってよいか分からないはずである。ただし，この場合，素材は控え目にしておく必要があると筆者は考える。決して押し付けになってはならない。そのような暗いシーンばかりを用意するということは好ましくないだろう。そうならないためには，中性的な刺激である自然の風景などを多数用意しておく必要がある。すなわち，悩みとは無関係な素材もまた多く必要なのである。

　もし，マガジン・ピクチャー・コラージュ法を導入する人が，薬物中毒や性的虐待を暗示する内容の雑誌などを敢えて揃えて準備するというのであれば，

両者の違いはなくなるであろうが。

4-5-e　素材集めの場合の注意

　コラージュは社会が生み出した作品をもとに行われるものである。当然のことながら，それを制作した人がいる。そのことに感謝しなければならない。社会が生み出した作品のおかげで，不登校，いじめ，自閉症，精神疾患などで悩んでいる人たちが何とか自己表現できるようになる。社会の力を借りて，少しでも健康を取り戻すことができるようにする，というのがこの試みである。社会には，これに対してご理解と寛容さをお願いしたい。

　その時に問題になる可能性があるのは，著作権や肖像権である。目下のところ，これについては問題になったことはない。しかし，問題になる以前から，気をつけておくべきことである。コラージュ療法には，著作権や肖像権が問題になるような特殊なイメージは必ずしも必要ではない。そのような種類のイメージは使う必要はない。それらを除き，ありきたりの差し支えのないイメージを使うことで十分に目的を果たすことができる。

　箱庭療法でも同じであるが，たとえばある人が「青い鳥」がほしいと思ったが，素材にはなかった。ハトならあった。その時，ハトで代用することができる。「青い鳥がほしいと思ったのに，なかったので，ハトにしましたが，これは"青い鳥"のつもりです。」ということで十分に足りる。少なくとも心理療法の効果としてはそれでよいはずである。

　あるいは，「青い鳥」を"希望や幸せ"の象徴として理解すれば，必ずしも鳥でなくても，たとえば"花"で表すことができる。「この"花"が未来の幸せを表しています」ということで十分である。

　しかし，それでは困る，絶対に"青い鳥"でなければならないという人の場合，それは一つの重要な反応，"固執性"が浮き彫りになっているということになる。このようなタイプの人は，コラージュ療法や箱庭療法は不向きであり，これを適用することを控えるべきであろう。そしてこのこだわりをどう克服すべきかが話し合われる。

　しかし，たいていの人は代替可能なのであり，そのためにコラージュ療法で使う素材は，少数でも実施可能なのである。

4-6　コラージュ制作中の態度

　面接場面での導入は，箱庭へのそれと同じ要領である。とくに，絵画への導入がむずかしいクライエントの場合や箱庭の設備がなされていない場所で適用するのがよいと思う。

　「ここにある切り抜きを画用紙に貼りつけてみて下さい」と教示する。絵がいやだった人も，これは結構やってくれる。これはすでに箱庭技法で指摘されていることと同じである。

　クライエントはコラージュ・ボックスの中の多くの切り抜きの図柄の中から，自分の気に入ったものをとりあえず手元に選び出す（何を選ぶのかだけでも，治療において大きなヒントになる）。また，同時に何を選ばないかということも重要である。そして気に入らないイメージはコラージュボックスの蓋の中に入れる。この蓋の中に入れられた方の切り抜きは，終わったらそのまま元に戻す（図4-1参照）。

　クライエントは選び出した絵を取捨選択しながら，画面の上であれこれ並べかえた上で，納得のいく構成を作り出し，糊で貼りつける。選び出しながら，使わなかった切り抜きも将来使うかもしれないし，今後の可能性として注目しておくべきである。何か心にひっかかることがあったのであろう。

4-6-a　制作中のセラピストの態度

　制作中のセラピストがしなければならないのは，クライエントが自由に安心して自分の心に向き合って，表現できるような雰囲気が作れるようにすることである。

　クライエントの緊張を解くために，それぞれのセラピストはいろいろな工夫をしているはずである。一番重要なことは，セラピスト自身がリラックスしていることが大事である。

　クライエントの緊張を解くために，セラピスト自身もコラージュ作品を作る方法（同時制作法）[注6]を勧める論文（杉浦，1999）がある。この方法だけは筆者の提案した方法ではない。誤解のないようにしていただきたい。

　それは心理療法の基本原則から逸脱した方法であることをまず自覚する必要

があろう。セラピストが作品を作って，それがクライエントに影響を与えることは避けるのが原則である。クライエントがセラピストの作品を真似て，作品を作るということでは心理療法にはならない。あくまでクライエントの内発的動機に基づいた作品が生まれることが必要である。また，セラピストの上手な作品にクライエントが萎縮することもあり得る。

　もし，クライエントと一緒に自分自身の作品を作るという場合，セラピストはいったいどんな作品を作ればよいのであろうか。これには二つの方向が考えられる。一つは，セラピスト自身も自分自身の悩みを表現することである。他方は，セラピストは自分自身の内面を表現せず，表面的な作品を作ることである。

　この二つのどちらが正しいことなのであろうか。どちらも間違いというしかない。セラピスト自身が自分自身の内面の葛藤をクライエントの前で表現することは原則的に許されないことである。セラピスト自身の心の葛藤は，クライエントとは無関係なところで，別のセラピストのもとで分析作業をするべきである。

　他方，仮にセラピストが，自分とは関係のないありきたりな作品を作るとすれば，それはすぐにクライエントにも分かるであろう。クライエントにはコラージュとは，表面的な，時間つぶしに作品を作る方法であると受け取られる。それでは心理療法にはならない。

　また，セラピストが毎回，多くのクライエントにつき合って作品を作るとなると，セラピストの作品はおそらくマンネリになるであろう。クライエントは自分の内面に真剣に向き合い，一方，セラピストはマンネリの作品を作るという関係はどういうことになるのであろうか。

　制作中は，クライエントの邪魔にならないように，見守るというのがよいであろう。クライエントのために切り抜きを手伝ったり，準備したりして時間を過ごすことができる。制作中は，多くのクライエントは自分の世界に没頭しているはずである。セラピストは，クライエントの没頭している世界を保護し守るという役割がある。

　河合（1971，1975，1994）には箱庭療法の質疑応答として，次のような記述がある。（河合，1994，231頁以下参照）。「先生もいっしょに作って！」と言われた場合，セラピストが手伝うかという質問に対して，河合は，まず子ども

がそのような表現の底にある感情を受け入れることが大事で，それを受け入れながら，「なるべくひとりで作らせるようにする」と述べている。また，「クライエントを自由に表現させることが非常に大切ですので，クライエントが要望もしないのに，こちらが積極的に手伝うことはありません」と述べている。セラピストが冷淡な性格故に，子どもを手伝わず，ヒントを与えないのではなく，クライエントの内面はクライエント自身しか分からないものであり，自分自身で立ち向かうしかないというのが，心理療法の原則であるからである。セラピストとクライエントが同時に制作することで，セラピストが何となく作っている内容が，何となく影響を与え，心理療法が進むというようなものでは決してないと言わざるを得ない。

　また，河合は「治療者の援助」という箇所で，「治療者が積極的に何かをしてやるのではなく，クライエントに対して，一つの望ましい『場』を提供する」のであると指摘している。そのためには「受容的な態度」が大切という。すなわち，クライエントが自由に制作に没頭できる場を提供するというのがセラピストの一番しなければならないことである。クライエントのためにセラピストがコラージュ作品を見せて，お手本を作ることでは決してない。

4-7　コラージュ制作後

　制作が終わったら，作品の全体的な感想を聞く。これは他の芸術療法の技法と変わらない。制作中にどんなことを考えたか，うまく表現できたか，困ったことはなかったか，などについて尋ねる。また，それぞれの切り抜きについて「これは何ですか」など，切り抜きについての連想を聞き，コミュニケーションを深める。また，自己像について尋ねると意外な発見をすることがある。

　健康な人の場合には，振り返りにはとてもおしゃべりがはずみ，活発な雰囲気となる。しかし，臨床群の場合は，もともと表現意欲が乏しい人にコラージュ制作をしてもらうので，あまり連想が広がらないことが多い。それでも制作前に比べればいくぶんかは連想範囲が拡大する。

　最後に，全体の題（タイトル）をつけてもらう。タイトルを作れないことも多いので，無理をすることもない。

　また，作品からTATのように物語を作るなどということもできるだろう。

しかし，作品を作るだけで精一杯の人も多いので，無理をすることもないと考える。

筆者の場合，あまりいろいろ解釈的なことを言うことは控えるようにしている。しかし，作品からより洞察を深めるように工夫している人もいる（大前, 2010）。

4-8　グループでの制作実習

コラージュ療法の場合，グループで行うことができる。グループで各自が自分の作品を作る場合と，グループ共同で一つの作品を作る場合がある。筆者はここでは，主に前者のことを指している。後者については，筆者の場合，これまで行ったことがない。

まず，各自で切り抜いてもよい雑誌 2，3 種類を，少し多めに持参してもらう。また，主催者側でも雑誌やパンフレットなどを用意する必要がある。

自分で持ってきた雑誌などには自分の普段からの関心に一番近いものがある。しかし，それは通常の見慣れた世界の範囲でしかない。心理療法というものは，自分にそれまでにない新しい要素を取り入れることによって，自我が変容することを目指す方法である。つまり，普段の見慣れた内容だけでは変化が生じにくい。そのために，新しいイメージを招き入れる仕組みが必要となる。グループではそれが可能となる。

これはマガジン・ピクチャー・コラージュ法とコラージュ・ボックス法の本質を総合した形で体験することである。また，これはセラピストの訓練のためのロールプレイでもある。そこで次のような方法を筆者は提案したい。

①自分（クライエント役）が自ら持参した雑誌などから自分がほしいというイメージを約 10 分ほど切り抜く。これは自分のために使用する。時間が限られているので，丁寧に切り抜くというよりも，頁を破るという感じで，必要なものを集める（これは基本的に「マガジン・ピクチャー・コラージュ法」ということになる）
②二人一組になる（お互いに一人がセラピスト役，一人がクライエント役となる）

③各自が持参した雑誌類は，グループ全体でプールし共用とする
④共用の雑誌類から，各自（セラピスト役）がそれぞれ相手（クライエント役）のために雑誌からイメージを集める。それを約10分程度。頁を切り取るだけでよいだろう（これが基本的に「コラージュ・ボックス法」である）
⑤自分自身で自分のために集めた切り抜きと相手からもらったイメージとを一緒にして，そこから作品を完成する

　以上の方法によって自分で集めただけではなく，相手からもらったイメージにも助けられて制作を行うことができる。この方法は，本章3節で述べたマガジン・ピクチャー・コラージュ法とコラージュ・ボックス法の両方を含んだものとなる。すなわち，自分で気に入ったイメージを選ぶ方法（マガジン・ピクチャー・コラージュ法）と相手から自分でも気づかない思いがけないイメージをもらう方法（コラージュ・ボックス法）の両方の方法が合わさっている。もちろん相手からもらったイメージを採用するか否かは自由である。

　相手（クライエント役）のためにイメージを集める時，相手がすでに集めていた（①の段階）切り抜きを少し見せてもらうと，相手は何に関心を向けているのか分かるであろう。それ故に，その方向の切り抜きを補助的に集めることが必要であろう。それと，クライエント役が集めようとしない切り抜きが何かが分かる。そのないものを補う形で集めることである。たとえば，人をまったく集めていない人には，人を用意してみることが必要である。どんな人を集めるのかについては，いろいろ想像する必要がある。

　逆に，人をたくさん集めているような場合には，それ以外の風景や物などを集めてみてもよいだろう。自分の気づかないイメージを相手（セラピスト役）からもらうことになる。

　もちろん，相手からもらったイメージを使うか使わないかは，まったくの自由である。

グループでの制作実習後の振り返り

　それぞれがお互いに自分の作品を紹介し合う。その時，作品を紹介する側は，クライエント役を取ることになり，聞く側は，セラピスト役を取ることになる。この体験は，カウンセリングのロールプレイ実習としてとてもよい。すなわち，

芸術療法を導入する場合のロールプレイ実習体験となる。
　この振り返りは，すでにカウンセリングそのものであるから，セラピスト役の人は，カウンセリングの基本態度，受容と共感を持って，相手の話に耳を傾ける。
　セラピスト役は切り抜きについてひとつずつ指さしながら連想を促す。そしてセラピスト役はクライエント役の制作中の心の動きを知ることができる。そしてクライエントの気持ちの整理をするように努力をする。全体としてクライエントの心の成長に寄与するように務める。この役割は初心者にはむずかしいと感じるであろう。しかし，具体的には，「この作品について思いついたことをお話しして下さい」，「制作中にどんな気持ちでしたか」，「作り終わっていかがですか」などという問いをすればよい。そして一通り話を聞いた後に，切片について「これは何ですか？」などと質問をして連想を促す。後で，その役割を交代する。
　クライエント役の場合，コラージュ作品をもとにして説明すると，作品がない場合よりもよほど話がしやすいことが実感されるであろう。セラピストに説明することによって，それまで気づかなかった自分の感情に気づいたりするだろう。また，切片の中には言いたくないことと関係していることも含まれていることに気づくであろう。グループでの実習の場合，言いたくないようなことは，言わなくてもよいというルールを作ることが必要である。
　また，自分で選んだ素材と相手からもらった素材について，尋ねてみると思いがけない発見がある。たとえば，「相手からもらった時の素材についてどう感じましたか？」という問いに対して，「たくさんもらってうれしかった」，「もらって負担だった」，「もらったので，使わなければいけないと思った」，「人からもらうのは好きではない」，「自分では思いつかなかった素材で，心がまとまった」，「人からもらったイメージのおかげで戸惑った」などいろいろな反応が得られる。また，与えた側は，できあがった作品を見ることで，相手は自分の意図したイメージとは違う使い方をしていることに気づいたり，何気ない素材がとても有効に作用していることなどを発見するだろう。また，きっと使うはずと思っていた素材がまったく使用されないということについても発見がある。きっと使ってくれると思っていたものが，やはり使われたということもある。その場合にも，気持ちが通じていることが分かる。使われなかった素材の場合，

それは失敗とは考えず，さしあたり目下のところ使わないということが確認できたと考えるべきである。また，相手が提供したすべての素材，あるいはたくさんの素材を使ってくれるような場合，相手は相当無理をして差出人（セラピスト役）に合わせようとしているのではないかと考えることも必要である。また，提供した素材のすべて，あるいはほとんどの素材が使われなかった場合，セラピスト役は，それは相手の気持ちを理解できていなかったという反省をする必要がある。その場合，改めて相手はいったい何をほしがっているのかを確認する必要がある。また，人からの影響を極端に排斥するタイプの人かもしれない。その場合は，こちらからの提供をできるだけ控え目にする必要があるということを示している。

このような素材の交流をもとに，あれこれ考えることができるであろう。

4-9　さまざまなアプローチ

以上，制作体験を解説してきた。コラージュ療法は適用範囲が非常に広いために，最初期からその応用がいろいろ工夫されている。筆者はあまりいろいろな技法の開発をしようとはしなかった。それは後の研究者に委ねたつもりである。筆者自身は一番最初期のシンプルな方法をそのまま残すということにウェイトを置いてきたつもりである。台紙の色も白しか使っていない。一番シンプルな方法がまずしっかりと存在し，その上で別の方法が開発されるのである。筆者は最初に思いついた方法で，十分実用に耐えると考えている。その上で，後続の研究者はそれぞれ独自のアイデアを工夫していただきたい。筆者以後のさまざまな工夫についてはそれぞれの文献を当たってほしい。その一部だけを解説して紹介したい。

まず，筆者のコラージュ・ボックス法を改良しようとしたのは，岡田敦（岡田・河野，1977a；岡田，1999a, b）である。岡田は，持ち運びのできる箱よりももっと大きなサイズの箱を準備して，より大量に切片を入れ準備しておく。そしてなくなると継ぎ足し，いつも一定の種類と数のイメージを準備することができるようにしている。それは「持ち運びのできる箱」ではなく，据え置き用の箱である。こうするとまったく"同一の"刺激素材が用意できなくても，"ほぼ同等の"イメージの蓄えをいつも準備できることになる。それ故に，アセスメ

ントとして，より信頼性を持たせることが可能となる。この場合，問題は多量の切り抜き素材をクライエントにどう見せるかである。多量の素材の場合，すべて見せるわけにはいかないからである。その時，岡田は素材を必ず一掴みずつ手渡し，使わないものはそのつど返してもらう，という手順をする。また，岡田は文字の切り抜き（キャプション）を多数集め，それを積極的に利用するような方法も提案している。

　台紙の色についての研究は服部（1996），岸井（2002a, b）が試みている。西村（2000）は，切り抜くことも選ぶことさえもできない重度の心身障害の患者に対し，工夫することによって制作することが可能であることを示した。すなわち，セラピストが雑誌を見せ，患者はしぐさで合図する。それを受けてセラピストが切り抜き，患者の指示通りに台紙に貼り付ける。

　また，佐藤仁美（1998）は，クライエントの要望によって，クライエントのコラージュ作品に対して，セラピストもコラージュで返す方法を行った事例を報告している。これは一見簡単そうに思えるが，筆者はむずかしい方法であると考えている。すなわち，コラージュ作品はいわば暗号で書かれたものであり，その意味するものを明確につかむことがむずかしい。その暗号を解読し，次には，セラピストがコラージュ作品で返す。この作品は，当然，暗号で書かれているのであるから，クライエントはその暗号を解読し，それを再度，暗号で返す，というやり取りとなる。セラピストとクライエント相互に暗号解読能力を必要とする。このような方法はあり得ない方法ではないがむずかしいため，汎用性は持ちにくいのではないだろうか。

　川原・細谷ほか（1996），細谷（1999）は「コラージュ・シート法」という方法を提案している。それは出現率の高い事物の写真やイラストを雑誌から収集し，10種類のシートを作成する。それを切り抜き素材として制作する方法である。コラージュ療法は，切り抜きをどう調達するのかが重要な課題であった。その材料を一定にしたり，予め準備するというアイデアが出てくる。これも今後の課題であると思う。基礎素材として使用できるよいものであれば，それは有効な方法ということができるだろう。しかし，コラージュ療法の多様性を狭める危険も同時に含まれている。基本的な素材をもとに，それ以外に雑誌などを併用するということであれば，有効といえるだろう。

　法務省矯正局（2001）から『アート・クリック作品事例集』が出版された。

これはコンピュータ上で，予め登録された図柄を組み合わせてコラージュ作品を完成させるものである。コンピュータを利用したコラージュ作りである。筆者は可能性として，最初期からアイデアとしては抱いていたが，実際に手がけることができないままであった。これも一つの方向であろう。

　加藤（2012）はブロックにコラージュを応用している。

　これらが今後，どのような発展を遂げるのかを注目したいと思う。コラージュは，切って貼るという非常に単純な方法でありながら，奥行きの深いものであり，今後もいろいろな工夫が生まれる余地があるといえよう。

注6）本書の本文を書き終わった後，2011年10月に文献（杉浦，2000）を発見した。そこに「同時制作法」について注目すべき発言を見つけた。

「私は，クライエントがどういうものを貼っているのか，今はその人はどういう状態なのかっていうことを，ものすごい関心をもって見ているわけですよね。終わってから，それを，セッションが終わってからですね，……，その作品を読み解いていくことですよね。……クライエントさんの作品について，ものすごい接近をしていくわけです。「ああ，こういう切り抜きを使ったのか，この切り抜きには，どういう意味で，お貼りになったんだろうか」というふうに，……。そうすると次の回に，なんとなくそのことが残っている。……クライエントさんが作った作品に，割合近いもの，あるいは，同じようなものが貼られることが起こります。それから，少し遅れて，クライエントは，だんだんカウンセラーが作った作品に，だんだん関心を持っていく」（78頁）

「そんなに意識的にやっているわけではないんですけれども，クライエントさんが作った作品に，割合近いもの，あるいは同じものを貼られることが起こります」（79頁）

・氏が講演の中で，本法をこのように説明をしていることについて，筆者も服部令子もそれまで聞いたことがなかった。筆者らでさえも氏の方法を誤解していたことに気づいた。
・本法は相手（クライエント）の作品を「ちらっと見る」程度ではなく，「ものすごい関心を持って見ている」やり方だという。

- これは多くの人が信じているように「同時」で「独立」した方法ではない。「時間差」がある。相手の行動を見て，その少し後から制作することが可能である。「同時」とは錯覚を与える術語である。
- この方法は相手の作品を見ぬふりをしながら見て，それをもとに作る方法となり得る。当然，これは作品が似てくる。お互いに作品が似てきたら，セラピーが進むのであろうか。お互いに作品を真似たら，治るのであれば，クライエントは喜んでセラピストの作品を真似るだろう。これが心理療法と言えるのかどうか。

追記

　この記述に疑問を持ち，過去に遡ってこの方法の起源を調べた。すると最初（1989年11月の芸術療法学会発表）では杉浦はこの方法を「相互法」と称していた。そして「相互法」とのみ，非常にあいまいに書いてあり，まったくその内実は記述されていない。すなわち，新技法として認められる学術水準とは言えない。

　「同時制作法」という言葉は，服部の事例報告を聞いた山中康裕が服部のやり方について名づけたことが分かった。これを服部は『コラージュ療法入門』（1993）で公表した（服部, 1993a）。その用語を杉浦は根拠もなく，無断で，自分の方法（「相互法」）の名称として使ったために，この両方の方法が混同され伝わった。

　それ故に，この名称で二つの異質なやり方が含まれている。一つは，「セラピストが相手の作品をちらっと見て作る。後にはクライエントもセラピストの作品に真似るようになる。当然似た作品になる」方法（杉浦「相互法」）と，他方は「緊張をほぐす目的で，お互いに独立して，ただ並行して作る。相手の作品に影響を及ぼすことはない。似た作品になるようなら止める」方法（服部「同時制作法」）の二つの種類である。

　現在，多くの人が誤解しながらも倣っているのは，この服部の方法で，杉浦の方法ではない。服部の方法は，心理療法の基本原則にそれほど逸脱しているとまでは言えない。それ故に，今後は，「同時制作法」（服部，1993a）と記載しなければならない。

　筆者は，面接場面でセラピストが自分の作品を作るということは慎重でなければならないと考えている。かつて河合隼雄は自分の教育分析体験のエピソードをおもしろおかしく話してくれた。分析家がパイプをずらっと並べ，話を聞きながら，パイプ掃除をするのである（河合，1967）。

　筆者はセラピストがクライエントの前でコラージュ作品を作るよりも，パイプの掃除をしたり，静かに編み物でもしている方がよいと考えている。

　服部は今では，「コラージュとはこうするものだと最初に聞き及び，思い込んで，知らずに並行して作品を作っていた。しかし，これが無用な方法と知って以来止めている。しなくても，セラピーには何の変化もない。かえって止めることで，クラ

イエントの制作に必要なピースを一緒に探すというような共同作業が可能となった」と述べている。

第5章
コラージュ療法のアセスメント

はじめに

　コラージュ制作は非常に単純明快な方法から成り立っている。誰も間違えることはないだろう。しかし，できあがった作品の意味を読み取るのは簡単なことではない。フロイトが精神分析（心理療法）の定義で述べているように，心理療法においては「患者は過去の経験と現在の印象について語り，嘆き，その願望や感情の動きを打ち明ける」ことによって心の整理が促進され，心理療法として成立する。コラージュ療法の場合，その作品を通じて，セラピストはクライエントの考えかた，嘆き，願望，感情の動きが理解できるかどうかが大事になってくる。もちろん作品を作ること自体にカタルシス効果があることは事実である。しかし，セラピストは作った後のことに対してもその責任を負うという役目がある。すなわち，作品ができあがればセラピストの仕事が終わるわけではない。すなわち，作品を作ることによってクライエントの後の人生に与える影響自体に対しても関心を払い続けるのがセラピストといえよう。作品を理解するために，セラピストはクライエントに連想を求める。しかし，クライエントによってはほとんど連想を話してくれないことがしばしばある。とりわけ，コラージュを適用するのは，しばしば表現力の乏しいクライエントに対してであるから，そのようなクライエントは作るだけでも精一杯ということが多い。それでクライエントの連想だけには頼れないことがある。そのような場合，どのようにして作品を理解すればよいのだろうか。そこで工夫が必要になってくる。しかし，できあがった作品をどのように評価するかということについてのまとまった研究は未だに見られない。最近では，この問題に対していろいろな試みがなされつつある。たとえば，今村（2004, 2006, 2010）は評定尺度を試みたり，山上（2010a, b）は，ハンドテストの評価システムをコラージュ作品に適用しようとしている。しかし，おそらく今後とも標準化された評価方法

が確立されることはむずかしいのではないだろうか。そのような限界のある中で，ここでは作品に込められた意味について考えてみよう。

　コラージュ療法の特徴は，箱庭療法の場合も同じであるが，治療法であると同時にアセスメントの手段でもある。すなわち，治療法としてはクライエントの空想が自由に発揮できるように設計されている。いわば，気に入るものをあれこれ捜したり，切ったり貼ったりするプロセスがフロイトのいう自由連想に相当する。そしてできあがった作品からアセスメントがある程度可能となる。治療とアセスメントが同時にできるものはそう多いものではない。箱庭の場合，玩具と砂箱がいつも一定に固定されているので，その中に作られた作品はアセスメントとしての機能も果たすことができる。日本で河合の主導する箱庭療法は，治療法に重点を置いてきているが，アセスメントとしての役割も重要である。コラージュ療法の場合でも同様である。本章ではコラージュ療法作品をアセスメントという視点から見ていきたい。

5-1　箱庭療法のアセスメントの考え方

　まず，河合の箱庭の読み方について振り返っておきたい。河合は事例研究会などの場で，箱庭作品の解釈方法について非常に多くの示唆ある発言をしているが，それを体系立ててまとめるということをしなかった。筆者はいつか河合が箱庭療法の解釈法を確立するものと心待ちにしていたが，ついにそれがかなわなかった。この点について西村洲衞男（2001）も同様の感想を持っている。西村は，以下で述べる四つの「箱庭の見方」を河合が提示したものの，「その後は，箱庭療法の意義は強調されてきたが，表現内容の解釈の手掛かりは特に示されていない」と述べている。そのために西村洲衞男（1981，1982，2001）が河合の後を継いで，解釈仮説を出そうと試みている。

　ここでは，まず最初に「箱庭療法の理論と実際」（河合，1971，1975，1994）に従って，箱庭療法の考え方を参考に見ておこう。「箱庭の見方」として，次の四つを挙げている。これらはコラージュ作品の見方にも非常に参考になり，そのまま適用できると考える。

（1）統合性

（2）空間配置
（3）主題
（4）象徴

（1）統合性については，「箱庭全体から受ける感じ，作品のまとまり，豊かさ，繊細さ，釣り合い，流動性，生命力などを合わせた」意味であるという。
（2）空間配置。箱庭を一つの「世界」として見るとき，その世界をどのように使用するかである。箱の中央に集まっている場合，全体に広がることの不安を示している。砂に触れない人は，モチベーションが高まっていない，状況を改善することに対する不安や抵抗を示している。砂に埋めることは，潜在的な能力や葛藤を示す，あるいは何かを抑圧したり，拒否する意味がある。枠外に玩具を置く場合，表現しようとする心的内容が自我の把握をこえている，あるいは，自我によって確実には認知し得ていないが，何かの存在を予感していることを示す。子どもの場合，自我の境界がはっきりしないので，時に生じること，成人の場合には行動表出（acting out）の可能性もある。また，枠に橋がある場合は，枠の外の世界の存在を暗示している。枠にそって垣をつくる場合は，防衛の不十分さがあることを示している。

　以上，河合は，クライエントの箱庭空間の配置の仕方によってその心境を細かく把握しようとしている。また，ヨーロッパの空間象徴についても紹介している。左と右に無意識と意識，内界と外界を対応させることに意味があると述べている。しかし，いつも必ずとは限らず，「一応心にとめておくと便利であると言った方が，よいかもしれない」とコメントしている。このコメントは非常に重要であると思う。筆者は，後述するように，いろいろな判断軸を提案しているが，この判断軸は，まさに「一応心にとめておくと便利である」というようなものである。筆者は，この便利なものをさらに数を増やし列挙したということである。
（3）主題については，箱庭の中に一つの主題がある，それが継続的に展開されることがあると述べている。それについては「動物の世界」，「戦い」，「閉じられた世界」がどのように開かれているか，などが挙げられている。
　そしてたくさんの主題がある中で，継続的に展開しない場合，セラピストの感じていた主題が誤っていたのではないかと反省すべきである，と述べている。

これは非常に重要な指摘である。本論文の後半には、いろいろな事例を挙げて、それぞれの主題がどのように展開していくのかについて述べている。すなわち、逆に言うならば、時間の経過の中でその変化が浮き彫りになっていく主題が正しい主題ということになる。そして、それはたいていの場合、主訴や症状と深く関係しているものであると、筆者は付言しておきたい。

（4）象徴。この論文では象徴についてはきわめて簡略にしか述べていない。「渦」の象徴を挙げているのみである。初心者にはこの象徴の見方はなるべく慎重にせよ、という注意が述べられている。河合自身は、この象徴を大事にしているのであるが、初心者がその深い意味も分からず、表面的に使うことを警戒していることがうかがわれる。

　以上のような河合の指摘は、今日考えても極めて示唆に富んでいるし、今日でも十分通用し、納得できると思う。また、コラージュ作品を読む場合にも妥当すると思う。河合は、特定の学派の理論をそのまま当てはめないように慎重に判断をしている。このこともとても重要なことである。箱庭はユング理論だけではなく、その他のさまざまな理論も適用できる。コラージュ療法はそもそも最初から、特定の学派からはまったく自由であり、いろいろな仮説を受け入れる要因があることを強調しておきたい。
　以上を受けて、筆者なりの考えを以下において述べてみたい。

5-2　アセスメントの基本的な考え方

5-2-a　コラージュ作品の特徴

　筆者はコラージュ技法の特徴を「オープン・アーキテクチャ（開かれた設計思想）」と呼んだ（森谷，1990b）。従来のアセスメントの方法は、可能な限り誰に対しても一定の条件で行う、ということが原則であった。一定の刺激材料と一定の手続きがまずあり、その結果、一定の評価をすることができるというのが大原則であった。これは「クローズド・アーキテクチャ（閉ざされた設計思想）」と呼ぶべきであろう。たとえば、ロールシャッハ・テストのような場合、世界中どこでも正確に同じ図版を用い、同じ順番に図版が提示されなければならない。一部を変えるということは許されない。教示も同じである。そうでな

ければ，アセスメントに対する信頼性がない。

　しかし箱庭技法や，コラージュ技法において使用されるのは，いつも一定の刺激材料ではなく，状況に応じてまったく異なる刺激材料を用い，実施手続きも相当自由である，というやり方を採用している。コラージュ技法の場合，それは箱庭療法の場合よりもいっそう顕著であり，それがコラージュ技法の良くも悪くも特徴となっている。偶然的な表現が生じる可能性は箱庭療法よりも多いと考えられる。

　箱庭療法は刺激となる玩具を一定にしない方針を採った。これは大変にすばらしいアイデアであった。一定にしたのは，ビューラー（Charlotte Bühler）の「世界技法」であるが，それは普及しなかった。それ故に，箱庭療法のミニチュアを固定しないという方針のおかげで，各クリニックごとに箱庭療法の玩具は違う。しかし，たいていの場合，（もし，面接室を途中で変えない限りは）クライエントにとって刺激となるアイテムは，毎回同じものである。たとえば，ある子どもの場合，毎回同一のカエルを繰り返し使うということが起こる。作成が終わるとカエルは再び棚のもとに帰り，また次の出番を待つことになる。

　しかし，コラージュの場合は，この箱庭療法よりもさらに無秩序である。刺激図は，一度使うと消費され，原則二度と使うことがない。次に前回と同じカエルを使いたくても使えない状況が生じる。このことはコラージュ技法は，そもそもアセスメントには適さないということができる。また，それを仮にできたとしても，判定に際して相当大きな誤差が生じることをいつも心に留めておかねばならないだろう。それ故に，以下に述べることは，あくまで目安となるアセスメントであることをお断りしておきたい。

　コラージュ作品は，それこそいろいろなものがごちゃまぜになって寄せ集められており，一見してそれ固有の法則性などないように見える。しかし，これまでの経験から言うならば，「錯綜した寄せ集まり」でありながらも，被験者特有の特質が浮き彫りにされる。そのような複雑な集まりにある意味を見つけ出すには，どのような方法があるであろうか，それについて考えたい。

　このような時にやはり先行研究としての箱庭療法の知見が助けになった。すなわち，箱庭の刺激材料を一定としなくても，心理療法としてはこれまで大きな問題は起こらなかった。また，箱庭作品の読み方においても，各クリニックで刺激が違うからアセスメントは不可能であるという結果にはならなかった，

という事実である。箱庭療法の事例検討会では、刺激玩具の種類や数のことがほとんど問題にならなかった。これはとても大きな発見であるということができる。しかし、誰もその事実に注目してはいないようだ。

　刺激材料はいつも一定、同一ということではない。しかし、同一ではないが、"同じようなもの"がほぼ揃っている。そして、クライエントは「自分の好み、欲望で選び取っている」という事実は同じである。刺激材料にのみ目を向けるのではなく、「選んでいる」という行動に目を向けると、どのような方向で選んでいるのか、というアセスメントの道が開かれていくと考える。

　箱庭療法の経験を参考にしながら、コラージュ作品の読み取りの問題を考えていきたい。

5-2-b　アセスメントにおける量の問題――スカラーとベクトル

　まず、アセスメントについて考える時、量が問題となる。先に述べた河合の箱庭療法の論文（統合性、空間配置、主題、象徴性）には"量"について言及されていないことに注目してほしい。

　筆者はアセスメントにおいて量が重大な要因と考えている。量について考えていた時、量にはスカラーとベクトルの二種類があるという高校時代の数学を思い出した。

　スカラーとは、身長、体重、金額などのように単純に加減乗除できる量である。コラージュ療法の場合でいえば、切片の枚数、面積、制作時間、重ね貼りの枚数、登場する人物の数、などがスカラーである。それらは一つずつ数え、平均、分散などの統計的処理をすることができる。集計的研究はスカラーを前提にしている。

　一方、ベクトルは大きさと同時に向きを持つ量である（図5-1）。一見すると矢印記号であるが、矢印の長さの大小で量の大きさを示す。ベクトルは通常の演算では計算できず、平行四辺形の法則などによって合成したり、分解することができる。ベクトルは物理でよく使われる。速度や力のつりあいなどはもっぱらベクトルが必要である。なぜなら、たとえば、力には"大きさ"と"向き"を同時に表示する必要があるからである。速度も同じである。時速50キロで東に向かって走るのと、北に向かって走るのでは意味がまったく違うからである。方向が決定的な意味を持っている。

```
          大きさ
  ┌─────────────┐
  ──────────────▶ 向き
```

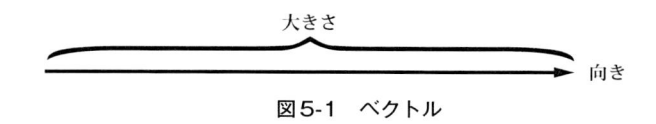

図5-1　ベクトル

　さて，心理臨床の場合にはどちらの量を基準に考えるとよいのであろうか。このような問題意識については，これまで議論されていないようである。

　心理臨床において，フロイトは物理学の力学を適用して，意識と無意識の相互関係を考えた。これは精神力動論とか心的エネルギー論などと呼ばれている。すなわち，フロイトの精神分析の根底には物理学の力学モデルがある。心を抽象的なものではなく，「心の動き」ととらえた。これによって心の現象に対して，力のつり合いを比喩として取り入れることができるようになった。それならば，心の力動論ではベクトルが基準になる。意識のベクトルと無意識のベクトルの相互作用によって，心の力学がイメージされるであろう。セラピストにとって，クライエントの心が，どちらの方に向かって，どれぐらいの速さで動くのかが重大な関心事となる。来週には元気になるのか，それともより落ち込むのか。この人は死に向かっているのか，それとも生に向かっているのか。それぞれがどの程度の力の作用が生じているのか。これらを記述する場合，それはスカラーではなくベクトルがふさわしい。すなわち，クライエントの「心の動き」をセラピストが想像する時に，セラピストの心にはベクトルでイメージするのがふさわしいということである。

　フロイトの『精神分析入門』の錯誤行為の記述には，ベクトル概念を導入すれば非常に分かりやすい記述になること必定である。たとえば，フロイトはしくじり行為の描写において，心の中には妨害する意向と妨害を受ける意向の二つがあり，その「二つの相異なった意向が干渉し合う結果，錯誤行為が起こる」（第4講）と述べている。これは二つの力をベクトルのイメージで表現するとはっきりする（図5-2）。しかし，フロイトの論文には「ベクトル」の文字がまったく見られない。そして注目してほしいのは，フロイトの記述には方向（"意向"，これは文字通り，「意の向き」）だけがあり，"量"が記述されていない。言語は量を表現することが苦手である。言語で量を示すのは，「少し」「ほんのわずか」「とても」「ほとんど」「非常に」などしか選択肢がない。もっと微妙な量は言語では示すことができない。それではなぜ，フロイトはベクトルを使わな

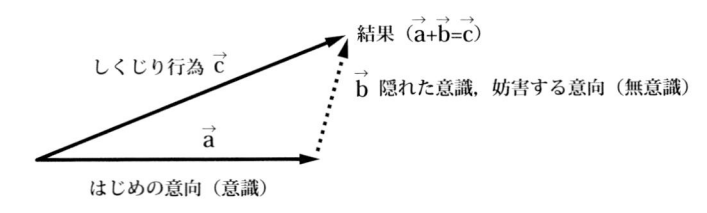

図5-2　フロイトのしくじり行為のベクトル表現

（図中）
しくじり行為 $\vec{c}$
結果 $(\vec{a}+\vec{b}=\vec{c})$
$\vec{b}$ 隠れた意識，妨害する意向（無意識）
$\vec{a}$
はじめの意向（意識）

しくじり行為 $(\vec{c})$ ＝はじめの意向 $(\vec{a})$ ＋隠れた意向（無意識 $\vec{b}$）

かったのか，筆者は長年疑問に感じていた。ある時，その答えは非常に単純な理由であることが分かった。フロイトの時代にはベクトル概念がなかったからである。

湯川秀樹（1977）は次のように述べている。「ベクトルは大変便利なものでありまして，ベクトルが出てくるのは至極あたりまえ，古くから使われておっただろうと思うんですけれども，そうではないですね」。湯川は，この由来を次のように説明している。

ベクトルは統計熱力学で有名な，アメリカの小ニュートンと呼ばれたウィラード・ギブス（Josiah Willard Gibbs, 1839～1903）がエール大学で講義をしていた1880年ごろの講義ノートが残っていた。そこにベクトルを使って力学の講義をした形跡があった。これが一番早いのではないか。ギブス以後になると盛んにベクトルが使われている。イギリスのいろいろな力学の教科書にもほとんどにベクトルが使われている。

さて心理臨床においてふさわしい量の概念は，いったいどちらなのかということが問われなければならない。とりわけ必要な概念はスカラーかベクトルかのいずれかと考えると，それは主にベクトルの概念の方であるといわなければならない。なぜならば，それは人間の行動はすべて意味方向を考慮しなければならないからである。意味とはメダルト・ボス（Medard Boss, 1957）がフロイトに倣っていうように「心的活動の流れの中での由来，意図，方向，位置」である。また，現象学派のいうように，意識には指向性がある。意識はつねにある方向を目指しているからである。このように意味方向と大きさ（量）を同時に記述することができるのは，ベクトルの概念の方である。

読者は評定尺度を思い浮かべるかも知れない（図5-3）。5段階とか7段階の尺度がよく使用される。これは基本的に方向と大きさを含む量である。ベクトルと同じ発想である。ただ違いは，ベクトルをスカラー化したものと考えることができる。すなわち，これは数学的に言えば，ベクトルの絶対値($|\vec{a}|=a$)を意味する。スカラー化した方が，後の統計処理がしやすい。心理療法の場合，過程において数値に置き換える必要がない。経過において，以前よりも，攻撃性という軸においてより強くなったとか，より弱くなったということを把握することが大事なのである。その絶対値は必ずしも必要ではない。このことはわざわざいわれなくても，セラピストなら誰でもすでに頭の中でしていることである。筆者は新しいことを提案しているのではなく，誰もがすでにしていることを少しばかり明確にしたいだけである。

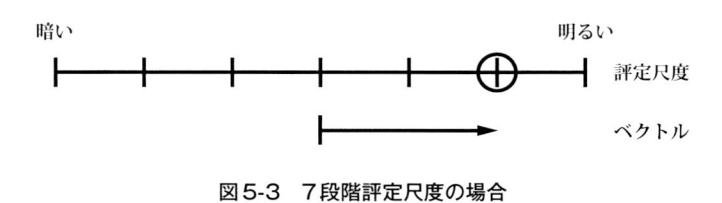

図5-3　7段階評定尺度の場合

5-2-c　判断となる物差しの作成

　さて，アセスメントをするとき，ともかく判断するための基礎となる軸（物差し）を設定することが必要である。自然科学分野では古来多種多様な判断軸（物差し）を作ってきた。長さの軸，重さの軸，時間の軸，湿度の軸，明度の軸，音量の軸，彩度の軸，風力の軸，風向きの軸，圧力の軸，等々，数え切れない。最近では，東日本大震災のおかげで放射線を測る器具が注目を浴びている。それぞれの事情にふさわしい計器が作り出されてきた。計器が作られた当初は精度は当然信頼性がなく，誤差が大きかった。しかし，それは時代にしたがって研究が進むにつれて，次第に精密な測定が可能になってきた。

　これと同じように心理学の分野では，そのような判断軸（物差し）を作ることができるのであろうか。物差しを作るにはユングの向性理論が参考になる。マイヤー（Carl A. Meier, 1975）はフロイトやユング心理学の特徴は極性の法

則と言われるものであると述べている。それは心的現象を二つの極に分け，その間に個々の心的現象を位置づける試みである。マイヤー（1975）はその著『意識』の中で，「意識の構造」について考察する時，「"自我"はヤヌスの頭に似て，"一連の対極的特徴"をもつ。……その際，それらはすべて共存できることを忘れてはならない。もちろん，それがまたしても逆説を生ぜしめる。……さらにこれらは任意に増やすことができる……」（59頁）と述べ，〈あれか・これか〉，〈能動因，すなわちまるごとの意志・受動因，すなわち，たとえば熱狂〉，〈生産的・受容的〉などの対概念をあげている。このマイヤーのやり方はもっと見習うことができるであろう。

　心理学のアセスメントをするには，まずとにかくそれが測定可能となるための判断軸を設定することである。その作り方はフロイトやユングにならって，あるいはそれぞれの経験から，これまでの色々な心理テストで開発された尺度を参考にし，利用させてもらうことにする。

　そこでともかくいろいろな判断軸（物差し）を二極性にしたがって作成する。そしてマイヤーのいうように「さらにこれらは任意に増やすことができる」し，「共存もできる」のである。必要に応じて，随時増やしていけばよい。注意してほしいのが，上述のマイヤーの記述の中には，「量」をどう扱うのかについての言及がないことである。マイヤーのアイデアに，量の概念，すなわち，ベクトルを入れたいというのが，筆者の提言である。マイヤーにはエネルギーや強度という言葉は使用されているが，ベクトルについては言及されていない。

　そうして，さしあたりできた物差しを，個々の作品に当てはめてみればよいのである。その時，すべての判断軸をすべての作品に当てはめて評価するのではなく，その作品に一番ふさわしい，すなわち，一番よく特徴が現れていると考えられている物差しが何かということがみつかればよい。あまりはっきりしない，どちらかよく分からないような物差しは，この作品を測るにはふさわしくないという理由でとりあえず捨て去る。一番ふさわしい，優れた判断軸というのは，個々の事例において違うであろうが，それは時間の経過に従って，繊細に変化が測定できるような軸がよい。それは河合（1971, 1975, 1994）が「箱庭療法」の主題について述べたように，「そしてたくさんの主題があるなかで，継続的に展開しない場合，セラピストの感じていた主題が誤っていたのではないかと反省すべきである」。すなわち，よい軸というのは，時間の変化に従っ

て継続して使用でき，その事例の変化のプロセスが，量的変化として繊細に映し出している軸である。時間の移り変わりにおいて，量的に変化しない軸というのは，意味がないと同時に，逆にセラピーが進展していないことの証拠でもある。別の言い方をすれば，心的エネルギー（リビドー）が備給されている軸か，否かである。あるいは，活性化された軸か，不活性な軸かという区別がある。

それはちょうど天気の変化を知りたい時に，温度計がよいのか，湿度計がよいのか，それとも気圧計がよいのか，どの測定器を当てにすればよいのかに似ている。天気の移り変わりを一番きちんと反映している計器を捜すのがよい。雲の色や形でも気象変化を予想できるであろう。問題はそれがどのくらい信頼性があるかである。

従来では，たとえばロールシャッハ・テストでは，すべてのテスト結果を，同じ解釈基準で判定しようとする（クロッパー法，エクスナー法などの違いはあるにしても）。コラージュの場合は，そのような統一的な分類方法を見出すことはむずかしい。それ故に，個々の作品ごとにふさわしい物差しを当てはめることができればそれでよいと考える。それがたとえ一本の物差ししか，しかも大ざっぱな物差ししかなくても満足しなければならない。

とは言っても，ある作品にはどの判断軸で測るのが一番よいのかを決めることは大変むずかしいことである。また，判断軸自体が持っている心理的意味内容を理解しているということは，それなりの教育訓練が必要とされることは言うまでもない。

この判断軸は一時的なものであり，そのつど新しい状況に応じて判断軸を増やすことが勧められる。これまでとまったく異なった作風の作品が出てきたとき，それを評価するのに，新しい判断軸を発見し，それを適用することをためらわない姿勢が必要ではないだろうか。自分独自の，これまで誰も思いつかなかった新しい物差しが見つかれば，それは素晴らしい発見ということになるだろう。

5-3　作品のアセスメント——さまざまな判断軸

そこで筆者は思いつくまま，判断軸を列挙していくことにする。この列挙はさしあたりあまり厳密に考えないところから出発し，徐々に洗練していけばよ

いと思う。上述の河合のコメントのように，いつも必ずとは限らず，「一応心にとめておくと便利であると言った方が，よいかもしれない」と考えるとちょうどよいものである。

　自己像（何で，どこに位置するか）
　時間軸（過去←現在→未来），
　空間軸（上←・→下，左←・→右，奥行：近景―遠景，狭い←・→広い），
　女らしさ←・→男らしさ，
　母親的←・→父親的，
　テンポがゆっくり←・→速い，
　エネルギーが低い←・→高い，
　受動的←・→能動的，
　冷たい←・→暖かい，
　変わりやすい←・→恒常的，
　暗い←・→明るい，
　身体←・→精神，
　具体的←・→抽象的，
　醜い←・→美しい，
　被害←・→攻撃，
　静寂←・→喧噪（音のイメージ），
　孤独←・→共存，
　無秩序←・→秩序，
　植物的←・→動物的，
　この世←・→あの世

　とりあえず，思いつく限り挙げていったが，まだまだ追加することができる。
　先に述べた河合の箱庭療法の解釈についての記述内容を当てはめてみると，河合は以下の判断軸を使っていることが分かる。河合は無理に堅い理論を使わず，私たちが普通に使っている日常的で常識的な判断を軸としていることが分かる。これはそのままコラージュ作品を読み取る場合にも参考になる。もちろん，コラージュ作品だけではなく，他の芸術療法の作品でも同じである。

統合性
まとまらない←・→まとまり，
おおざっぱ←・→繊細，
貧しい←・→豊かさ，
狭い←・→広い，
砂との距離が近い←・→遠い，
開く←・→隠す，
戦う←・→戦わない　など

以上のような素朴な軸だけではなく，フロイトやユングなどの理論的に洗練された軸を入れ込むことができる。その場合，背景となる理論を学習して，その意味を十分に理解していることが前提になる。フロイトの軸でいえば，

意識←・→無意識，
エロス←・→タナトス，
超自我←・→エス

ユングの理論も入れることができる。

内向性←・→外向性，
思考←・→感情，
感覚←・→直観，
父性←・→母性
アニマ←・→アニムス，
シャドウ←・→ペルソナ，
子ども←・→老人
カオス（無秩序）←・→マンダラ（秩序）など

また，第6章で言及するようにエリクソン（1959）の発達図式から借りることもできる。

信頼←・→不信，自律←・→依存性（恥，疑惑），自主性←・→消極性（罪悪感），侵入的←・→包含的，勤勉性←・→劣等感，アイデンティティ確立←・→アイデンティティ拡散，親密と連帯←・→孤独，生殖性（ジェネラティヴィティ）←・→自己陶酔，完全性（インテグリティ）←・→絶望

　コラージュはいろいろな学問的背景と結びつく自由さを持っている。また，ロールシャッハ・テストの考えや，TATなどの考えを取り入れて発展させることも可能である。
　それまで培ってきた自分なりの判断軸を使ってみて，それをより広げ，発展させて行くのがよいのではないか，というのが，筆者の提言である。ユング理論が好きで，熟知しているのであればユング理論をまず軸として判断をする。しかし，それだけでは不十分と感じられる場合，状況に応じてより適切な判断軸を見つけることが望ましい。

5-4　判断軸の意味について

　以上の判断軸について少しばかり解説をしておきたい。以上に提示した判断軸は，まだあくまで仮説の域を出ず，荒削りで洗練されていない。むしろ意図的に明白でないもの，単なる思いつきであるものもわざと挙げている。今後，経験を積み重ね，より精密に，よりよい判断軸を見出して行くべきであろう。また，マイヤーのいうように，いくらでも追加していけばよい。フロイトやユングなどの理論はその専門書を参照にしてほしい。下記に各判断軸の心理学的な意味について解説したい。

5-4-a　自己像は何で，どこにあるか
　コラージュ作品に自己像が表現されている場合と表現されていない場合がある。自己像がどれかが分かると，作品は解釈しやすい。ここを中心の視点として，全体を見渡せばよい。
　しかし，これは勝手に判断してはならない。自己像を同定する場合，クライエントに「この中に自分はいますか？」と聞くことが必要である。聞いてみると，セラピストが想像していたものと違うことが多い。もちろん，一致する場

合もある（大前（2010）は，「この中で主人公はどれですか？」という仕方で尋ねる方法を採用している）。

　制作者から受ける印象そっくりな人物が作品に登場し，セラピストは直感的にそれがクライエントの自己像だと判断できる絵や写真が貼られる時もある。しかし，制作者は違うと否定することがまれではない。クライエントの自己像が人物ではなくて，片隅の植物であったり，動物，さらに物体であったりすることが少なくない。男性が女性像を自己イメージとすることもまれではない。それ故に，一般になかなか推測が当たらないものである。筆者もこればかりは自分の推測が当たらないと感じる。

　クライエントが自分で考える自己像と，セラピストの推測したクライエントの自己像とが一致した場合には，セラピストのこれまでの判断が間違いがなかったと考えることができる。しかし，それが不一致の場合，どう考えるかである。通常では，セラピストが未熟で，そのために正確な判断ができなかったと考えることができる。しかし，セラピストの判断が間違っているとは限らない。セラピストから見ると，面接時のクライエントの態度，容貌などを総合して，どう考えても，作品の中のこの人物がクライエントの自己像のはずだ，と確信できる場合がある。しかし，クライエントは別の人物やものを自己像と告げる。このような場合，ともかくセラピストとクライエントのイメージが不一致であるという事実を認識しておこう。それが経過においてどのように変化していくのかを見ていく必要がある。クライエントのいう自己イメージが変容して，セラピストの想像した人物やものと一致するかも知れない。あるいはクライエントのいう方がやはり正しかったということが分かるかも知れない。

　TATテストのように，コラージュ作品の自己像（主人公）は誰で，何をしているのか，いつ頃のことで，これからどうなるのか，というような物語を作らせることもできるだろう。

5-4-b　時間軸（過去←現在→未来）

　コラージュを夢中で作っている時はあまり意識していないけれども，できあがってみるとそこに時間が表現されていることが分かる。セラピストから，「この作品の時間はいつですか？　現在ですか，過去，あるいは未来を表していますか？」と問われると，はっと気づき，その時間について考えるものである。

たいていの人は現在の状況を思い描いているであろう。現在からやや未来の表現が多いのではないだろうか。中には遠い未来を表現している場合もあるだろう。また，ある人は，幼少時期の想い出を貼りつけている場合もある。

　一般に若い人ほど過去の時間が短く，未来の時間が長い。高齢者になれば，その逆に未来の時間が短く，過去の方が長くなる。そのために高齢者は昔のイメージを思い出しての作品が多くなるであろう。子どもは，たいてい現在の時間であり，過去も未来も表現できない。時間の幅が狭い。

　ある人は「このあたりのイメージは過去のもので，この部分は現在の自分，ここは未来です」と答える。その時，セラピストは「どのぐらいの過去ですか，そしてどれぐらいの未来ですか？」と尋ねるとよいであろう。すなわち，方向も加えて量を尋ねているのである。すると「過去は3カ月ぐらい前で，未来は10年ほど先です」と答えるかも知れない。そうなると，セラピストは先の判断軸で次のように頭の中で想像すればよい。

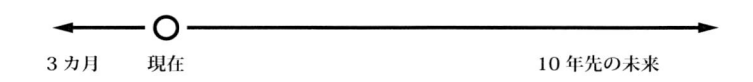

　　　　　←──○─────────────→
　　　　3カ月　現在　　　　　　10年先の未来

図5-4a　時間軸（1）

この制作者はこれぐらいの時間幅で考えているということが分かるであろう。

　また，ある母親の制作者はグループで制作中に，折り込み広告で料理などの作品を作り，「これから急いで帰って子どもの食事をつくらなければなりません」と解説した。

　その場合の時間軸は，以下のような図になるだろう。過去も未来もない。現在の課題（今の子どものこと）に追われている人の時間イメージである。

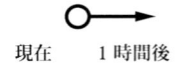

　　　　　　　　　○──→
　　　　　　　　現在　1時間後

図5-4b　時間軸（2）

このようにセラピストの頭の中で矢印で時間の方向を，軸の長さで時間の量を

容易に想像することができるはずである。

　一般にコラージュ作品の場合，箱庭作品に比べて時間軸は鋭敏な指標となる。なぜなら，雑誌やパンフレットなどで表現されている絵や写真から，赤ちゃん，幼児，子ども，思春期，ヤングアダルト，アダルト，老人などそれぞれの細かい年齢描写が可能である。人物だけではなく衣類や書籍，玩具，建物，小物に至るまで，すべて年齢や時代背景などの時間が刻み込まれている。箱庭で用いられる人形などのアイテムには年齢表現が限られるのに比べると，コラージュの時間表現の多彩さは驚くほど豊かである。

　小学校の高学年の作品から，その子どもが思春期的心性なのか，まだ幼い心の状態でいるのかはかなりはっきりと読み取ることができる。より大人っぽいイメージを表現しようとするグループ（図6-8）と，より子どもっぽいグループに分かれることがはっきり読みとれるだろう。

　一枚の台紙の上に，過去，現在，未来をすべて描いている場合もある。それは自分の人生全体をまとめようとしている作品であることが多い。

　また，心理療法の経過に従って時間軸が変化することが分かるだろう。徐々に子どもっぽい作品を貼りつけているような場合には，クライエントは退行しつつあると考えられるだろう（図7-4）。それがある時を境にして，より未来の方に方向転換することも観察される。

5-4-c　空間軸

　コラージュでは地上のイメージだけではなく，地下，海底，宇宙の彼方（図6-11，図7-2，図7-10）までも表現することが容易にできる。しかし，たいていの場合，上か下かのどちらかのイメージが強く働いていることが見て取ることができる。この場合には，よく知られている空間象徴が当てはまるだろう。

　ほとんど空ばかりで表現している人もいるかと思えば，空はなく，室内空間ばかりの作品もある（図6-10）。外国の風景ばかり（図6-12）ということもある。そのようなことに気づくためには，

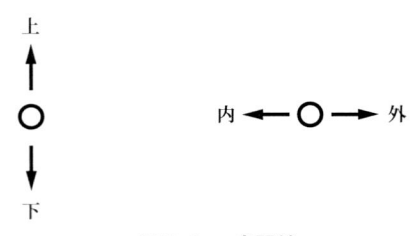

図5-4c　空間軸

のような判断軸を考えればよいであろう。その時，どれぐらい上なのかは軸の長さでイメージすることはすでに述べた。

　しかし，左右の軸はコラージュの場合あまりあてにならない。なぜなら，パンフレットにある車の写真は左向きのことが多い。自分のイメージに従って，左右を自由に表現することが箱庭ほど自由ではない。そのような制約を考慮すれば，左右の空間象徴もそのまま使用できると思われる。

5-4-d　近景－遠景

　大きな物体や人物像のアップを好んで画面の中心に貼りつけている場合がある。また逆に，小さな切り抜きを中心に貼りつけている場合もある。すなわち，迫ってくるような作品と，逆に遠ざかるような印象を与える作品がある。そのような時，対象との距離の取り方を反映していると考えられる。あまりに近づきすぎて距離が取れない人や，遠ざかりすぎる人がいる。また，アップと小さいものが統制されずに貼られていることがある。これは適切なサイズの素材が見つからないで，やむなくそうした場合もあろうが，同時に距離の取れなさ，焦点の定まらなさを示している可能性も考慮しなければならない。これは，一つの作品だけで判断せず，継続した作品を一覧してみたら，より正確な判断ができるだろう。これは風景構成法などで言われていることに一致するだろう。そのために切り抜き素材はアップの素材も，小さいサイズの素材も必要である。河合が箱庭療法で強迫的な人はサイズにこだわるという指摘はコラージュ療法においても言える。また，強迫性はサイズだけではなく，切り抜き方，貼り方，位置などにおいても表れる。

5-4-e　男らしさ－女らしさの軸

　男女の軸は，人生全体を貫く軸であるが，とりわけ思春期の子どもたちの作品を見る上では重要である。
　その作品が男性の作った作品なのか，女性の作った作品なのかは一般的には一目ではっきりと判断できることが多い（図6-5,6-6など）。それは幼児であってもその違いが観察される。しかし，その区別がはっきりしないという作品は，ジェンダー・アイデンティティがはっきりしないということが考えられる。もっとも，切り抜き素材の選択肢が乏しい結果だということも十分あり得るであろうから，その判断に慎重を期すことはいうまでもない。
　また，重要なことは，作品の中に異性が登場しているのかどうかである。一般にどのような場所にどのような異性が貼られているのかは，重要な意味を持っている。また自己像と異性との位置関係も判断した上で考慮するべきである。思春期の作品では異性像ばかり一面に貼られることもある。これは異性イメージに圧倒されてコントロールできにくくなっていると考えられる。

5-4-f　運動の軸（静止－激しい運動）

　全体に動きの止まった切り抜きばかりしか貼らない人がいる。逆に，激しい運動が表現されている場合がある（図6-5, 6-7, 6-9, 6-11, 6-13）。これも制作者の活力や身体リズムが反映されていることが多い。これは年齢とも関係するであろう。中学生や高校生の作品では車やオートバイなどの激しい運動の表現で埋め尽くされることがある。しかし，年齢が重なるにつれて，そのような強烈な運動エネルギーが弱くなっていることが分かる（図6-22）。作品からどのような種類の運動が，どれぐらいの量として表現されているのかを調べることができる。
　運動表現がアセスメントとして重要になるのは，うつ状態の場合である。うつ状態の場合は動きが乏しく，躁病の場合には通常ではない運動表現が加わる。また同じような理由で，緘黙の場合にも運動がない。この運動は貼り方の形式構造にも現れている場合がある。ある緘黙の子どものコラージュ作品では，切片を煉瓦をつんだような構造に作った。堅苦しい動きが示されているということができる。同じようにチックの場合には運動衝動とその抑制という拮抗した

表現が見られる。

　うつ状態が回復する時には，運動状態が変化することで判断できる（図7-13）。運動の軸とも重なる面があるが，エネルギーの量の多少も推測しておけばよいと思う。エネルギーには，激しいエネルギーと静かなエネルギーの両方がある。静かなエネルギーの典型例はマンダラである。マンダラは，秩序正しい結晶構造の中に，エネルギーが保存されている。熱エネルギー論の比喩を借りるならば，マンダラはエントロピーが最小となる構造となっている。すなわち，この秩序あるエネルギーは，今後，十分に使うことのできる品質のよいエネルギーである。生産活動に活用できる質のよいエネルギーと乱雑，無秩序で破壊的活動にしか使えないエネルギー（エントロピーが最大）を区別することも必要である。

5-4-g　ていねい，美しい－雑な

　ていねいで美しさを出そうとしている作品と，それにまったくかまわない作品があり，それは制作者の人柄を反映している。とりわけ，若い女性は作品をきれいに仕上げることに熱中することがしばしばある。男性はそれに無頓着のようである。女性の場合，色のコーディネイトには非常に気をつかっているが，男性はあまり気をつかっていないという印象がある。女性の場合，服装や化粧などを通じて色彩感覚が磨かれていることが作品に反映して，作品は明るく，鮮やかであることが多い（図 6-16）。男性の場合，色彩にはあまり関心を示そうとしない。男性の服装でも分かるように，ほとんど灰色であり，バリエーションが乏しい。

　この軸と，「ペルソナ―シャドー」という軸は重なり合う面があると思う。自分の内面の問題に深く関心を寄せている人と，それとは逆に「社会に向ける自分の姿」に深く関心を持つ場合との対比が考えられる。青年の多くの課題は，社会に向ける姿が重要になってくる。とりわけ就職活動をするような場合，それまでの学生生活の姿とは別の社会人として整った自己像を提示する必要性がある。そのような場合，ファッションや宝飾類の切り抜きをたくさん貼るということが起こり得る。

　それとは逆に自分自身の暗い内面的欲望を掘り下げて表現するタイプがある。この場合，ペルソナよりもシャドーに心惹かれていると考えることができる。

5-4-h　意味のある－意味のない

　これは精神病圏の患者さんが作った作品を評価する場合に必要な軸である。たとえば女性を貼った場合でも，それが人物として，あるいは若い女性としての意味があって貼られているとは限らない。単にまったくの偶然に手元にあった切り抜きを貼ったにすぎない場合もある。また，ロールシャッハ・テストの異常部分反応のように，切り抜きのごく一部に注目して貼られている場合もある。そのためにいったい何を言いたいのかよく分からない作品ということができる。

　また，健康な人でも自己防衛的に作った作品には，何か意味あるメッセージが伝わってこないことがある。何でもよいから適当に，自分の人格とは無関係に手当たり次第に貼ったりする場合には意味がつかめない作品となる。

　コラージュは自己防衛的に作品を作ることが容易にできるので，アセスメントとしては信頼性が欠ける面があることは否定しがたい。

　何もメッセージ性のない作品である場合，コラージュ技法に意味がないのではなく，「意味性を失った作品」，「意味を表わしたくない」という意味がある。

5-4-i　切り抜きの構造（内容－形式）

　切片内容をアセスメントすることも必要であるが，しかし，切り抜き方，貼り方も同じくアセスメントの対象になる。切片数や制作時間は，まとめて第6章で紹介したい。

　河野・岡田（1997）は精神病の患者のコラージュ作品から得た知見として「より病態の軽い症例ほど，素材の選択や切り取られたものの『内容』に，多くの投影的要素が含まれる傾向にあり，統合失調症などより重い病態の症例ほど，その『形式』としての構成的要素に，多くの病理的な特徴が反映されやすい」と述べている。また，岡田は指摘していないと思われるが，統合失調症には妄想型と破瓜型の二つのタイプが知られている。妄想型は内容に多く投映される。破瓜型では，投映内容よりも，形式に反映されているといえる。

　統合失調症者の場合，切片内容が通常の意味を失っていることが多い。そのために，たとえば人物が逆向きに貼られていることがある。些細なことに意味づけたりする。それ故に，空間図式や自己像など，上述したアセスメントの基

準が当てはまらないということが当然考えられる。それ故に，そのつど何を判断していくべきか，慎重にしなければならない。

5-4-j　その他

判断軸はそのつど増やしていくことが望ましい。

そのリストに一番最近になって追加したのは，「この世―あの世」という軸である。それは高齢者の作品やターミナルケアの患者のコラージュ作品を見た時に追加した。

ターミナルケアの患者の作品では，現実世界と彼岸の世界との二つの世界を行き来しているような印象を持つ作品が出てくる。この世は，食べ物とか人々が日常風景のように出てくるのに対して，他方では荒涼たる風景が広がる作品が作られる。それはこの世から離れた世界，あの世の風景と考えると納得できるだろう。もちろん食べ物でも，仏様に供えるもののような印象を与えるならば，「あの世」のベクトルとなろう。

その他，「身体―精神」という軸は，肉体的な表現にあふれる作品と肉体性をほとんど感じない作品を明らかにするためのリストである。とくに思春期，青年期は身体への関心が深まると同時に，また，肉体性を拒否し，肉のイメージを消すような作品群が出てくる。それは非常に抽象的な作品となるだろう。摂食障害の場合の事例などではこれが特徴ということができる。これと同じような意味として「植物的―動物的」という軸と重なる。

「静寂―喧噪」という軸も時には必要である。コラージュ作品は視覚イメージに依存しているが，それを音イメージに変換して考えると思いがけない発見につながる。たとえば，緘黙症の場合には，動きと同時に音が消されていることが分かる。その中に鳥などが貼られた場合，これは鳴き声を表現している可能性がある。また，逆の音声チックのような事例の場合，音を出すことにこだわっていると推測できる作品が出てくる。

その他，いろいろな事例において，その事例特有の軸が明確化されることがある。それは新しい発見ということができるだろう。

5-5　主題によるアセスメント

　コラージュ療法の場合によく現れるいくつかのテーマについては，第6章にエリクソンのライフサイクルの軸を基にしてまとめて述べることにしたい。

5-6　症状のアセスメント

　臨床群では主訴と呼ばれる悩みの相談が重要である。その主訴が作品にどのように表現されているのかを考えると，いろいろヒントを得ることが見つかるものである。たとえば，不登校やうつ状態という主訴はどのような形で表現されるかなどについては，第7章に詳しく述べる。

第6章
コラージュ作品と心理発達課題のテーマ
―― エリクソンの心理発達図表を軸として ――

はじめに

　コラージュ療法は，適用範囲が非常に広く，幼児から老人まで実践されている。また，健康な人から神経症，精神病者，重度の心身障害者まで適用されている。これほど幅広く適用できる技法は他にはあまり見られないと思う。
　第5章のアセスメントでも触れたが，コラージュ作品をアセスメントするには時間軸が重要である。本章ではライフサイクルという視点から人生全体を視野に入れて，その中に作品を位置づけることを試みたい。
　ライフサイクル全体を視野に入れた人格発達理論で心理臨床実践上で参考になる論考は，今でもあまり多くない。そこで目下のところエリクソンの図表を参考にするのがもっとも実りあるものとなるのではないかと思う。

6-1　エリクソンの発達理論概要

　表6-1はエリクソン（1959）の発達図式として有名な表である。この表はフロイトの精神分析発達理論をもとにエリクソンが発展させ加筆修正した図表である。この図表について最近は以前ほど顧みられることが少ないように思う。しかし，心理発達という観点から考えてみると，これに代わる理論が未だに提出されているようには思えない。活用されないのは，この図表の意味が初心者には理解されにくいからだと思う。そして多くの症例や複数の世代の事例に当たらないとこの図表の意味が見えてこない。コラージュは人生全体を一貫して表現できる非常にまれな技法である。それ故に，コラージュ作品をもとに解説すると，エリクソンの考え方の理解が促進されるのではないかと考える。この機会にこの発達図表の意味についても学んでほしい。
　まず簡単にエリクソンの発達図表をかんたんに説明すると，この図表は子ど

表6-1 エリクソンの発達展開図表（西平・中島，2011）

	A 心理社会的危機	B 重要な関係を結ぶ範囲	C 社会的秩序に関係する要素	D 心理社会的モダリティ	E 心理性的段階
I	信頼 対 不信	母親的な人物	宇宙的秩序	得ること お返しとして与えること	口唇＝呼吸器的，知覚＝運動感覚的 （取り入れ様式）
II	自律 対 恥，疑惑	両親的な人物	「法と秩序」	保持する（持ち続ける） 手放す（そのまま手離す）	肛門＝尿道的，筋肉的 （保持＝排除的）
III	自主性 対 罪の意識	基礎家族	理想的なプロトタイプ	作る（＝追い求める） 「まねをする」こと（＝遊び）	幼児＝性器的，移動的 （侵入的，包含的）
IV	勤勉 対 劣等感	「近隣」，学校	テクノロジー的な要素	物を作る（＝完成する） 誰かと一緒に物を作る	「潜在期」
V	アイデンティティと拒絶 対 アイデンティティ拡散	同年代の集団および他者集団，リーダーシップのモデル	イデオロギー的なパースペクティブ	自分自身になる（または，ならない） 自分自身であることを他者と分かち合う	思春期
VI	親密と連帯 対 孤独	友情関係，セックス，戦争，協働のパートナーたち	協働と競争のパターン	他者の中に自分を喪失し，見出す	性器性欲
VII	ジェネラティヴィティ 対 自己陶酔	労働における分業と家庭内における分担	教育と伝統の動向	何かを存在させる 世話をする	
VIII	インテグリティ 対 絶望	「人類（マンカインド）」 「私（マイ）の種族（カインド）」	英知	これまで生きてきた存在の仕方を通して存在する 存在しなくなる事実に直面する	

もが誕生してからどのように周囲と出会い，自分を作っていくのか，そのありさまを述べているものである。

　第１段階は，生後１年ぐらいの期間を論じている。エリクソンはこの時期の発達課題は「基本的信頼感」(basic trust) の獲得と呼んでいる。すなわち，信頼─不信という対立軸がこの時期の特徴として術語化された。赤ちゃんは生きるすべてを他人に依存している。この時期に充分保護された状態でこの世に迎えられるか否かで赤ちゃんの将来が大きな影響を受ける。赤ちゃんは，「自分は安心して生きることが許されている」，「この世界は信じるに値する」，「自分は生きることに値する存在である」という基本的信頼感を持つことがこれから生きる上で重要である。しかし，この時期に虐待，ネグレクト（育児放棄）などの環境によって，この基本的信頼感を持つことができないこともある。基本的信頼感の欠如した状態は，統合失調症者の発症状況に見られる。彼らは，世界全体が崩壊し，誰も頼りにならない，みんなから見捨てられ，安全感を失うと感じる。

　さて，心理療法の場面では，面接を開始するにあたって，何よりまず最初に，セラピストとクライエントが信頼できる関係を作ることが重要である。その人間関係を作る能力が，この基本的信頼感と大きく関係している。すぐに打ち解けた関係を作れる人と，なかなか打ち解けることがむずかしい人がいる。その程度も人によってかなり違う。コラージュ療法の場合，これらが作品においてどのように現れるのかという視点を持つことが必要である。これについては統合失調症の作品を見ると理解できるであろう。それは世界との生き生きしたかかわり方，世界の意味づけ，世界の秩序，構成，統合性などがその判断基準となろう。

　発達の第２段階は，幼児期前期（１歳から３歳ころ）で，発達課題は「自律性の獲得」と呼ばれる。それはトイレなどのしつけをめぐる親子の葛藤関係を問題にしている。すなわち，赤ちゃんが成長するにつれて，社会や親は，自分のことは自分でするように要求する。幼児は徐々に自分の身体的動きや欲求を社会に合わせるように強いられる。その時に，親や社会の要求をどの程度受け入れ，どの程度自分の欲求を出すか，そのバランスを取るのがむずかしい。親や周囲の期待に合わせ過ぎる子どもとその逆の子どもがいる。この時期に根を持つ症状として，夜尿，吃音などその身体的自律性にまつわる問題（「保持す

る─手放す」）が想定される。強迫神経症もこの段階に位置づけられる。

　それらのことがコラージュ作品にはどのように表現されるのかという視点が重要である。それは欲求や衝動がどのような形で処理されているのか，という視点である。大まかに言えば，「几帳面，丁寧さ─乱雑さ」，や「従順─欲求」の軸という観点で表現されるであろう。

　発達の第3段階は，幼児期後期（3歳～6歳ころ），主に幼稚園の時代に相当する。この時期は「自主性─罪の意識」が発達課題とされている。自律性がある程度確立し，自分自身の意志を持ち始めると，次の段階に「自分は将来どのような種類の人間」になろうとするのかを決めることが社会から期待される。この時に将来の生きるモデルとして両親を求める。父親と母親の役割の違いを認識し，その役割を自分の将来と重ねることになる。男の子は父親に倣い，男の子らしい生き方を身につけたり，女の子が母親を見倣い女の子らしい生き方を身につける。すなわち，性役割がはっきりする。フロイトはそれを男根期と呼び，エリクソンはそれを侵入的様式─包含的様式として表現している。

　コラージュ作品を見るとすぐにこれは直観的に男の子か，女の子の作品かがすぐに分かるものである。どこにその違いがあるのかを説明すると意外にむずかしい。侵入的様式とは，「身体的攻撃によって，他人の中に侵入すること」，「攻撃的な話しかけによって，相手の耳の中に侵入する」，「精力的な運動によって空間の中に侵入すること」，「燃えるような好奇心で未知の領域に侵入していくこと」などを意味している。たしかに，コラージュ作品でも，男の子の作品には，角，剣など先の尖った素材が頻繁に使用される（図6-5）。また，激しい運動の乗り物類が好まれ，それは女の子の作品と対照的である。女の子の作品は，いわゆる「かわいい」キャラクターを選択する（図6-6）。受動的な積極性ということができるだろうか。経験的に言えば，男女の作品の差は，非常に初期から違いが出ていると思う。

　第4段階は，学童期で，小学校時代（6歳から12歳ころ）である。6歳以後は，多くの社会では教育に適した年齢として小学校に入学し，集団生活を送る。フロイトの人格的理論によれば，人格の基本骨格は第3段階までに一応できあがる。その結果，子どもながら一応自立した存在として親元から離れ，一人で社会に参加できるようになる。すなわち，社会生活に参加できるということは，親に相当する先生，また友人とも基本的信頼関係を持って，安心してつ

き合うことができる能力があるということである（第1段階）。また，自分自身の身体をある程度自分でコントロールし，用便も一人でできるし，先生の指示を聞き分けきちんと机に座っていたりすることができる，また適度に自分の欲求を満たすこともできる（第2段階）。そして友人との関係において，自分自身の役割──男の子，女の子として，また子どもとしての役割──を身につけ集団でそれを発揮できる（第3段階）。以上の3段階をクリアしてこそはじめて学校状況に適応できる。このような段階に達した子どもたちは，新しく社会場面に適応し，新しい知識を吸収し（第1段階，他人を信頼し，栄養（ミルク）を相手から取り入れる），成長していく。この段階の特徴をエリクソンは勤勉性─劣等感の軸でとらえている。また，この段階は，大きな人格的発達課題もないので，大きな混乱もなく比較的安定した状況にある。フロイトはそれを潜伏（在）期と呼んだ。

　しかしながら，この3段階が克服されていない場合，先生や学校状況そのものに恐怖を抱いたりして学校に行くことができない（第1段階），あるいは集団生活での基本的きまりに合わせることができない（第2段階），あるいは仲間集団での役割を担うことができないので集団に入ることがむずかしい（第3段階），などの障害が現れる。不登校やいじめ，学習困難などの問題として現れるのがこの段階である。

　以上の4段階までで，エリクソンの発達図表は前半となる。

　後半は第5段階で，中学，高校時代，すなわち思春期をさしている。この時期はエリクソンは自我同一性（アイデンティティ）の獲得の時期と呼んだ。この時期は「自分とは何ものか」，「自分が社会的現実の中にはっきりと位置づけることができるような人格を，自分は発達させつつあるという確信」を作り上げることが課題となる。すなわち自我同一性の感覚（sense of ego identity）が発達課題となる。子どもの身体から大人の身体へと変貌を遂げる時期にあたり，身体イメージの変容が生じる（図6-11，6-15）。自分はいったい大人なのか子どもなのか混乱する。早く大人になりたい子どもとなりたくない子どもに分かれる。強い性的な欲望が現れ，その欲求をどのように統制するのかで悩むことになる（図6-13）。異性との関係をどのようにするのかが現実的課題となる。将来における自分の社会的位置づけとして，進学，職業などを決めなければならない。社会は青年に次々に自己決定を迫ってくる。それを決めることはとて

も困難である。なかなか決められないという事態が生じる。すなわち，決定を先送りしたり（モラトリアム），自我同一性の拡散という事態である。コラージュ作品では，男女ともに男らしさ，女らしさが過度に強調された作品が出てくるであろう。他人のまなざしに敏感な作品が多くなる（図6-8, 6-15）。また，自分探しがテーマのコラージュ作品が多くなる。この時期の作品は，青年があらゆる未知の世界に対して関心を広げ，探索しているかが分かるであろう。世界が急速に開かれていく（図6-12）。

　第6段階では，ヤングアダルトの段階で20歳代である。エリクソンはこの発達課題を「親密と連帯－孤独」と呼んだ。すなわち，第5段階のアイデンティティの確立の段階では，他の人と違う自分の独自性の確立がテーマであった。しかし，この段階では異質な存在とどのようなよい関係を作ることができるのかということが課題となる。異質な存在とよい関係を取り結ぶためには，自分を過度に主張しないで，相手に譲るところも必要である。どの程度，自分を保持し，どの程度相手に自分を譲り渡すことができるか。この時，自己放棄の能力が必要である。しかし，自分を譲り渡すことは，アイデンティティを失うことにもつながる。

　この親密性は，相手との一体性を意味している。具体的には，恋愛，結婚である。異質な存在（異性）に近づき一体となる。一体になることによって，自分とは別の世界を手に入れることができる。これは具体的には伴侶を得ることである。これは喜びであると同時に，反面大きな不安を呼び起こす。事実，恋愛，結婚を通じて大きく世界を拡大する人がいる反面，自分を見失う人も多い。自分を見失うことなく，相手との一体性を遂げ，新しい人格として成熟することは困難な課題であるといえよう。

　注意したいのは，親密性の獲得は，必ずしも結婚を意味するとは限らない。もっと広い意味を持っている。人格の成熟を遂げるためには，狭い自分の殻だけに閉じこもらないで，自分とは別の人格，異質な志向性を持つ存在と深い交流を持つ，という意味である。これはただ結婚というだけではなく，未来の人生をともに協力して歩んでいく深い絆を持ったパートナーを持つという意味である。大人として生きて行くには，自分単独ではなく，他者とともに新しい組織を立ち上げ，その経営を担う必要が出てくる。

　この段階でのコラージュ作品は，青年が衝動や欲求を社会的枠組みの中で，

どのように表出しているのかが重要になる。そして異性がどのような形で登場し，かかわりを持ち，どう発展するかである。多くの場合，過度に接近し過ぎたり，過度に防衛したりして，そのかかわりが安定していない。コラージュ作品には，自分自身の持つ衝動性に対する戸惑いと驚き，異性への接近と回避の葛藤が作品に表現されていることが多い（図6-17, 6-18）。

第7段階は，大人の時期で，発達課題は「生殖性（ジェネラティヴィティ）−自己陶酔」と呼ばれる。子どもを生み，育て，次世代に引き継ぐことが発達課題となる（図6-19, 6-20）。この時期は人生でも一番充実し，多忙な時期である。家族がどんどん増え，自分の世界が拡大していく。子どもだけではなく，職場においても後輩など次の世代を指導し，育てる。教え子もどんどん増え，あらゆる領域に広がっていく。社会においてもっとも重要な地位と役割を担うことになる。そしてその責任が大きくなる。

「生殖性」とはただ結婚しているとか，実際に子育てをしているかどうかということを意味してはいない。自分が生み出したアイデアなどで研究をしたり，会社を興し育て上げたりする。教師が子どもを教え，指導していくことも生殖性の課題を意味している。青年期とは違い，ただ想像だけではなく，実際に社会の中でルールに従い，確実に課題をこなさなければならない。また，この時期は自分自身のことだけではなく，人（子ども，家族，後輩，共同体，近隣の人たち）の世話をし，その責任を引き受けることになる。そしてその責任が大きくなる（図6-20, 6-21）。

この時期の困難さは，まず夫婦関係の問題と，育児ノイローゼに代表されるように次世代との関係である。結婚しても心が結びつかない夫婦もいる。また，子育てでの親の悩みはつきない。子どもはなかなか親の思いのままにならないものである。組織の先輩，後輩との関係もむずかしい。子どもは必死になって，親に反抗してくるだろう。これをどのように大人としての分別をもって対応するのか。子どもの行動はすべて親の責任となって跳ね返る。加齢とともに徐々に身体的活力も低下する。しかし，その反面，逆に責任ばかりが重くなる。それ故に，エネルギーが欠乏する事態を引き起こす。うつ病などの好発時期である。

第8段階は，老年期で，人生の最後の段階としておかれている。エリクソンは心理・社会的様式として「これまで生きてきた存在の仕方を通して存在すること−存在しなくなるという事実に直面すること」と述べている。過去から現

在までの人生全体をまとめることと同時に，慣れ親しんだ社会から抜け出さなければならないという課題に直面することになる。

最近ではコラージュ療法がターミナルケアの場面や老人福祉施設でも実施されることが多くなっている。その作品から老人の心のありさまが研究できるようになった。老年期の研究方法として，コラージュはとても有効な方法の一つであるということができる。

以上，おおざっぱに見てきたが，ここに述べた理論背景を知りながら，作品を味わうとまた別の解釈が出てくるであろう。単に一つの時期の作品では分からなかったことが，ライフサイクル全体を視野に入れて見ると，新たな意義が見えてくる。

しかし，発達理論にこだわりすぎないようにもしなければならない。理論はあくまで参考である。コラージュ作品をより深く読み取ることによって，新しい発達的知見を発見するということの方に努力を傾注すべきであろう。作品の方にこそ，もっと豊かな新しい発見の可能性が込められていることは間違いないことである。

6-2 コラージュ作品の発達変化——集計調査のデータから

まず，コラージュ作品の発達的観点から見た集計データがこれまでいくつか報告されている。滝口（1995），山根（1996），岩岡（1998）が鳴門教育大学大学院の修士論文に，それぞれ小学生，中学生，高校生のデータを採集している。また，澤田（1997）も小学生のデータを報告している。最近では西村（2010b）が精力的に幼児のデータを収集している。ここでは岩岡（2010a, b）が滝口，山根の論文をまとめ，小学生から高校生までのデータ，および澤田（1997）をまとめたものを紹介しておきたい。

台紙の大きさはB3判である。制作時間について，澤田によると，小学生の平均は33分であった。低学年では27分，中学年では30分，高学年では40分であり，学年が高くなるにつれて制作時間が有意に長くなる。

図6-1　切片数の変化　B3判の台紙では小学生2年では平均約15枚で高校3年性で約26枚である。全体に学年が進むにつれて貼る枚数が増加する傾向にある（滝口1994）。

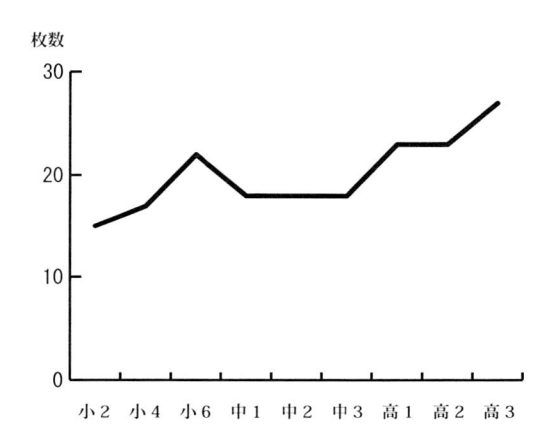

図6-1 切片数の変化
（小学生－滝口，中学－山根，高校－岩岡；岩岡，2010a）

　澤田（1997）では，小学生の平均は18.9枚で，滝口の結果（17.9枚）に近い。男女別平均は男子16枚，女子21枚で女児の方に有意に多い。
　図6-2　重ね貼りの変化（人数）は図6-2に示した。重ね貼りは，偶然で重なることもあろうが，重ね貼りの意図は，あるものを隠し，あるものを表に出すという作業である。これは心の内面と外面との区別が発生することを意味している。思春期から急増していることが分かる。思春期は表に出すものと，人前では隠すという心の働きができるようになっている。高校3年生では81％に達している。
　図6-3 中心性の変化。コラージュは雑多なイメージの寄せ集めである。それをまとめる能力がどのように成長するのかについては，中学生から急増していることが分かる。
　異性像の出現（男子図6-4a，女子図6-4b）。思春期になって異性像がどのように出現するかについては，男子と女子で異なる。男子は小学校では異性像を貼ろうとしない。しかし，中学になって急増し，特に中学3年は40％の男子が異性像を貼るようになる。女子の場合，中学1年でも50％が異性像を貼るが，

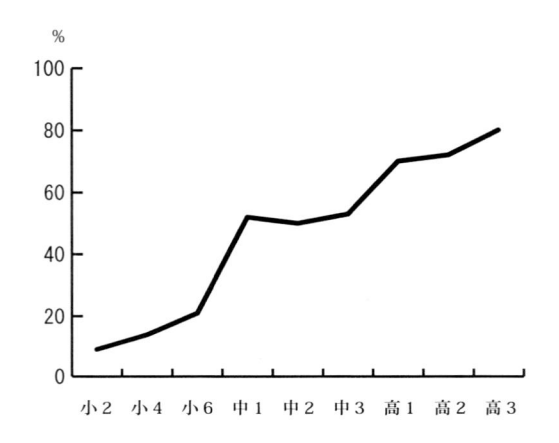

図6-2　重ね貼りの変化（人数）
（小学生－滝口，中学－山根，高校－岩岡；岩岡，2010a）

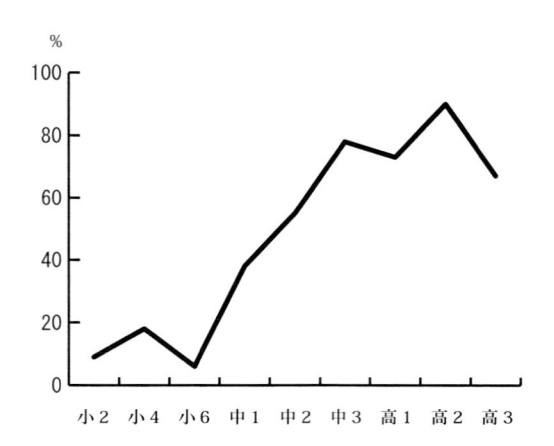

図6-3　中心の変化
（小学生－滝口，中学－山根，高校－岩岡；岩岡，2010b）

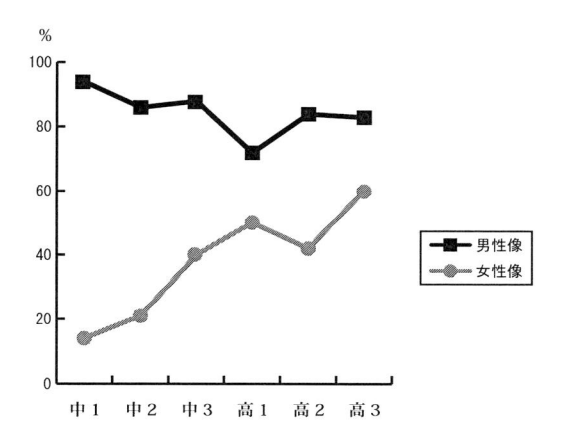

図6-4a　異性像の出現（男子）
（中学－山根，高校－岩岡；岩岡2010b）

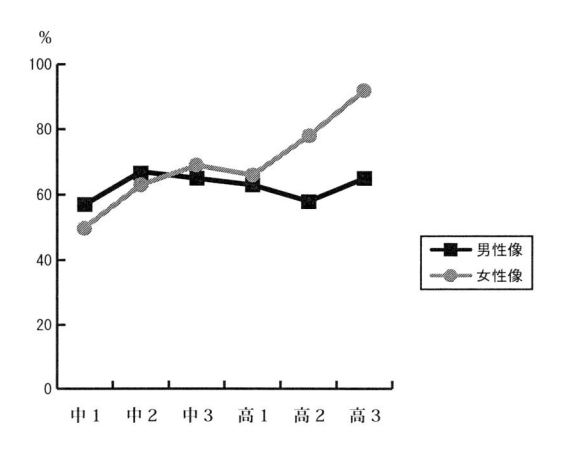

図6-4b　異性像の出現（女子）
（中学－山根，高校－岩岡；岩岡2010b）

高3になっても横ばいで増減が見られない。

澤田（1997）によると，小学生の場合，14.7％である。小学生では発達にともなって異性像が減少するのが特徴である。とくに男子は高学年では出現率0％という結果を得ている。それは関心がないのではなく，強すぎる関心のためにそれを表現できない状態であると考えられる。

小学生の場合，自己像の出現率は平均61.1％で，低学年では43.3％，中学年60.6％，高学年74.7％であり，学年間で有意差が認められる（澤田，1997）。

6-3 小学生のコラージュ作品

これまで公表された最初期の論文の中で幼児期のものとしては芝（1997, 1999）の研究がある。

芝は小学校教諭として新入学児童が学校にどのように適応していくかをコラージュ制作を通して理解しようとした。

入学後3日後（4月12日）に制作した男子の作品では，まだ上手にはさみを使うことができないけれどもなんとか作ることができた。右下にスイカ畑があり，スイカの内部の部屋に動物の家族がいる。母親らしいネコが食べ物を運んでくる，という平和でかわいらしい作品である。しかし，それから2週間後の4月19日の作品ではガラッと印象が変わる。忍者が大きなマンボウと戦っている。新入学児童が，母親の保護下にある平和な状態から，一挙に戦いの世界に投げ込まれ，その適応に苦心していることが読み取れる。

以下に紹介する作品は健常者群で集団で制作されたものである。小学生は滝口（1995），中学生は山根（1996）の資料に由来する。作品は集団で採取されたもので，台紙の大きさはB3判であり，方法はマガジン・ピクチャー・コラージュ法であった。本人にあれこれ連想を聞く機会もなかった。そこで第5章で述べた判断軸をいろいろ試してみることにする。

図6-5 小学2年生男子「侵入的様式」，図6-6 小学2年生女子「包含的様式」

図6-5について，時間軸についてみると，この作品の内容は，ほぼこの年代の子どもにとって関心のある内容である。すなわち，時間は現在であろう。過去も未来も表現している様子はない。時間の範囲はほぼ現在に限定されている。

第6章　コラージュ作品と心理発達課題のテーマ　‡ 169

図6-5　小学2年生男子「侵入的様式」

図6-6　小学2年生女子「包含的様式」

空間としても，上下左右を弁別して利用してはいない。奥行きもない。すなわち，時間と空間，狭い範囲しか認識されていない。図6-6は，図6-5に比べると，内容にバラエティが見られる。時間軸でも，年齢相応の内容（女子）とかわいいネズミの家族（左下）――より幼児的な世界――の内容が貼られていて，少し過去の時間と現在の両方が表現されている。図6-5に比較して，時間認識において広がりが見られる。また，空間的にも図6-5に比べて，左右，上下が意識されている。アップの切り抜き（レンゲやチューリップ）と小さい切り抜きにおいてもバラエティがある。これは素材の関係上，偶然そうなった可能性も否定できないが，対象との距離の取り方も図6-5よりも，柔軟性を持っていると考えられる。逆に男子の作品は，ロボットとの距離が一定である，つまり一つの焦点に固定されている。

　図6-5と6-6を比較した場合，男女の違いが明白である。男と女のアイデンティティがすでに備わっている。その特徴としてエリクソンのいう侵入―包含的様式の軸がはっきり読み取れる。男子の作品は尖ったもの，手，足，ロボットの角，乗り物などすべて侵入しようとする動きを表現している。侵入的様式は同時に攻撃性が同じ意味で重なる。男子の作品は，攻撃的，侵入的，乱雑な，エネルギー的などの方向にあるということができる。

　図6-6の場合，女子の作品とすぐに分かるであろう。右上の女の子は猫を抱いている。男子の腕が侵入的様式であったのに対して，抱え込む様式である。左下の女の子3人の腕もお互いに仲間を包み込んでいる腕として描かれている。男子の場合，相手と激しいやり取りをすることでかかわりを持とうとしているが，一方女子の場合，それとは逆に包み込む様式でかかわりを持つということがこの作品でも言えるだろう。

　また，身体活動という視点でみると，男子の作品は，人間の素顔ではなく，ロボットなどが選ばれ，無機的，無表情である。表情を表すことが少なく，その分，手足の激しい活動が強調されている。女子の場合には，ロボットなどではなく，手足の激しい運動は抑制され，逆にかわいらしさ，ウィンクしたまなざし，笑顔や愛嬌が強調されている。男子の顔の持つ意味と，女子の顔の持つ意味がここでもすでに非常に大きな違いとして表れている。男子はロボットの顔，女子の場合，ブリッ子という仮面，役割，表情が社会から要求されているということもできるであろう。

図6-7 小学4年生男子「激しい動き」，図6-8 小学4年生女子「さまざまな表情・態度」

　これらの二つの作品もまた，小学2年生と同じく，男女の違いが明白に区別できる。すなわち，侵入的様式―包含的様式はここでも見られる。男子は空間の中に突進しているし，女子の方はそれとは逆である。男女の性的同一性については明確に認識されている。

　時間軸について見るならば，図6-7の男子の作品は登場する人物が，大人（ランナー，レーサー）ばかりで，また車や乗り物も玩具ではなく，大人の世界のものである。幼児的世界の内容は見られない。時間軸として，大人方向，未来方向にあることが分かる。すなわち，車，オートバイという同じ種類の内容，同じ時間次元の切り抜きばかりである。同じものが固執されている。

　また，空間軸については，小学2年に比べ，明らかに広くなっているということが分かる。外国の車，船などでも空間的広がりを認識できる。しかし，この空間は，水平方向への広がりであり，垂直軸については表現されていない。この作品で特徴的なものは，エネルギー，激しい運動，速いテンポ，喧噪，無秩序，接近という方向性であろう。静止しているものは何もない。激しいスピードや衝動的行動は，狭い範囲に閉じ込められており，今にも画面から飛びだして行こうとしている。身体性－精神性という軸でいうならば，身体性の方向が過度に強調されており，内面的精神性を思わせるものはない。異性はまったく登場していない。運動だけではなく，激しい音も聞こえてくる。その音は人間の発する音ではなく，機械的なエンジン音である。

　図6-8は女子の作品である。人物で埋め尽くされている。人物は幼女（右端中央部分の帽子姿の女の子）からより大人に近い女性（右下の入浴の女性）までいろいろな年齢の人が登場する。時間軸で見ると，過去や現在よりは未来への方向性が認められる。より大人の女性に同一化しようとしていることが分かる。すなわち，図6-6と比較すると時間の幅がより広く表現されている。

　空間的には，外の世界と内の世界が区別されておらず，自分の仲間集団での世界にのみ関心があることが分かる。図6-7，図6-8の両方とも空間にぎっしりと詰め込まれている。これはエネルギーがあるということと同時に，対象との適切な心理的距離ということが理解されていないといえるだろう。

図6-7　小学4年生男子「激しい動き」

図6-8　小学4年生女子「さまざまな表情・態度」

男子では機械的なものが強調されているが，ここでは人間ばかりである。精神－身体性という軸でも，精神性についてはまだ理解されておらず，身体性に大きく比重がかかっている。身体の中でも顔，とりわけ目の表情が強調されている。まなざしに対する関心がとても重要であることを示している。思春期は対人恐怖などのノイローゼの発症時期であるが，そのような傾向がすでに読み取れる。

全体に女性性を強調し，誘惑的な印象を与える。女性像ばかりが登場しているように見える。しかし，よく注意してみると，3人の異性像（同一人物）が登場している。それは右側周辺（右下隅に1人，右上隅に2人）に登場している。異性像は作品の中心ではなく，その周辺に貼られている。異性がどのように，どの場所に登場しているのかは注目すべきことである。経験では小学生では男子は異性像を貼ることが少なく，女子の方が異性を貼ることが多い。

上述したように澤田（1997）によると，小学生の場合，異性像の出現率は14.7％である。小学生では発達にともなって異性像が減少するのが特徴である。とくに男子は高学年では出現率0％という結果を得ている。それは関心がないのではなく，強すぎる関心のためにそれを表現できない状態であると考えられる。

女子の場合，異性イメージが登場するが，いわゆる男っぽいイメージではなく，どちらかと言えば，この作品にもあるように女性的な男性像である。

図6-9　小学6年生男子「男同士の結びつき」，図6-10　小学6年生女子「家庭・室内風景」

図6-9は時間軸でみると，もう完全に大人の世界である。この作品だけで判断したら，大人が作ったのか，子どもが作ったのかは区別できない。コラージュ作品の特徴でもあるが，作品だけから判断したら，作者の年齢は当てるのがむずかしい。しかし，男女差は明確に判断できる。おそらくこの作品だけを見せられたら，成人男子の作品と錯覚してもおかしくはない。作者は大人の男性に同一化していることが分かる。機械（ロボット（図6-5）やスポーツカー（図6-7））などに比べ，人間自身の肉体として表現していることが分かる。すなわち，自己の身体についての自覚が意味されていると考えることができる。身体←・→精神という軸で見ると，ここでも過度に身体性が強調されている。図

174 ❖ 第Ⅱ部　コラージュ療法の実践活用

図6-9　小学6年生男子「男同士の結びつき」

図6-10　小学6年生女子「家庭・室内風景」

6-5，6-7では人間と人間の相互関係が表現されていない。しかし，図6-9では人間関係が表現されている。それは大人の男同士が身体と身体を激しくぶつけ合うこと（侵入的様式）によって生じる友情，連帯意識というものが表現されている。ここで注目すべきことは，激しい衝動を抑制するはたらきも表現されていることである。

　図6-5は，ロボットという形で人間の身体ではないものとして表現されている。これは身体のコントロールでは，うまく扱うことができないことを意味している。図6-7では，走る人，車の運転という形で，コントロールが示されている。これは図6-5に比べると，より高度な技術である。また，図6-9は，自分自身の身体での高度の技がいろいろな角度から表現されている。スポーツという形で，自己の身体機能の操作の向上が図られているということが分かる。女子の場合は，身のこなし，まなざしなどの身体活動として表現される（図6-8）。これはエリクソンの自律性のテーマが学年が上がるにつれて，より高度なものへと発展していくこととして読み取れるであろう。

　また，注目すべきは切り方と貼り方である。激しい格闘技が表現されているけれども，切り抜きは極めて丁寧で四角形に正確に切り取られている。また貼り付け方も切片と切片の距離，切片と台紙の枠との間隔をきちんと測って位置づけている。図6-7や6-8には切片同士の距離をうまく取ることがなかった。しかし，この6年生には，心理的距離という概念が理解されていることが分かる。

　体と体をぶつけ合うことを通しての男同士の強い連帯感，親密感が表現されている。しかし，ここでも異性はまだ登場しない。異性と出会う前の同性での友情の強い結びつきが児童期段階では重要である。

　図6-10は女子の作品である。この作品もすぐ女子の作品と分かるであろう。時間軸でいえば，ほぼ現在といえるだろう。

　空間的にはほぼ室内に限定されている（例外は，下辺右方に野生状態のキツネが貼られている）。いろいろな物体を包み込む空間がテーマである。すなわち，エリクソンの包含的様式の世界である。戸外の世界へ関心を向けるのではなく，外よりも家の中に関心が向けられている。小学生の高学年頃には，自分の個室を持ちたがる。この作品はそれとの関係がうかがわれる。自分の落ち着く部屋や家庭を設計しているようである。

人間の家族は登場しないが，動物たちが家族のような印象を与える。そこに家族成員を暗示しているが，動物は猛獣ではなく，女子によくあるように優しい犬やウサギなどの小動物，ペットや動物のぬいぐるみが表現されている。それぞれの家具も動物も心理的距離を考慮して配置されている。4年生までの作品と比べると距離の取り方において進歩がうかがわれる。

図6-10は切り抜き方が非常に丁寧である。ここで運動の軸で見ると，図6-10は全体に動きが乏しい。しかし，動きがない作品とはいえないだろう。犬やウサギはその潜在能力として必要な時には敏捷に動くことができることを示している。

6-4　思春期——中学生のコラージュ作品

図6-11　中学1年生男子「身体の急成長」

作者は「スラムダンク・ヒーローズ」とタイトルをつけた。これも時間軸で言えば，大人の世界が近いことを示している。この作品は時間軸よりも空間軸の方が特徴である。水平方向の空間よりも垂直軸が強調されている。おそらく急激な身長の伸びが背景にあるのであろう。地上どころではなく，宇宙の果てまでも飛び出すほどの跳躍能力が表現されている。この頃の生徒はまったく留まることを知らない身長の伸び，勢いがある。空間の範囲が小学生の作品とはスケールが違うことが分かるであろう。当然，ここでも侵入的様式が示されている。

図6-12　中学2年生男子「時空の拡がり」

作者は「海外旅行」とタイトルをつけた。この作品は，時間軸でいえば，未来ということができるだろう。おそらく将来行きたい場所ということになる。この場合も，時間軸よりも空間軸の方に意味がある。小学生まではこのような外国の風景を意識して取り入れることは少ない。中学生になるとそれまで慣れ親しんだ地域の制限から解き放たれ，その関心が広く外国まで空間が広がる。それは水平軸だけではなく，垂直軸にもそれが現れている。大きな建物，タワー，高い山，また，遠景だけではなく，近景（街灯のアップ写真），JALのラベル，

第6章　コラージュ作品と心理発達課題のテーマ ‡ *177*

図6-11　中学1年生男子「身体の成長」

図6-12　中学2年生男子「時空の拡がり」

ホテルの情報記事，さまざまな人々の活動など，非常に多方面に関心を広げていることが読み取れる。これは小学生の作品に比べたらその違いはよく理解できるであろう。小学生の場合，自分自身の身の回りだけの時間と空間しか表現されていない。自分の関心のある狭い世界だけに限定されている。中学生になると自分を越える時空が理解できるようになる。外国の風景の中にさまざまな外国人の姿も写っている。これは親元から遠く離れることの準備，すなわち，自立性と深く関係している。別の言い方をすれば，時間軸と空間軸を対比すれば，先に時間軸が動き出し，空間軸の方は思春期になってより重要になるといえようか。

　右下に2台のカメラがある。カメラに関心を示し出すのはやはり思春期頃であろう。自分の存在が何者か，他人とは何者か，それらを客体として写し取ることができるようになることを「カメラ」が象徴している。心理学的な言い方をすれば，観察自我をカメラは象徴しているということができよう。

図6-13　中学2年生男子「異性への接近と回避」

　作者は「カッコイイぜ」とタイトルをつけた。作者は「自分の心にぴったりくるのは大きなバイク。かっこいいバイクがあって，女がそれを見ている」と述べている。時間軸でいうと未来であり，大人の世界である。これまで紹介してきた男子の作品の中には異性像が直接登場していなかった。男子は女性のイメージを作品に貼ることに抵抗を感じている。しかし，中学生では，女性イメージが直接表現されるようになってくる。しかも，大人の性的なイメージを持つ女性である。小学生の女子の作品には，男性イメージが比較的登場する。しかし，その男性イメージは，いわゆる男っぽいイメージではなく，むしろ，男っぽくない，かわいい男の子のイメージである。しかし，男子の場合，異性像が登場するのは，幼い女の子というよりは，いきなり性的イメージを漂わせる大人の女性が登場するように思われる。

　この作品も非常に誘惑的な女性が貼られている。ほとんどすべてのオートバイは女性の背後から急速に近づこうとしているように見える。侵入的様式が明確な目標を持ち始めている。しかし，左下隅に，その逆方向に走るレーサーがあることにも注目したい。すなわち，女性へと接近したいという気持ちの反面，そのことの不安から一刻も早く遠ざかろうという気持ちも表現されているとい

第6章　コラージュ作品と心理発達課題のテーマ ‡ *179*

図6-13　中学２年生男子「異性への接近と回避」

うのは，言い過ぎであろうか。
　「カッコイイぜ」という文句も，女性に対して「カッコイイぜ」と呼びかけているのか，それとも，「女がオートバイをカッコイイぜ」と呼びかけているのか，はっきり区別できない。

図6-14　中学生３年女子「女性だけの世界」

　作者は「乙女の楽園」とタイトルをつけた。この作品は，同じ世代の乙女がぎっしりと貼られている。これは図6-8の中学生版と言える。時間軸では，現在が中心で，未来が少し表現されている。空間的には，仲間集団だけの身近な世界であり，そこには乙女の関心のある食べ物（スウィーツ），ファッション，娯楽，スポーツが詰め込まれている。そこに異性の侵入する余地のないほど，びっしりと貼られている。「乙女」というアイデンティティを再確認しているようである。男性イメージは完全にシャットアウトされた世界で，乙女だけで自由奔放に楽しんでいるということができる。異性と出会う前の，同性同士の親密な世界，思春期の乙女だけの楽園世界がよく表現されていると言えよう。いったん異性がこの世界に侵入すると，この楽園は崩壊し，消えていくことになる。

図6-14　中学3年生女子「女性だけの世界」

そういう意味で「つかの間の楽園」である。
　また，いろいろなファッション，動作，まなざしなどが表現されているが，自分にふさわしいファッション，髪型，表情などを模索していると考えられる。その多くの選択肢の中から，本当に自分にふさわしいものを見つけ出す必要がある。つまり，自分のアイデンティティの模索中という作品ということができるだろう。選択肢が多いということは，アイデンティティの拡散傾向と考えることもできよう。
　切片の配置も，距離や位置があれこれ考えられている。また，重ね貼り，アップの写真（スウィーツ）など，いろいろ工夫されているところが小学生と中学生の違いである。

図6-15　中学3年生女子「コラージュ身体像」

　作者は「みんなの目線」とタイトルをつけた。この作品は，顔の部分が全部切り貼りされている。また左下の部分の人物は胴体と頭部がすげ替えられている。中心には男女がキスをしているので，それを周りは驚いて，見ているという設定である。

図6-15　中学3年生女子「コラージュ身体像」

　思春期の中学生や高校生，また時には大人でも，身体をバラバラに切り離し，再合成する作品がまれならず登場する。この現象について筆者は，コラージュを始めてまもなく遭遇し，興味をもっていた。この現象には未だに適切な名称が決められていない。「身体のすげ替え」，「身体部分のコラージュ」，「コラージュ身体像」，「キメラ的身体」などと呼ばれている。筆者はとりあえず，「コラージュ身体像」と呼んでおきたい。
　筆者はこのような作品はコラージュ療法を始めてまもなくの頃に出会っている。それはいずれも境界例の事例であった。このような作品が境界例的心性を示すものであるのかどうか，まだ，判断できるほどのデータがない。
　澤田（1997）によると小学生では225名中に，わずか2例にしか見られなかった。2例はいずれも性的な問題を示していたという。
　岩岡（2010b）によると山根のデータでは，中学生で24.9％，岩岡のデータでは高校生で16.5％に「コラージュ身体像」が見られる。図6-15ではそれほど奇妙なものではないが，なかには馬の頭部分に人間の顔を付けたりというようなかなり奇妙な作品は中学生に多いという印象を持っている。高校生や大人の作品にもこのような形式の作品があるが，よりまとまりのあるおだやかな作

品となっている。この身体部分のコラージュが具体的にどのような意味があるのかを研究しなければならない。

すげ替えの現象は，近喰（2000a）が喘息児のサマースクールで採取された作品の中に見られたことを報告している。落合（2001）では大学生の作品には，顔の切断が12％に見られた。その切断の仕方に分類を試みている。

思春期は，第二次性徴が始まり，それまでの身体が変貌を遂げる。声が変わったり，発毛したり，乳房がふくらみ，初潮が始まる。これらの体験は身体イメージの急激な変化であり，その違和感がコラージュ作品となって現れるのであろう。

6-5　ヤングアダルト——20歳代のコラージュ作品

図6-16　ヤングアダルト　大学1年生女子「ペルソナの確立」

この作品の時間軸としては，ほぼ現在であろう。すなわち，この作者と同性でほぼ同じ年齢の人物が登場している。空間軸としては，女性だけの空間で，室内であろう。図6-14はアイデンティティの拡散傾向にある作品と指摘した

図6-16　ヤングアダルト　大学1年生女子「ペルソナの確立」

が，この場合（図6-16）は，人物は二人にまで絞られていることに注目したい。それぞれファッションが違う。フォーマルとカジュアルの二つの形である。空間としては室内であるが，外の世界が意識されている。これは図6-14と対比してみると，よく分かる。図6-14は女性だけの空間で，外の世界をシャットアウトするような構えである。しかし，この作品では，登場人物はこれから外に出かけようとしているように見える。ファッションを決めて，自分らしいスタイルに定める。すなわち，社会に向ける自分の役割であるペルソナを作り上げようとしている。判断軸の「シャドー←・→ペルソナ」という軸でこれまでの作品を振り返ることもできる。これまで見てきた多くの作品は，自分の欲求や願望，衝動が主に表現されていた。しかし，この作品は自分の服装や顔の表情など，社会に向けた自分をいかに作り上げるのか，という課題を示している。すなわち，青年期のペルソナの確立という意味がある。女性ではとくに外に向ける容姿に敏感である。アイデンティティ確立の最終段階ということができるだろう。

　ここでは異性は登場していない。しかし，右下のネクタイをしたワニの姿は，異性イメージを暗示している。異性自身が直接登場しないで，ぬいぐるみやペットとして間接的に暗示されていることがよくある。

図6-17　ヤングアダルト　大学2年生女子「親密性の課題－異性の侵入－」

　時間でいえば現在であろう。空間軸では，現実の生活空間というよりも，自分自身の心の内面の世界を描写している。登場するのは女性だけである。しかし，下着姿の無防備な女性に鋭いフォークが突きつけられ，女性は恐怖で「キャー」と叫んでいる。これまでは，女性の作品は，守られた空間が表現されていた。たとえば，図6-6，8，10，14，16はすべて安全で，保護された空間の中での出来事であった。エリクソンの発達課題の基本的信頼感がどのような意味があるのかが，これらの作品を通して理解できる。

　この作品は，この保護された空間が犯されるという不安を表現している。基本的信頼感にひびが入っているといえよう。この恐怖がヤングアダルトの発達課題である親密性のテーマと関係している。異性像自体はこの作品の中には登場しないが，鋭いフォークが異性の象徴である。成熟するにつれて，異性との関係はどんどん接近する。この作品は，まさに身近に異性が迫っていることを

184 ‡ 第Ⅱ部　コラージュ療法の実践活用

図6-17　ヤングアダルト　大学2年生女子「親密性の課題－異性の侵入－」

示している。そのことでセキュリティが犯されつつある。ただ，このセキュリティの崩壊感覚は，その程度を問題にしなければならない。すなわち，統合失調症者の抱く世界崩壊感などとは本質的に異なり，健康なレベルでの不安である。これは作品全体から受ける健康さがそれを示している。

　この作品で表現されている人物は，基本的には単独である。すなわち，図6-14のように女性の集団の中にいて，集団の中で守られるということではなくなっている。この恐怖の課題は，一人で担わなければならない。

　親密性のテーマは，楽しさというよりも恐怖として経験されるものである。女性にとってはフォークを突きつけられたショックとして経験される。身体イメージに打撃を受け，頭が破壊され二つに引き裂かれている。身体に亀裂が入っている。

　しかし，刃物の侵入に対して恐れているが，一方，この女性は半裸の状態で，無防備であり，逃げようともしていない。むしろ，キャーと恐れながら，一方では誘惑的でもある。異質な存在の接近におびえ，逃げようとしている反面，他方それに近づいているという葛藤が表現されている。

第6章　コラージュ作品と心理発達課題のテーマ ‡ *185*

図6-18　ヤングアダルト　20歳代後半の男性「接近への不安」

図6-18　ヤングアダルト　20歳代後半の男性「接近への不安」

　この作品の時間軸は，自分が大人になるまでの成長のプロセスを示している。時間軸は最初赤ちゃん（右上隅）として表現されているように，過去から現在，そして近未来であるということができる。すなわち，右上から左下方にかけて，成長の跡がある。

　空間的にも，この作品は現実の風景を描いているというよりも，自分の内面世界での出来事である（図6-17も同じ）。この作品の中心は，中央左下の若い魅力的な女性像であり，この女性はアップで，サイズが一番大きい。この女性には，「家康好みの，やわ肌です」という文字が貼られている。そのやわ肌に吸い寄せられるように右上からそれをめがけて一連の動きがある。最初は，右上隅はスキーヤーが滑り降りようとしている。その一連の動きが，おもちゃの汽車や男の赤ん坊であったが，それが馬で疾走するようにスピードアップして女性の方向に進む。しかし，その行き着く先は，当の女性自身ではなく，ちょっと目標がずれている。このような接近したいという気持ちと，それがなかなか叶わないという感じがよく現れている。この接近の違いは，中学2年生男子

「カッコイイぜ」（図6-13）と比較するとよく分かるであろう。テーマは同じく接近したいという衝動を表現している。中学生の場合は，一本調子，衝動的で，自己抑制力が十分ではない。力の加減を知らないということができる。この図の場合は，接近の仕方がより微妙である。いろいろな速度が描き分けられている。これは距離の微妙な取り方が作者に理解されていることを示しているといえよう。これは男性の精神的成熟の証と考えてよいだろう。しかし，この時期の親密性のテーマは，男性にとっても，女性にとってもなかなか難しい課題であるといえる。接近する側（侵入的様式）の男性には不安とためらい。それを克服する自信のなさは，弱々しい男性像，薬箱と薬などによって表現されている。一方，図6-17は，接近される側の不安，恐怖を示している。

　また，青年にとってこの時期は，生涯の伴侶を見つけ出すこと，すなわち対象選択と同時に，職業選択が大きなテーマとなる。このテーマは右下の新聞記事「求人特集」に示されている。

6-6　働き盛り──成人期のコラージュ作品

図6-19　30歳代　女性「親になる」

　もうすぐ二人目の子どもが生まれる予定の女性の作品である。
　タイトル「早く来い来い赤ちゃん」と題されている。赤ちゃんとお母さんとの出会いがコラージュ作品に表現されている。時間軸は，特定の近未来──出産予定日──に焦点が合わされていることが分かる。漠然とした未来ではなく，明確な特定の時期に合わせて，すべてを準備しようという強い意志が表現されている。人生において，これほど特定の対象，特定の時期に目標を定め，自分を位置づけている時期はないということができよう。
　赤ちゃんから見た発達課題は，第1段階の基本的信頼の獲得である。一方，母親側からの課題は，「与える，世話をする」ことである。食べ物，着るもの，遊ぶものなど子どもにとって必要なものをすべて与え，世話する準備を整えようとしていることが分かる。作者は，子どものことしか考えていないことが分かる。夫の姿もない。エリクソンの重要な対人関係の範囲は，母親と子どもだけの世界であり，子どもが中心で，すべてが子どものために準備されている。心理社会的様式は「得る－お返しに与える」とは，子ども側からの記述である。

図6-19　30歳代女性「母親になる」

図6-20　30歳代男性「生殖性の課題－家族と社会」

　この作品の時間軸はほぼ現在であろう。しかし，時間表現が多様になっていることに注目してほしい。すなわち，母親と風呂に入っている幼児，小学生の男女の子ども，寝ている子ども，若い母親，成人の男性（左端中，中央下），また古代ピラミッド，モアイ像などの非常に広範囲で，かついくつもの時間が多重的に表現されている。空間軸も多様になっている。室内（子どもの寝姿，風呂場）から，職場での友人（飲み会，中央下），エジプトなどの外国（右下），日本国内の乗り物，船旅（右下隅），飛行機（中央左），また，動物も古代の恐竜（右端中央），牛（左下方），馬（左辺上方）など多様である。

　そして遠景と近景（にんじんやケーキ）もさまざまな距離感が表現されている。地上，海上，空もある。このような多様な時間と空間が特徴である。これは成人期の特徴である。青年期の作品は，自己同一性を獲得するという段階では，自分自身の独自の時空が重要であった。しかし，成人期には，異性との合同の生活を営むことになる。それはすなわち，自分だけの時間・空間以外の時間・空間を共有することになる。

図6-20　30歳代男性「生殖性の課題－家族と社会」

　この作品には，自分だけではない，妻，子たち，職場の人間，さらに犬たち，恐竜までがこの空間を共有している。エリクソンが生殖性の課題と述べたことはこのような多様性の獲得を意味している。

　たとえば，図6-16と比較すればすぐに理解できるだろう。図6-16の作者は，この空間は自分一人の空間であると考えているはずである。大学生の作者は，朝から夜まで，自分で一日のスケジュールを決定することができる。すなわち，時間と空間は基本的には自分のものである。しかし，職場，家族を持つと，一日は自分の意志では決められない。妻や子，さらに職場のリズムなど，自分自身だけではない時空に支配されている。それがコラージュ作品にも表れている。妻，子ども，さらに職場の人たち，動物まですでに自分の生活空間の中に入り込まれてしまっている。

　また，男性－女性という軸で見ると，もしこの作品から制作者の性別を当てるとすると，その区別があいまいになっていることに気づくであろう。これまでの14枚の作品は，すぐに制作者の男女の違いについてすぐさま判断できたであろう。青年期においては，男性も女性も，自分らしさ（アイデンティティ）を作り上げることに必死であった。それ故に，過度に男性らしさ，女性らしさ

第 6 章　コラージュ作品と心理発達課題のテーマ ‡ *189*

図6-21　40歳代男性「働き盛り」

を強調せざるを得なかった。しかし，この作品では男性の作品か女性の作品かすぐには判読できなくなっている。コラージュ制作のための雑誌も，伴侶の愛読雑誌を持参してきて，それを切り抜き用にすることがまれではない。それは異性がそれだけ身近にいることの証拠でもあるし，男女の区別を強調する必要性がなくなってきていることを示している。まったくこだわりなく伴侶の雑誌から切り抜いたりするので，作品ではますます見分けがつかないことになる。これも生殖性段階の特徴と考えることができる。

図6-21　40歳代男性「働き盛り」

　作者は「笑顔，未来」とタイトルをつけた。40歳代という時期は，結婚もし，子どもも生まれている。これまでの課題とされていたことは克服した。体力と気力も社会的立場も一番充実し，安定した時代ということができる。家庭や職場，社会を支える中心的存在である。社会秩序の安定性の源である。この世代が不安であれば，後の世代はすべて動揺してしまう。

　この作品は，「笑顔，未来」と題されているが，不安を感じさせるイメージはどこにも見当たらない。安定感，充実感を表現している。その気になれば，

どこへでも行くことができる。何でもしようと思えばできるということを表現しているようである。

この北海道でも海外でも，海にでも山にでも，思い通りに行動できる。思春期，青年期ではあこがれであった対象が，現実のものとなっている。また，これは一人ではなく，家族と一緒の行動である。エネルギー全開の状態であり，男盛りの作品ということができる。青年期と違って，このエネルギーは，十分に統制されていることが作品を通して分かるであろう。

このような充実した成人期を迎えている人ばかりではなく，夫婦関係や子育てに悩み苦しむ人も多い。この時期の大きなテーマはうつ病である。これについては第7章を参照されたい。

6-7　高齢者のコラージュ作品

高齢者の作品に，とくに認知症の高齢者については最近，よく研究されている（石﨑，2000，2001；湯浅他，2003）。それらの文献を参考にしてほしい。

ここに挙げたのは，定年に近い50代後半の男性の作品である。（図6-22）

時間軸でいうと古い都京都という意味で，未来よりも過去の方が重要な意味があろう。中央に描かれた樹の年齢を考えると過去から現在までの長期にわたり作り上げてきた年輪を感じさせる。空間も樹の成長や新聞で代表される広い空間が意味されている。ドイツの記事が自分の世界とつながっている。

図6-5から作品全体を一望してみるとその変化が一番よく分かるのは，エネルギーやテンポである。小学生，中学生などと比べると明瞭になっているが，テンポが緩くなり，エネルギーが明白に低下してきている。その分，静かな落ち着いた世界になっている。ぎらぎらした欲望や衝動が消えている。

身体的―精神的という軸では，身体的というよりも精神的世界に比重があり，具体的よりも抽象的，静寂の世界である。落ち着いて，あまり変化が起こらないという方向性を持っているといえよう。

それはこれまで見てきた作品とは一種趣が違っていることが分かるであろう。

アセスメントの章で判断軸として「あの世－この世」という軸が高齢者の作品には必要と述べた。その軸で見ると，京都の風景は，世俗的世界というより

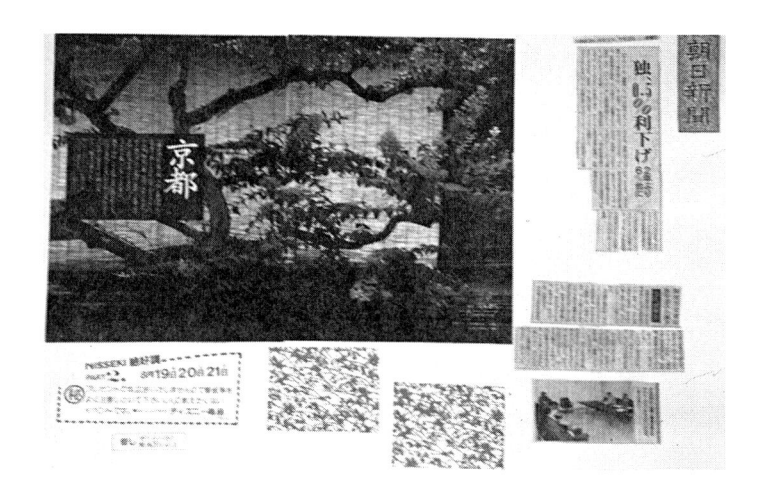

図6-22　50代後半男性「定年を控えて」

も。むしろあの世の静寂の世界を思わせる。右下は仕事の世界であろう。エリクソンは「存在すること－存在しなくなること」をこの世代の心理発達的課題と述べている。もう，何年かすれば，まもなくこの仕事の世界からも離れることになる。

6-8　まとめ――コラージュ作品を貫く「旅」のテーマ

　以上，コラージュ作品をライフサイクルという時間軸を視点に読み解いてきた。それというのも，コラージュ技法が人生全体を包括し，全体を一望することを許すような希な技法であるからである。

　各年代のコラージュ作品を拝見する途上で気づいたことであるが，「旅」のテーマが各年代に出現してくるし，また，その旅の意味が世代において違っている。

　たとえば，小学生の作品を見ると，乗り物やロボットなど動き回る存在が選ばれ，作品になることがあるけれども，旅が主題の作品ではない。小学生では親に連れられて旅をすることはあっても，自分で親元を離れて遠くに旅をする

という経験はまずないであろう。そのために，小学生では「旅」のテーマの作品はなかなか出てこないといえる。すなわち，親の保護下にある場合，そこから抜ける発想は出てこない。旅のテーマがでてくるのは思春期からである。それは自立性の始まりでもある。

　図6-12のような中学生のような段階で，ようやく旅のテーマにする作品が登場する。遠く外国の世界へ行ってみたいという願望が出てくる。しかし，現実には親元を離れる能力も経済的基盤もない。空想の世界で見知らぬ世界への希望と期待が語られる。

　大学生以上になると，自分の意志であちこち出かけることができる。それにつれて旅の作品も出てくる。この時代の旅は，未知の世界に一人で旅立ち，冒険をして，何かを獲得して戻るというテーマである。実際に旅立つことがなくても，空想の世界で青年は旅を夢見る。

　成人期にはさかんに旅のテーマが出てくる。自分の資金でどこにでも出かける能力がある。しかし，働き盛りの人たちは毎日が多忙である。毎日の労働，家事，子育て，近隣社会での世話などで自分の時間がない。そのような時にコラージュ作品では，多忙な日常を離れて，温泉地や海外に出て，リフレッシュしたいという旅願望である。しかし，実際には日常のことがとても気になり，すぐに戻らなければならないという気ぜわしい旅のイメージとなる。

　そして定年近くなると，働き盛りの旅とは違い，時間的にも経済的にも余裕のある旅である。旅は悠々自適の旅ということができるだろう。すぐに戻る必要もない。戻ることをまわりから期待されていない旅ということになる。そのために旅の目的は広漠たるものであり，本当にどこに行くべきか焦点が定まらない。それは「あの世」的色彩を帯びてくる。これが，働き盛りの人の旅と高齢者の人の旅のイメージの違いである。

　以上のように旅というテーマに注目してコラージュ作品を見ると，そこに各世代の描くイメージがよく映し出されているということができる。

第7章

コラージュ療法の実践
──臨床への適用──

はじめに

　筆者はコラージュを臨床に適用することを思いついてから，当時，担当していたケースにコラージュ療法の可能性を求めて，実践を試みてきた。筆者が最初に適用した事例は精神科病院に長期にわたって入院していた患者さんであった。この患者さんは，10年近く担当していた人で，それまでも描画などを使って面接してきた。コラージュを導入すると，素直に制作してくれた。筆者はこの方法は今後も使える方法だと確信した。それ以後，精神科病院入院のグループにも適用してきた。筆者の受け持ちのいろいろな患者に実施してみたが，ほとんど適用可能であった。とくに危険な状態になったことは記憶にない。しかし，だからすべて安全とはいえない。患者がしたくないと言えば，無理強いをするものではない。安全性についての議論には，中井（1993）の発言がよく知られている。中井は，「ロールシャッハやなぐり描き法と違って，あいまいで無気味なものに不意に直面することはない。ありきたりの図形をまず下見をしてから自分の思うように切り抜くのであり，嫌ならパスすればよい。それ以後でも，糊をつける前に捨てるとか，上に別の切片を貼るとか，いくらでも回避法がある。回避法があるということは安全性が高いということである。」と述べている。

　筆者は当時，さまざまな場所で心理療法の場を持っていた。精神神経科や学生相談，小児科さらに社会的な場面でも事例を持っていた。このような中でいろいろ知見を深めることができた。筆者の役割は，ともかくコラージュが心理療法になにがしか役に立つということを実証することであった。筆者一人の経験は限られたものであり，それをより広く適用し，その可能性と限界を探求するのは，後の人の仕事であると思う。ここでは最初期の心理臨床実践例を記録として残しておきたい。

さて，フロイトの精神分析（ひろく心理療法にも適用できる）の定義として，「精神分析では医師と患者の間に言葉のやり取りがあるだけ。患者は過去の経験と現在の印象について語り，嘆き，その願望や感情の動きを打ち明ける。医師はこれに耳を傾け，患者の思考の動きを指導しようと試み，励まし，その注意を特定の方向へと向かわせ，そしていろいろと説明してやり，その時に患者が医師の言うことを了解するか，あるいは拒否するのか，という反応を観察する」という記述を紹介してきた（第 2 章 2-6-b）。これをコラージュを通してどこまでできるかということになる。治療関係の中で作品が生まれる。制作や作品を通して，患者は自分の経験や印象を語り，嘆き，感情を打ち明ける。さて，作品の中に，患者は自分の訴えがうまく表現されているのかどうか，それをセラピストがうまく理解できるのか。その相互交流がコラージュ療法ということができる。

　第 6 章では発達に沿って，健常群の作品を提示し，そのアセスメントの方法を紹介した。本章では，心理臨床場面における事例を通して，その作品の意味を理解していきたい。

7-1　不登校のコラージュ療法事例

　不登校の事例の詳細について筆者は芸術療法学会誌（1990）や『コラージュ療法入門』（1993）でその成果を報告してきたので，できれば同じことを繰り返さないことにしたいと思う。ここでは角度を変えて，これまで十分に述べられてこなかったことについて述べていきたい。

7-1-a　事例概要

クライエント　高校 1 年男子

　高校 1 年の夏休み後，胃痛（胃潰瘍の初期）のために 2，3 日休んだことをきっかけに，以後 3 週間不登校状態となる。

　来談意欲はあまりなく，母親に連れられてやって来る。全体的に無口で，言葉数も少ないながら，セラピストの質問には答えようとしていた。筆者が本人，母親面接も両方担当していた。最初に本人に 30 ～ 40 分ほど面接し，その後，母親の面接もしていた。全体の面接時間は 60 分程度であった。

7-1-b　面接経過

　第5回にはじめてコラージュを導入してみた。以後，約半年間にほぼ毎回，15枚のコラージュ作品を作った。方法は，いわゆるコラージュ・ボックス方式で，筆者があらかじめ選んだ切り抜きを箱の中に入れておく。当時，どのような切り抜きが必要なのかがはっきりしないので，筆者がこれは使えそうだと感じたものを幅広く準備した。クライエントがその中から自分の心惹かれる絵や写真を選択して，台紙に貼り付ける。台紙の大きさはB4判を使用した。制作された当時，筆者はこれらの作品の意味についてはっきりと理解できていたわけではなかったが，作品を何度も繰り返し見ているとその意味がより明確に理解できるようになった。

　まず，主訴である不登校の現象について，一般的に筆者は，次のような図を使って説明する。（図7-1）

　この図は，筆者が無意識仮説を説明するのに考え出したものである（森谷，2000；2005）。臨床心理学を教える教師にとって生徒に無意識とはどういうものかを説明するのが大変難しい。ある時，ベクトルを使えば簡単に無意識を説明できると思いついた。

　不登校について，多くの人（親も含めて）は，「子どもは学校に行きたくないと考えている」と思い込んでいる（図7-1a）。しかし，不登校生徒自身に聞くと，「学校に行きたい」と弱々しく答える（図7-1b）。それを知った親は「行きたいというのはウソでしょう。行きたいのなら行けばよい」と叱る。毎朝，親子はお互いに理解できないで，深刻な争いを続ける。

　この現象を筆者は次のように説明できると考えた（図7-1）。親は不登校を（$\vec{a}$）のイメージでとらえている（図7-1a）。しかし，子ども自身は（$\vec{b}$）のイメージでとらえている（図7-1b）。お互いに違ったイメージでとらえているので，親と子の間では会話はまったくのすれ違い，不毛な対立に終わる。親子の間に不毛な対立ばかりが続く。そこで臨床心理士は無意識仮説を導入し，「子どもは，行きたいと"意識"（$\vec{b}$）では思っているが，なぜか分からないが，すなわち"無意識"の力（$\vec{a}$）によって行けない状態になっている」と説明する（図7-1c）。すなわち，意識の力よりも無意識の力の方が大きいために，行きたいけれども，行けないのである。ここでのモデルは，心の向き，大きさ，意識，無意識とい

196 ‡ 第Ⅱ部　コラージュ療法の実践活用

家　←――――・　　　　　　　　　　　　　　　学校
　　　　→a
　　行きたくない

　　a　一般の人から見た不登校生徒の心の動き

家　　　　　　　　　　　・――――→　　　　学校
　　　　　　　　　　　　　→b
　　　　　　　　　　　　行きたい

　　b　不登校生徒から見た心の動き

家　┈┈┈・――――→　　　　　　　　　　　　学校
　　　→a　　　→b
　　見えない意向　行きたい

　　c　無意識仮説の導入
　　行きたいが，なぜか分からないが行けない。

　　　　行きたくない　　行きたい
家　←――――――・┈┈┈┈　　　　　　　　学校

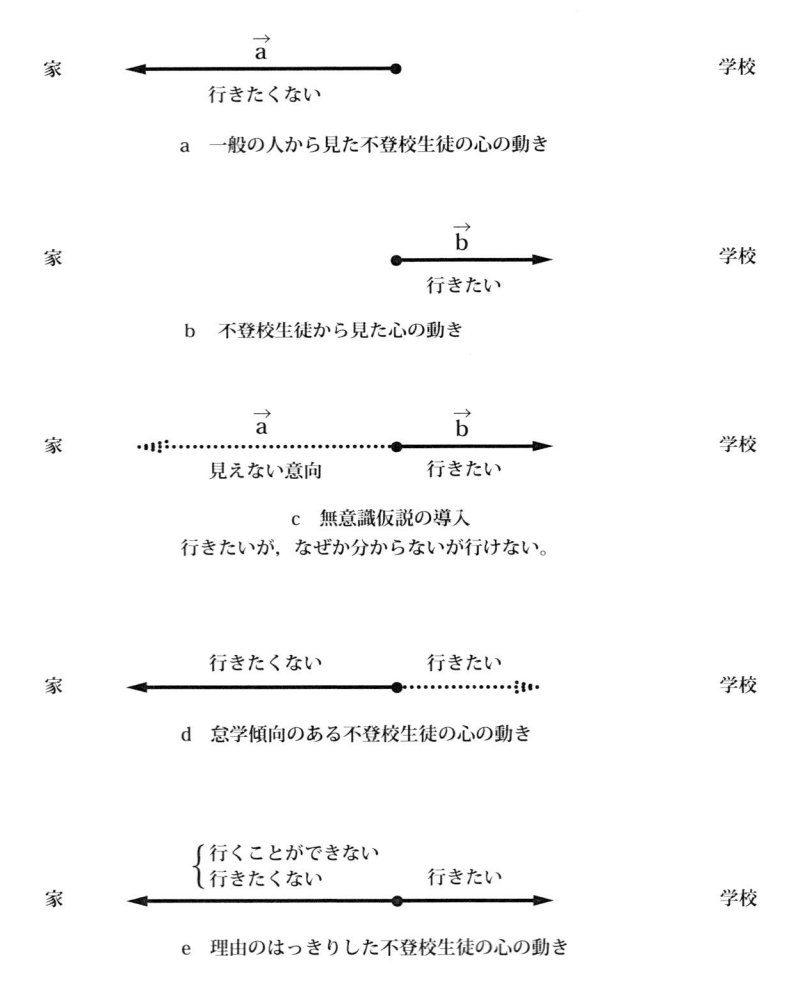

　　d　怠学傾向のある不登校生徒の心の動き

　　　⎧行くことができない
　　　⎨行きたくない　　　行きたい
家　←――――――・　　　　　　　　　　　　　学校

　　e　理由のはっきりした不登校生徒の心の動き

図7-1　不登校現象の心理力動モデル（森谷，2005）

う単純な4つの要素だけで不登校現象を説明している。

　筆者はこれが心理療法の基本的モデルであると考える。このモデルに従えば，クライエントの心にアプローチする方法は，二通りあることになる。この図でいえば，「学校に行きたい」という心の動き（$\vec{b}$）と，「なぜか分からないが行けなくしている力」（$\vec{a}$）の二つの心である。子どもにとって「学校に行きたい」という気持ちは「意識化された」気持ちであり，「なぜか分からない行けない」気持ちは無意識の力である。しかし，母親にとっては，子どもが行きたくないという気持ち（$\vec{a}$）は，母親には見える（意識化されている）力である。しかし，一方の，子どもの学校に行きたいという気持ち（$\vec{b}$）は，たいていの親にとっては気づかない，なかなか理解できない心の動き（無意識）である。このように親子は見ているところが違う。

　面接においては，まず，最初に意識化されている方の気持ちから話してもらうのが自然である。子どもの面接では，子どもは「何とか学校に行きたい」，そのためにどんな努力をしているのかを訴えるものである（$\vec{b}$）。行きたいにもかかわらず，なぜか分からないが，体調が悪くなったり，どうしても学校に行けないのだ，などと話し始める（$\vec{a}$）。この場合，「自分でもなぜか分からないけれども，そうなってしまう」，というのが特徴である。学校へ行くためにしてきたこれまでの努力について一通り言い終わると，たいていの場合沈黙が来る。すなわち，意識されていた内容（$\vec{b}$）――それは主訴と呼ばれる――をすべて話し終わると，もう，それ以上語ることがなくなるのである。なぜか分からない（すなわち，無意識の働き）ので，これについてはそれ以上話が続かない。セラピストは，まず，子どもがあれこれ行こうと努力（$\vec{b}$）したことを認めることが重要である。

　これと逆のことが母親面接に起こる。一般的に，親は，子どもがいかに行きたがらないかという話をあれこれ挙げ，説明するであろう（$\vec{a}$）。そして親は何とか行かせようと，さんざん努力してきた。その努力の数々を訴える。その努力にもかかわらず，子どもは学校に行こうとはしない。「子どもは学校へ行きたくないのだ」（$\vec{a}$）と確信する。これまであれこれと努力しても，どうにもならなかった。落胆し，どうしたらいいのか分からない，と訴える。自分の努力してきたことをあれこれ訴えた後は，もう，話すことがなくなる。

　母親が述べ終わって一段落すると，「いったい子どもは何を考えているのだ

ろう」と，母親は子どもの本当の気持ちを知らなかったことに気づくようになる。そこでようやく子どもの内面に目を向けるようになる。

他方，子どもにとっても，自分の内面（$\vec{a}$）に何が生じているのかに関心を持ち始める。また，母親も子どもの心がどうなっているのかに関心を向けざるを得なくなる。

このようないきさつで，子どもも親も，子どもの心の中で，いったい何が生じているのかを探究し始めることになる。すなわち，親子とも子どもの無意識へと関心が向かい始める。そこでセラピストは，子どもの心の中で生じていることを何とか形にすることを援助しようとする。そのようなタイミングで夢を聞いたり，描画，箱庭，コラージュなどが導入される。

このクライエントも臨床場面ではあまり多くを語ってくれなかった。その時にコラージュを導入した（図7-2）。すると，コラージュを通して非常に豊かな表現をしてくれた。彼は「宇宙への旅立ち。銀河鉄道999のように何かを捜しに行く」と説明した。説明はそれだけである。

この作品を先の判断軸を使って見ていくことにしたい。

図7-2　コラージュ1（第5回）「宇宙への旅立ち」

時間軸から考えると，クライエントはこれから先のこと（未来）を志向していることが分かる。空間的には外へ，空へ，宇宙への遙かな雄大な旅である。不登校生徒である彼は，現実的には家の外へ出ることができない状態にあることを忘れてはならない。しかしながら，この作品から，クライエントは意識では何とかして外へ出ようと必死になっていることが分かる。

　しかし，現実的には外に出ることができない状態にあるのであるから，外に出ることを妨害している力が潜んでいるはずである。外に出ることを妨害する力はこの作品のどこに表現されているのだろうか。それは作品の中心に置かれた巨大な地球である。すなわち，地球の引力がロケットなどが出ようとする力を妨げているのである。この引力の力は見えにくい力，すなわち，無意識的な力である。

　図に示すとこうなるであろう。

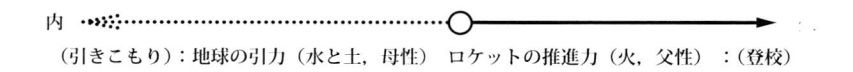

内　••▸▸▸••••••••••••••••••••••••••••○────────────▶
（引きこもり）：地球の引力（水と土，母性）　ロケットの推進力（火，父性）　：（登校）

図7-3　「出たいが出られない」

　この作品の場合，列車やロケットの推進力は火力で大変大きい。しかし，それを妨害する引力もまた巨大である。この力の拮抗がこの作品の特徴である。互いに相反する力が巨大であるために，心が引き裂かれるような状態にあることが推測される（あまり登校意欲も強くないクライエントの場合と対比させると矢印の長さの大小で，図7-3の意味が分かるであろう）。この作品には行きたいが，なぜか出られない不登校の生徒の心理力動がよく示されている。また，このクライエントの一連のコラージュ作品には，火と水が対立的に表現されていることが分かる。これは火や水のシンボルの意味に合致すると考えられる。火は父性の，水は母性の象徴でもある。

　図7-4は，翌週（第6回面接）に作られた作品である。彼は「音のない世界」と説明した。

　この作品は先の作品と対照的である。まず，時間軸でみると，赤ちゃんが示すように「過去」の時間である。クライエントは高校生であるにもかかわらず，

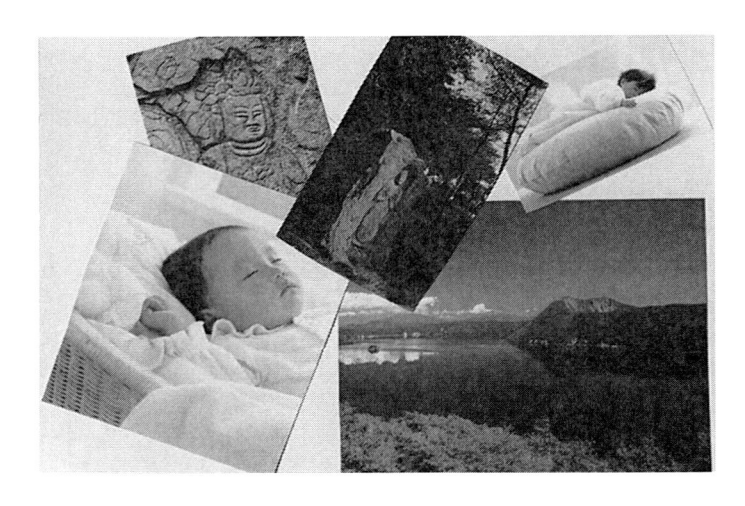

図7-4　コラージュ2（第6回）「音のない世界」

心の内面では赤ちゃん状態にあることを暗示している。すなわち臨床心理学的に言えば退行状態にある（第6章のエリクソンのⅠ段階）。この作品は当時の彼の状態をよく示している。彼は無気力で一日中家で寝そべっている。これをポジティブに評価するのであれば，休養をとって次の出立のためのエネルギーを貯めている状態である。それ故に，この局面では無理にせき立てて登校を促すよりも，まず，子どもが十分な休養がとれるように，母親へアドヴァイスすることがよいであろう。

　この臨床事例は，第6章の中学生たちの活発な活動を示す作品と比較すると，これらの作品の意味が読み取れるであろう。友人関係が表現されていないのが特徴である。

　図7-2では引力に逆らって，宇宙の外にまで飛び出そうと試みていた。しかし，図7-4では重力に逆らう力もないことが分かる。ただ何をするでもなく，無気力に寝そべっている。赤ちゃんの上に被せられたような岩（石仏）も赤ちゃんを押しつぶす重圧のようである。上に向かうベクトルはなく，重量として下へと落下する力，上から抑えつける力（石仏）が圧倒している。赤ちゃんは立ち

上がる力も出ない。
　ベクトルで示すとこうなるであろう。

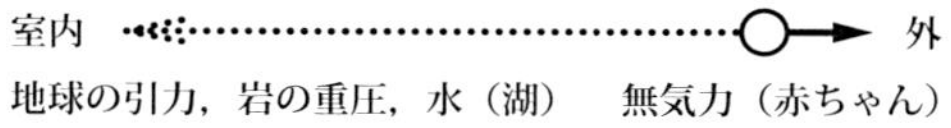

```
室内 •••┄┄┄┄┄┄┄┄┄┄┄┄┄┄○ ━━▶ 外
地球の引力，岩の重圧，水（湖）　無気力（赤ちゃん）
```

図7-5　「無気力状態」

　彼は図7-4を「音のない世界」と述べていた。音声イメージ軸として判断すると，図7-2にはとても激しいロケットの音が表現されている。しかし，図7-4は「音のない世界」である。動くものはなく，エネルギーも乏しい。右下隅の摩周湖は旅行のパンフレットから取ったものであるが，ここでは，観光旅行に出たいことを意味するものではなく，地球の大きな凹みや水の象徴的意味として使われている。すなわち，まるで羊水のように，水の中へと包み込む，母性的な象徴として意味がある。ここでは水と土の力が支配し，「火の気」，活動的エネルギーが消えていることが分かるであろう。
　このようにコラージュ作品から，不登校の現象を読み取ることができることがお分かりいただけると思う。コラージュ作品を作ることによって，クライエントは「もろもろの感情をイメージに翻訳すること，すなわち，感情の内に隠されているイメージを見出すことに成功する分だけ，心の平安が訪れた」というユングの言葉がこのように実現されている。
　図7-6は，図7-4の翌週（第7回）に作られた作品である。彼は「鳥（右下隅）になったり，飛行機（左下隅）に乗ったりして世界のいろいろな所へ行ってみたい」と連想を述べた。ここでも外へ行きたいという気持ちを強く意識化していることが分かるであろう。
　図7-4では赤ちゃんとして外へ出る意欲がほとんど示されなかったにもかかわらず，図7-6ではまた，外へ向かう意志が出てきたことが分かる。また，図7-2の場合は，地球の強力な引力に逆らって，宇宙の外にまで飛び出そうとしていた。これは事実上不可能に近かった。図7-6の外国への旅は，宇宙の外にまで脱出するほどの力は必要はないということを示している。比喩的に言えば，図7-2では学校に行くのは，まるで宇宙の外に出て行くほどの困難さであったが，図7-6ではそれが外国に行く程度の不安と困難さにまで弱くなったという

図7-6　コラージュ3（第7回）「世界への旅立ち」

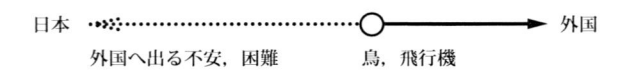

図7-7　「外国旅行の不安さ」

ことができるだろう。また，図7-2や図7-4に比べると，図7-6では水色（富士山と湖）よりも赤い火の色（右上隅の夕焼け，中央のピラミッドの太陽）が強調されている。

　この事例においては，以後も，外に出たいというテーマが続くことになる。外に出るという主題は，症状としての不登校を克服しようという意志の現れでもある。それ故に，コラージュ作品を理解するには，とりわけ内←・→外の軸は，この事例にとってよい判断軸ということがいえる。

　また，エリクソンの発達図式で見ると，不登校という現象は，第4段階「勤勉性—劣等感」がテーマのできごとである。この発達段階は，家から出て先生や友だちの中で社会生活をしなければならない。そのためには，それに先立つ

3段階までの発達課題を身につけておく必要がある。すなわち，基本的信頼感（先生や友人とともにいることの安心感）を獲得し，自律性（自分自身の身体のコントロール），および自主性（役割，とりわけ男性としての役割）を身につけておく必要がある。

　この作品では，基本的信頼感はどのように読み取ることができるだろうか。それは作品全体からそれほど大きな混乱はなく，作品としてのまとまりがある。精神病水準の混乱がないということで分かる。また，それはとりわけ，図7-4によく示されているということができる。それは甘えることのできる赤ちゃんを表現していることで，保護された感じが読み取れる。また，身体の自律性ということもある程度達成されていると考えられる。なぜなら，作品の貼り方，切り抜き方，構成力などに表現能力があるし，統合性が発揮されていることが分かる。

　一口に不登校と言ってもいろいろなレベルがある。基本的信頼感のレベルで混乱していて不登校状態になっている場合もある。しかし，この事例においては，基本的信頼感の獲得はそれほど大きな問題ではなかった。この事例で一番問題なのは，エリクソンの第三段階の自主性である。男の子としての力強さの問題である。男性性のテーマはどこに現れているかである。それは最初の作品（図7-2）は，とても男性的な作品である。エリクソンのいう侵入的様式がよく示されていることがお分かりであろう。宇宙空間に激しく突入して行く。しかし，次の図7-4にはその侵入的様式がことごとく否定されていることが分かる。

　つまり，彼は男性的自主性を発揮しようとしているが（ロケット，乗り物），それを発揮できないという葛藤が生じていることが分かる。

　以後の面接では，彼の男性的力をどのように身につけていくかというプロセスがコラージュ作品の中に表現されていった。これをよく示すのは，図7-8である。これは第14回に作られたコラージュ作品11である。彼はこれを「アニメのヒーローの世界」と名づけた。「昔はヒーローごっこで，どちらかが悪魔になるかでよく喧嘩した。なつかしい」という話が語られ，それから連想が過去につながっていった。そして，今までで一番はっきり記憶している夢（幼稚園に入る前頃）について語ってくれた。「テレビ番組で，コンドルマンというぬいぐるみのヒーローが死んだ。その時，彼の額の月のマークがどこかに飛んでいった」。

図7-8　コラージュ11（第14回）「アニメヒーローの世界」

　このコラージュ作品は，6章の小学2年生の作品（図6-5）のテーマとよく似ている。男の子の世界は，このような闘いの世界である。学校に行くということは，このような闘いの世界の中に入っていくことを意味している。彼はようやくこのような世界に入っていく準備をしつつあることを示している。この当時，筆者はこの作品で，クライエントに自己像がどれかについて質問すべきであったと後悔している。その当時には，このような質問をするということに気づいていなかった。ずいぶん後になって，この作品の中でクライエントはどこにいるのかを考えて見ると，筋肉マンなどが彼の自己イメージとは言いにくい。筆者の推測であるが，彼の自己イメージは池の中の魚（右下隅）のように思う。池の水草の陰に隠れて，一匹の白い魚がちょうどアニメヒーローたちの方をうかがうように見ている。彼らの世界をさぐりに来ているような印象を受ける。この魚は，もし，危なくなるといつでもすぐに水中深く潜って，身を隠すことができる。ここでも水の世界（母性）に守られている。アニメヒーローたちは全体に赤で，火の色をしていることがここでも水と火の対比が表現されている。

```
家 ←┄┄┄┄┄┄┄┄┄○――――――――→ 学校
不安（池の中の魚，逃げる）　アニメヒーロー（学校仲間，攻撃性）
```

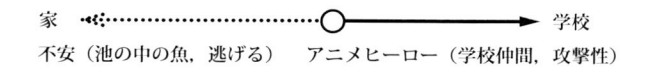

図7-9　「友だちの世界への接近」

　そしてこの後，実際に単独で，ニューヨークへの1人旅を経験し，再度1年生からやり直し，4月から学校へ行きだした。そして学校に適応したことを見届けた段階で，終結となった。このように作品を通して，クライエントの心の成長が理解できる。

7-2　抑うつ神経症のコラージュ療法事例

もう一つの事例について報告したい。森谷（1989b）で発表したもので，このコラージュ療法事例が筆者の最初の報告である。

7-2-a　事例概要

【患者】30代前半，男性，会社員
【主訴】うつ状態の改善

　高校から大学へ進学する時に，少し登校拒否的なことがあったが，高校まではとりわけ困った事態には至っていない。大学卒業後，一流企業に就職するが，自分の描いていたイメージとは異なり，ショックを受けた。その時以来，心のどこかで，選択を間違ったと思いこんで10年余りたった。

　5年前の転勤がきっかけでうつ状態となる。うつ状態になると，会社を辞めたくなるが，未だに決心がつかない。今年の1月に転勤して以来4回目のうつ状態が続く。いつも12～1月から始まって，半年後の夏に向けて治っていくというパターン。しかし，今回の落ち込みは夏になっても治らない。4月から2カ月間休職。状態は何とか軽くなったが，気持ちが戻らない。仕事を続ける自信がない。

7-2-b　治療経過

　面接中はいかにも元気のない様子で，声もボソボソと低く力がない。

第1回には次のように語っている。「焦っている状態の夢が多い。車に乗って，柱か何かに激突する場面とか。昔は，ずっと落ちていく夢を見たことがある」。セラピストは自殺のことを心配し，「死にたくなることは？」と尋ねたら，「あります。四六時中考えています。自然に頭に浮かんでくる」という。セラピストは自殺については思い留まるようにいうと「実際にやってしまうことはない」と自殺はしないことを約束してくれた。
　しかし，「いつも強迫観念のように，明日はもう死にたい，もうやめよう，いつか破滅する。手首，飛び降り，車に飛び込む，車でぶつかる。いろんな死に方を空想していた」と後にも語っていた。
　第7回には「まず，第一に転職のことを考えている。その次にどうしたらみんなに迷惑をかけずに死ねるかと思ったり。死にたい気持ちが強くなってきた」というので，「苦しいこと」をテーマに九分割統合絵画法（森谷，1986，1987，1995）を実施した。中心からすべて文字で「①朝が来るのが恐い。　②永遠に眠り続けることができたら良いのに。　③生きる自信がない。　④人と会うのが好きではない。　⑤人が恐い。　⑥誰にも会わずに静かに暮らしたい。　（⑦～⑨は空白のまま）」と記入した。セラピストがこの作品から「とくに誰が恐いのか？」と尋ねると，「権威的な印象を持っている人。そこらにいる人がみんなそう。自分がみんなに権威を感じてしまう」と述べていた。
　この時にセラピストにも，クライエントにとって限界のように感じ，「もうこれ以上は毎日会社に出て来るのは無理だと思うから，休んだらどうか」と休職することをはっきりと勧めた。しかし，彼は休職しようとはしなかったが，「休め」と言われたことで安心したという。
　セラピストは自殺について心配し，防止のために，第11回から妻とも毎週面接を行って，自殺防止の協力をお願いした。妻もよく理解し，協力的であった。

7-2-c　コラージュ作品

　第2回にコラージュを導入した。それ以来，約半年間の20回の面接において，4枚の作品を作った。彼は億劫そうにしながらも，何とか表現してくれた。
【コラージュ1】（第2回）（図7-10）
「左下の家具は家の家具に似ている。これは砂漠を一人（右下）あてどもなく歩いているイメージ。広い所で一人になりたい。今の自分の姿とダブる。自分

図7-10　コラージュ1（第2回）「旅立ち」

にとって砂漠はいいイメージ。篭の鳥のイメージ（左上隅）。中心にあるのは，道しるべ。右上はロケット。篭の鳥→一人になりたい→飛んで行きたいとつながる」と説明してくれた。全体のタイトルを「旅立ち」と名付けた。

　この作品は，セラピストにとってはとても意外な印象を受けた。うつ状態で苦しんでいる状態であるにもかかわらず，この作品は「旅立ち」をテーマにしたものであったからである。目の前のクライエントは元気がなく，とても旅立ちができる状態ではないように見えたが，彼の内面では出発の動きが始まっていた，ということを知った。もちろん，間違うと，その旅立ちが，「あの世への旅立ち」（自死）ということも考えられないわけではない。それ故に，旅立ちの方向性が今後の面接において重要である。筆者は，囚われの身（篭の鳥）から徐々に広い空間に出ていくという自立のテーマが表現されていると考えた。これは青年期の出立の課題と同じものがある。今後の人生は，どの方向へ向かうべきかをよく話し合う必要があることがこの作品から理解できる。そしてその後の展開から考えて，この最初の作品は，カウンセリング全体を予想するものであった。

家　　●‥‥‥‥‥‥‥‥‥‥●━━━━━▶　　　　　学校

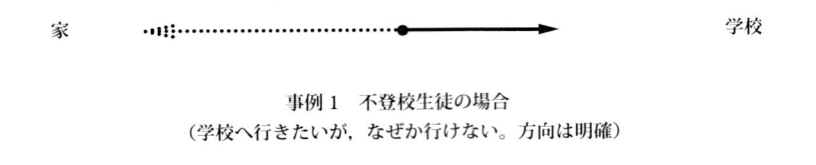

事例1　不登校生徒の場合
（学校へ行きたいが，なぜか行けない。方向は明確）

　　　　　　　　　　　　　　　　‥‥‥‥？（どこへ）
　　　　　　　　　　　　　　‥‥‥
　　　　　　　　　　　　○▶　　　　　　　　　　会社

事例2　うつ状態の会社員の場合
（会社にはかろうじて行っている。しかし，本当はどこへ）

図7-11　うつ状態と不登校の対比

　この作品の時間軸でいうならば，左下は現在の住まいの居間である。その居間から右上に行くにしたがって，未来に向かっている。
　空間的には，居間から外へ向かって，だんだん広い空間へ出ていくというテーマである。中心には交通標識が道しるべとして貼られている。どの方向へ向かうのかということが中心テーマとなっていることが分かる。
　症状のうつ状態を暗示しているのは，全体に暗い色彩である。「砂漠を一人あてどもなく歩いている」ということから，前に進もうとしていることが分かる。しかし，この作品のテーマは，方向喪失状態が問題である。
　先の高校生の不登校の場合と比べると，似ているところと違うところがある。どちらも「旅立ち」がテーマになっている。カウンセリングの初回のテーマとして，旅立ちはよく選ばれる。これから心の旅に出るということで，心理療法がこれから始まるという意味でもある。
　不登校生徒の場合は，方向喪失には至っていない。学校に行きたいが，行けないという葛藤である。地球から宇宙へ，直線的に出ていこうとしている。「学校に行った方がよいか，それとも学校とは別の道があるかどうか」という悩みではなかった。しかし，この事例は，砂漠の中であてどもなく進む，どの方向に進むべきか，その方向が分からないという悩みである（図7-11）。同じ旅立

ちでも，そのニュアンスが異なる。後になって分かることなのであるが，クライエントは，会社を辞めて，別の方向に向かうべきなのかどうか，という迷いがあった。どちらに向かって行けばよいのか，その方向が分からなかったのである。そのためにエネルギーをどちらに向けてよいのか分からない。うつ病は生理的なエネルギーが低下して起こる。また，エネルギー自体はあるが，生きる意味を失うことが発症のきっかけになることもある。精神的エネルギーがたとえあったとしても，生きる意味，その方向性を見失ったら，せっかく持ち合わせているエネルギーを使えない状態になる。イメージでいうと，ベクトルの先の矢印がない状態である。矢印がなければ，エネルギー自体はあっても使えないのである。この方向がみえないことを図7-10の道しるべがよく示している。自分の生きる方向が知りたいのである。

【コラージュ2】（第5回）（図7-12）
　約1カ月後の第5回面接時にコラージュ2を作成した。
「朝の目覚めがわりとよくなりました。しかし，今日は久しぶりにしんどく，やたらと不安な感じがありました」と述べていた。
（今回は自発的にはさみを使用する）左下には岩山に住む鷲。中央に月面を歩く宇宙飛行士。右上は玉を持つ女性。「目元が何とも言えない感じ。埴輪の目のよう」。右下にはコペンハーゲンの人魚像。「何となく淋しいものを選んだ。鷲と人魚とはその対照性を意識しておいた」と語った。
（この時，作品としては完成させなかったけれど，最後まで貼ろうかどうか躊躇していたものに，"赤い布が水の中に飛び込む抽象的なポスターの図"のイメージがあった。これについては彼は「赤い色は血を連想させるし，何か引っかかった」と述べていた。セラピストは，まるで水の中に投身するような印象を受けた。）
　彼が「淋しいものを選んだ」というように，色彩の暗さ，動きのなさ，方向性のなさが特徴的である。うつ状態を暗示しているようである。
　この作品の場合も，当時の筆者は自己イメージを尋ねていない。しかし，面接中のクライエントのイメージは中央の宇宙飛行士のようだとセラピストは感じていた。面接場面のクライエントは，下を向き，うなだれて，歩く動作もスローで，まるで宇宙服を身にまとい，月面を歩く宇宙飛行士そっくりであった。

図7-12 コラージュ２（第５回）「何となく淋しいもの」

この宇宙飛行士のイメージは，図7-6の「砂漠を一人あてどもなく歩いている」イメージと同じ種類（「方向喪失」）である。図7-10の方がまだ自由に動く面があるが，この図7-12の方が動きがない。時間軸としては，現在か近い将来であろう。動かない人魚像と高い岩山に飛ぶワシをクライエントは対比して描いたという。これは動きのない世界と飛ぶ世界の対比として考えられる。図7-10の篭の鳥と宇宙ロケットの対比とも類似している。動きが乏しいながら，ワシのような動く能力のあるものも表現している。

　暗い中にも太陽（左上部）が描かれている。また，右上の女性にも注目するべきであろう。図7-10では一人の孤独な旅人しか人間が登場しなかったが，図7-11では人物は，宇宙飛行士の他に，人魚像，右上の女性像など，イメージに広がりがあることが読み取れる。

【コラージュ３】（第14回）（図7-13）
　（話題がないので，コラージュに誘う。今回は，自分にぴったりしたイメージをかなり一生懸命探そうとしていた。今回もはさみを使用した。）

第7章　コラージュ療法の実践 ‡ *211*

図7-13　コラージュ3（第14回）「落雷」

（上中央に落雷の写真。その左右に沼地の水の中にたたずむ一頭の馬。左下には北海道の駒ヶ岳と湖，右下には古い西洋風の建物が水に囲まれている。）

　やり終わって「わけが分からない。まあ，こんな淋しい風景が好きです。……雷ですね……雷に打たれる感じ」と説明する。

　この作品を作る前の週（第13回）に，突然，辞表を出してきたという。セラピストは突然のことで驚いた。「前々から辞めたいと思っていた。私は会社員として失敗だと思う。仮に今のうつ状態が治ったとしてもここでけりをつけておきたい。もう私には迷いはない。辞表を出してすっきりした。ようやく決心がついた。ずっと辞めることを考えていたが，実行するのはきっかけが必要だった。これで良かった」。

　このコラージュ作品を理解するには，辞表提出という行動を考慮に入れる必要がある。うつ状態が改善する途上にこのような行動化が起こったものと理解した。

　この作品は，全体にさびしい，暗い，古い建物，孤独，水の中の風景である。時間や運動が止まったような印象を与える。動物（水の中に頭を垂れる馬）を

貼ることができるようになった。馬は走る力を持っているにもかかわらず，水の中では動くこともできない。馬は頭を垂れている。面接場面のうなだれたクライエントのようである。これらはうつ状態の雰囲気を示している。運動の方向も喪失している。その鬱々とした状態を切り裂くように落雷が走る。水の中に火が加わる。クライエントは「雷に打たれる感じ」というように非常に衝撃を受けた。この落雷を契機に止まっていた時間が動き始めたようである。落雷は上→下という非常にはっきりした方向が示された。あともどりもできない方向と動きである。方向が決まったのである。

　この辞表を出したことをきっかけに，クライエントは急に元気になった。うつ状態から軽躁状態へ変化した。第17回には，「非常に調子がいい。世の中が明るくなった。劇的に変わった。前の回復の仕方とは違う。前は少しずつ回復した。今回は劇的に変化し，世の中が明るくなった。おかしな言い方だけれど，仕事が楽しい。長かったトンネルを抜けた感じ。家内はこんなに元気になったんだから考え直せ，と言うけれど，誰が何と言おうと辞める。これからの私を見てもらうしかない。これからの私のイメージをいろいろ考えている。ある資格試験を受けたい」と将来のビジョンを語るようになった。ようやく自分の生きる方向性が定まった。もともとエネルギーがなかったわけではない。方向が欠けていると，そのエネルギーが使えないのであった。方向さえ決まれば，エネルギーはすぐに使えるのである。

　第18回には最後のコラージュが制作された。
「仕事は何でもできてしまう。頭もクリアになった。以前はこんな劇的な回復の仕方はなかった。やっと辞めることを決心できたなあ，と思う。
　先週の九分割統合絵画法は，〈将来の自己イメージ〉を描くことでイメージがはっきりしてきたなと思う。それでありがたかった。職場で送別会をしてくれた。楽しかった。こそこそ辞めずによかった」と述べていた。

【コラージュ4】（第18回）（図7-14）
「印象派あたりの絵があればいいですね。モネとかルノアールが好きですね。うつの時に，これをするのはしんどかった，非常におっくうだった」などとしゃべりながらやりはじめる。「説明不要だと思います。こういうイメージ。うつの時は明るい写真はみたくもなかった。暗いイメージばかりに目がいっていた。

第7章　コラージュ療法の実践 ‡ 213

図7-14　コラージュ4（第18回）「太陽の光がそそぐ風景」

本当はこんなモネのようなイメージが好きなんです」
（中心に，林に囲まれた山小屋風の家。林の向こうから太陽の光が輝いている。左下に草原にたたずむ1頭の羊（クライエントの自己イメージか？），その上に赤い花畑，その上に紫色の花，その上に赤いつつじ。右下に草原を走る2頭の白馬。右上に黄色いえんどうのような花）
（この時，今までのコラージュ作品4枚をすべてクライエントと一緒に見直した。暗い作品から明るい作品に変わっているのが明白であった）
　時間軸はおそらく現在から未来であろう。空間軸としては，家を中心に広がりが見られる。砂漠（コラージュ1）や月世界，岩山（コラージュ2），水の中（コラージュ3）に比較して，この作品の地面がしっかりしていることが言えるであろう。地面の上に家が建てられ，起点が定まった。それを中心に，まわりには木々が成長し，花が咲き，牧草が茂る。住まうための土壌がしっかりと表現されている。また，この土の上には，馬が走ることもできる。すべての生命活動の基礎である土がメインの空間である。
　この作品はまず「明るい―暗い」という軸，あるいは「生―死」の軸が一番

ふさわしいであろう。太陽が昇って画面全体が明るく輝いている。花の色も赤，黄色，紫など美しい。これまでのコラージュ作品と比べるとその変化が分かるであろう。これまでの作品は，死のイメージが強かった。しかし，この作品は生きているという感覚が甦っている。これはうつ状態からの回復を示している。

　また，この作品には二頭の走る馬のように動きが出ている。作品1「砂漠をあてどなくとぼとぼ歩く」→作品2「宇宙服の中の飛行士」，「人魚」→作品3「水中に頭を垂れる馬」と比べると，その動きが回復してきた状態が明白に分かるであろう。

　動きと方向性について見ると，図7-10は，どっちの方に動くべきか分からない状態である。また，図7-12はよたよたとしか動けない宇宙飛行士。しかし，図7-13は，落雷が上から下の方向に変わっている。動きの方向がはっきりした。上から下へと，もう後もどりもできないはっきりした方向を持つ動きである。図7-14はゆっくりと上に昇る太陽と，水平方向に疾走する二頭の馬という動きと変化している。

　うつ状態のアセスメントは，「明るい―暗い」，「生―死」，「動きなし―活動」，「意味方向あり―なし」などの軸がアセスメントにおいて有効であることが分かる。

　以後，断続的に1年間，面接を継続してきたが，二度とうつ状態になることもなく，無事に資格試験に合格した。その後，終結となった。

まとめ

　心理臨床実践でコラージュ作品は，治療経過を知るための手がかりとなる。また，ユングがいうように心の中に隠されているイメージを形にすることができる。そのことによって自己認識ができるということができる。

　不登校では学校に行きたいがどうしても行くことのできない気持ちがよく表現されていた。うつ状態のクライエントには，暗い気持ちの中に生きる意味方向性の探求が表現されることが分かった。このような臨床事例は，他の実践でも広く応用することができる。

あとがき

　長い間，筆者の中で気がかりであったテーマを今日まとめることができて正直ホッとしている。この本を読まれた人は，筆者の強い自己主張的な記述に違和感と不快を感じられたかも知れない。おわび申し上げる。しかし，これは筆者の好むところでは決してないことをまず最初に申し上げたい。

　筆者にとってコラージュ療法の発見は偶然のきっかけに過ぎない。学位論文を出した後のゆとりの時間に思いがけなく見つけたものである。思わぬ拾いものをしたという感じである。筆者よりも，後の人がこれでいろいろ業績を積んでくれるように，多くの人にこの研究を勧めていた。筆者は1990年の芸術療法学会誌論文と『コラージュ療法入門』をまとめることで筆者自身の基本的任務はもう果たしたと考えていた。

　しかし，そういう思いとは別に，筆者の業績がいつのまにか消えてしまった。他人のものになってしまった。なぜ，『コラージュ療法入門』に明確に書いたはずの事実が無視され，これほどまでに間違えられるのか，筆者には理解できなかった。とくに「東京では森谷の存在は消えていた」と服部令子氏は証言する。これはいったい何事だろうか。これは学術研究上，放置できない問題ということになった。本書の記述にその緊張感が漂っているのは，一人の研究者の正当防衛としてやむを得ないと感じている。この防衛は，筆者や服部個人の権利でもあるが，「科学への尊厳と信頼を守る」ためでもあることを付言しておきたい。願わくば過剰防衛にならないようにしたい。幸いにも今ではこの問題はその背景も含めてほとんど解明されたと感じる。とくに本書の出版がそのけじめになると期待している。

　逆に言えば，本書はこの一連の問題解明ができなければ出すことができなかった。もっと以前に出すべき本書の出版が遅れたのはこの理由が一番大きい。まず，この解明に誠心誠意全力を挙げて取り組んでくださった服部令子氏に心よりお礼と感謝を申し上げたい。服部氏の問題提起と情報提供がなければ，筆者一人ではとうていこの問題は解決できなかった。筆者は最初からおかしいと疑問には思っていたが，はるか地方にいて東京の状況を知る環境になかった。そのために筆者はせいぜい，1987年と1989年と間違いを指摘するしかできな

かった。筆者の死後，誰かまじめな研究者が過去文献をレビューしているうちに，おかしいと気づいてくれて，問題提起されるかなと考えていた。筆者の元気なうちにほぼその全貌を解明できたのは，思わぬ幸運だったと思う。服部氏は熱心なクリスチャンである。「神はただ一人，証人として，東京に私を置かれたのでしょうね。神は初めから全てをご存じだったのでしょう」と言われる。筆者にとって大変ありがたいお言葉である。

　また，コラージュ療法発展の過程，並びにこの問題発掘の過程で多くの人の援助をいただいた。当初は，筆者と服部氏以外は誰もが間違えていた。いや，筆者や服部氏も好意的方向に錯覚していた。この中での解明作業はとても孤独な作業であった。その中でも問題を共有し，励ましてくれる仲間がいた。西村喜文先生，今村友木子先生には本当に励ましをいただいた。コラージュ療法学会を設立することに援助いただいたたくさんの先生，橘玲子，中村勝治，大前玲子，川瀬公美子，山上榮子，佐藤仁美，加藤大樹，岩岡眞弘の諸先生，その他の多くの皆さんに感謝申し上げる。

　さて，コラージュ療法はほんの偶然から生まれた。しかし，応用範囲のとても広い方法である。適切なルールに則りながら，心理臨床実践に役立てるよに利用されることを祈念している。大震災などのメンタルヘルスにも少しでも役立てればと願っている。

　本書出版に当たって金剛出版の弓手正樹氏に編集作業に大変お世話になった。お礼申し上げる。

　本出版に際して，京都文教大学より出版助成をいただいた。記して感謝申し上げる。

大震災の年のおわりに
2011 年 12 月 19 日

文　献

Adelstein, L. A., & Nelson, D. L.（1985）Effect of sharing versus non-sharing on affective meaning in collage activities. Occupational Therapy in Mental Health, 5(2), 29-45.
秋元勇治・式場冨美子・長谷川和子・福田弘子・赤川直子（1987）病院内書道活動（第Ⅱ報）―慢性欠陥分裂病者の作品を中心に―. 芸術療法学会誌, 18, 67-74.
秋山さと子（1985）ブリコラージュ・詩・箱庭療法. 現代詩手帖, 28(2), 114-119, 思潮社.
American Psychological Association（2001）Publication Manual of the American Pcychological Association, 5th edition.（APAアメリカ心理学会著, 江藤裕之・前田樹海・田中建彦訳（2004）APA論文作成マニュアル．医学書院）
青木智子（2001）グループによるコラージュ技法導入の試み―コラージュエクササイズを用いたグループエンカウンターと気分変容についての検討―. 日本芸術療法学会誌, 32(2), 26-33.
青木智子（2005）コラージュ療法の発展的活用―個人面接・グループワークでの事例を中心として―. 風間書房.
荒井真太郎（2004）コラージュ作品における感情状態の表現について．関西国際大学研究紀要, 5, 155-170.
浅野孝子・守田浩一・川原律子・細江紀江・桂載作・森谷寛之（1996）コラージュ療法を導入した不登校の一症例. 臨床描画研究, 11, 83-97.
Boss, M.（1957）Psychoanelyse und Daseinsanalytik. Verlag Hans Huber, Bern.（笠原嘉・三好郁男訳（1962）精神分析と現存在分析. みすず書房）．
Breton, A.（1924）Manifeste du surréalisme/Poisson soluble.（巌谷国士訳（1989）シュルレアリスム宣言・溶ける魚. 學藝書林）
Buck, R. E., & Provancher, M. A.（1972）Magazine picture collage as an evaluative technique. American Jounal of Occupational Therapy. 26(1), 36-39.
Burns, R. C.（1990）A Guide to Family-Centered Cirle Drawings (F-C-C-D) with Symbol Probes and Visual Free Association. Brunner/Mazel,Inc.（加藤孝正・江口昇勇訳（1991）円枠家族描画法入門. 金剛出版）
Burns, R. C.・渋沢田鶴子訳（1992）臨床描画技法の過去・現在・未来. 臨床描画研究 7, 78-86.
Carter B. A., Nelson D. L. & Duncombe, L. W.（1983）The effect of psychological type on the mood and meaning of two collage activities. The American Journal of Occupational Therapy. 37(10), 688-693.
Erikson, E. H.（1959）Identity and the Life Cycle. International Universities Press, Inc.（小

此木啓吾訳編（1973）自我同一性―アイデンティティとライフサイクル―. 誠信書房）.
Erikson, E. H.（1959）Identity and the Life Cycle. International University Press,Inc.（西平直・中島由恵訳（2011）アイデンティティとライフサイクル. 誠信書房）.
Ernst, M.（1929）La Femme 100 Tetes.（巖谷國士訳（1974）百頭女. 河出書房新社）
Freud, S.（1917）Vorlesungen zur Einfuhrung in die Psychoanalyse.（懸田克躬・高橋義孝訳（1971）精神分析入門. フロイト著作集1. 人文書院）
藤井恭子（2002）中学生のコラージュにみられる思春期の発達的特徴. 茨城県立医療大学紀要, 7, 143-151.
藤掛　明（1994）非行少年の素顔に触れるとき―描画臨床の現場から. 月刊少年育成, 6月号, 16-24.
藤掛　明・小島賢一・中村尚義・上野雅弘（1994）非行少年のコラージュ(2)(3). 犯罪心理学研究, 32, 20-23.
藤掛　明・馬場千加子・柴原哉子（1995）コラージュ教室の試み―少年鑑別所における自己啓発型の外来相談. 犯罪心理学研究, 33, 80-81.
藤掛　明（1996）コラージュ技法と非行臨床. 犯罪と非行, 110, 矯正福祉会.
藤掛　明他（1998a）非行臨床の実践―心理テストにおける診断と援助. 金剛出版.
藤掛　明（1998b）非行少年の心の傷と感情の世界. 月刊少年育成, 506, 28-37.
藤掛　明（1999）非行臨床におけるコラージュ療法. 森谷寛之・杉浦京子編（1999）コラージュ療法, 現代のエスプリ, 386, 219-227.
藤掛　明（1999）描画テスト・描画療法入門. 金剛出版.
藤掛　明（2002）非行カウンセリング入門―背伸びと行動化を扱う心理臨床. 金剛出版.
藤掛　明（2003）ハガキを使ったコラージュ技法について. 犯罪心理研究, 41（特別号）, 78-79.
藤掛　明（2004）非行臨床におけるコラージュ技法の実践. 高江洲義英・入江　茂編（2004）コラージュ療法・造形療法. 109-122, 岩崎学術出版社.
藤掛　明（2005）刑務所における集団コラージュ療法の試み―犯罪臨床における描画の意味. 臨床描画研究, 20, 26-39.
藤本大三郎（1994）コラーゲン. 共立出版.
藤田晶子（1997a）一慢性分裂病者にみられたコラージュ表現. 日本芸術療法学会誌, 28(1), 77-82.
藤田晶子（1997b）職場不適応を起こした青年女子の面接過程―箱庭・コラージュなどのイメージを用いて. 箱庭療法学研究, 10(2), 54-64.
Greenspoon, D. B.（1982）The development of self-expression in a severely disturbed adolescent. American Journal of Art Therapy, 22, 17-22.
原　千恵子（2006）ナラティヴ・アプローチによる認知症高齢者のコラージュ. 臨床描画研究, 21, 133-150.
長谷川和子・式場冨美子・秋元勇治・福田弘子・赤川直子（1986）病院内書道活動（第Ⅰ報）―お手本の選択方法による患者の変化について―. 芸術療法学会誌, 17, 7-13.

長谷川早苗（2002）グループによるコラージュ・デイケアの試み．日本箱庭療法学会第16回大会プログラム／発表論文集（武庫川女子大学），56-57．
長谷川早苗（2003）統合失調症のコラージュ過程．箱庭療法学研究，16(2), 43-56．
長谷川早苗（2011）統合失調症事例の作品変化―コラージュグループ鑑賞会の意義をふまえて．コラージュ療法学研究，2(1), 3-15．
畑中千紘（2006）コラージュ表現についての考察―コラージュの制作の仕方にみる対象とのかかわり方―．京都大学大学院教育学研究科紀要, 52, 213-224．
服部令子（1991a）対人恐怖症の学生に施行したコラージュ療法過程．第12回東京ユング研究会抄録集．
服部令子（1991b）強迫神経症の学生に試みた夢分析とコラージュ療法．臨床心理士研修会（福島）．
服部令子（1991c）抑うつ状態の学生に対するコラージュ療法．第7回日本精神衛生学会抄録集（東京）．
服部令子（1992a）対人恐怖症の学生に試行したコラージュ療法．早稲田大学学生相談センター，24, 13-22．
服部令子（1992b）心理療法としてのコラージュ療法―1．こころの健康, 7(2), 60-68．
服部令子（1992c）うつ状態の学生に対するコラージュ療法．杉浦京子・森谷寛之他著（1992）体験コラージュ療法．84-121，山王出版．
服部令子・杉浦京子（1992）対人恐怖に対するコラージュ療法．日本芸術療法学会誌, 23(1), 76-84．
服部令子（1993a）強迫神経症の学生に試行したコラージュ療法．森谷寛之他編著（1993）コラージュ療法入門．73-90，創元社．
服部令子（1993b）自己不全感を訴えた一女性―箱庭メルヘンとコラージュと―．箱庭療法学研究, 6(1), 37-48．
服部令子（1994）心理療法としてのコラージュ療法2―うつ状態を訴えた一女性―．こころの健康, 9(1), 93-100．
服部令子（1996）パニックディスオーダーの一女学生へのコラージュ療法―カラー台紙の試み―．第23回日本芸術療法学会発表論文集, 23, 中京大学
服部令子（1997）コラージュ療法における対人恐怖の表現特徴．日本芸術療法学会誌, 28(1), 92-96．
服部令子（1999）対人恐怖症者の表現特徴．森谷寛之・杉浦京子編（1999）コラージュ療法, 現代のエスプリ, 386, 143-152, 至文堂．
服部令子（2003）コラージュ療法．山中康裕編著（2003）表現療法．161-190，ミネルヴァ書房．
服部令子（2011）巻頭言「日本コラージュ療法学会」誕生への思い―私の心理臨床半世紀―．コラージュ療法学研究, 2(1), 1-2．
東山紘久（1994）箱庭療法．誠信書房．
Holmes, C., & Bauer, W. (1970) Establishing an occupational therapy department in a

community hospital. American Journal of Occupational Therapy, 24(3), 219-221.
法務省矯正局（2001）アート・クリック作品事例集—イメージをわかち合うための７つの講座．
匹田幸余（1999）末期癌患者のコラージュ表現．森谷寛之・杉浦京子編（1999）コラージュ療法，現代のエスプリ，386, 153-163.
細谷紀江（1999）心身症の治療—14　コラージュ療法．心療内科, 3(5), 344-351.
池田満寿夫（1987）コラージュ論．白水社．
Ikemi, A., Yano, K., Miyake, M. & Matsuoka, A. (2007) Experimental collage work: Exploring meaning in collage from a focusing-oriented perspective. 心理臨床学研究, 25(4), 464-475.
市井眞知子（1996）放火を繰り返した少年へのコラージュ療法．犯罪心理学研究, 34, 3-4.
市井眞知子（1997）コラージュ表現に見られる一特徴．犯罪心理学研究, 35, 10-11.
市井眞知子（1998a）少年鑑別所・少年院におけるコラージュ技法の活用について（研究科第30回研修員の報告書）．
市井眞知子（1998b）少年鑑別所・少年院におけるコラージュ技法．矯正研修所紀要, 13, 69-74.
市井眞知子（1999）コラージュ技法の実際．刑政, 110(4), 56-64.
今村友木子（2001a）分裂病者のコラージュ表現—統一材料を用いた量的比較—．名古屋大学大学院教育発達科学研究科紀要（心理発達科学），48, 185-195.
今村友木子（2001b）分裂病者のコラージュ表現—枠の効果に関する検討—．日本芸術療法学会誌, 32(2), 14-25.
今村友木子（2002）コラージュ印象評定尺度による分裂病患者のコラージュ表現特徴—．心理臨床学会第21回大会発表論文集, 106.
今村友木子（2004）印象評定を用いた統合失調症者のコラージュ表現の分析．心理臨床学研究, 22(3), 217-227.
今村友木子（2006）コラージュ表現—統合失調症者の特徴を探る—．創元社．
今村友木子（2010）評定者のコラージュ療法経験と印象評定．心理臨床学研究, 28(2), 151-160.
入江　茂（1991a）イメージの錬金術—コラージュ療法．イマーゴ，3月号, 178-185.
入江　茂（1991b）小児心身症の心理療法—コラージュ療法．小児内科, 23, 85-89.
入江　茂・高江洲義英・大森健一（1992）コラージュ的発想と芸術療法—芸術家のコラージュ療法作品を中心に—．日本芸術療法学会誌, 23(1), 85-92.
入江　茂（1993）美術史におけるコラージュ．森谷他編（1993）コラージュ療法入門．15-25, 創元社．
入江　茂（1999）現代絵画におけるコラージュの発想の意義—ピカソのキュビスムの時期を中心に．森谷寛之・杉浦京子編（1999）コラージュ療法．現代のエスプリ, 386, 33-41.
入江茂・杉浦京子（企画）・服部令子・近喰ふじ子（司会）山本映子・石崎淳一（話題提供者）・森谷寛之・中村勝治（指定討論者）（2002）老年期におけるコラージュ療法．心

理臨床学会第21回大会自主シンポ.
入江　茂（2004a）はじめに．高江洲義英・入江　茂編（2004）コラージュ療法・造形療法. 7-14, 岩崎学術出版社.
入江　茂（2004b）日本のコラージュ療法に関する文献．高江洲義英・入江　茂編（2004）コラージュ療法・造形療法. 145-153, 岩崎学術出版社.
石口貴子・島谷まき子（2006）コラージュ制作体験と気分変容. 昭和女子大学生活心理研究所紀要, 9, 89-98.
石井久美子（1994）コラージュ療法を導入したある心身症児との面接過程—ファンタジーの回復—. 心理臨床事例集, 日本教育臨床研究会.
石原みちる（2010）虐待を受けていた中学生の学校臨床場面におけるコラージュ療法過程. 箱庭療法学研究, 23(1), 59-73.
石﨑淳一（2000）アルツハイマー病患者のコラージュ表現—形式内容の分析の結果, 心理臨床学研究, 18(2), 191-196.
石﨑淳一（2001）コラージュに見る痴呆高齢者の内的世界—中程度アルツハイマー病患者の作品から. 心理臨床学研究, 19(3), 278-289.
岩岡眞弘（1998）コラージュ療法の基礎的研究—高校生の表現特徴. 鳴門教育大学大学院修士論文.
岩岡眞弘（2010a）コラージュ表現における集計調査研究—高校生を中心に（１）. 日本芸術療法学会誌, 40(1), 27-34.
岩岡眞弘（2010b）コラージュ表現における集計調査研究—高校生を中心に（２）. 日本芸術療法学会誌. 40(1), 35-42.
Jaffé, A. (1964) Symbols in Art. Jung, C. G. et al. (1964) Man and his Symbols. Aldus Books Limited, London.（ヤッフェ, 河合隼雄監訳（1972）ものにひそむ魂. ユング・C・G他　人間と象徴—無意識の世界—. 河出書房新社, 170-184）
Jaffé, A. (ed.) (1961, 1962, 1963) Memories, Dreams, Reflections by C. G. Jung. Random House, Inc. Publisher: Pantheon Books, New York.（河合隼雄・藤縄昭・出井淑子訳（1972）ユング自伝１．２—思い出・夢・思想—. みすず書房）
Jarchov, I. (1980) Bildnereien und Texte aus psychiatrischen Anstalten (ca 1890 〜 1920). 芸術療法誌, 11, 79-88.
Jung, C. G. (1916) Die transzendente Funktion.（松代洋一訳（1996）超越機能　創造する無意識—ユングの文芸論. 平凡社, 111-162）
Jung, C. G., Sonu Shamdasani (ed.) (2009) The Red Book.（河合俊雄監訳（2010.07.10）赤の書. 創元社）
Kalff, D. M., (1966) Sandspiel—Seine therapeutische Wirkung auf die Psyche. Rascher Verlag, Zuerich und Stuttgart.（河合隼雄監修, 大原貢・山中康裕訳（1972）カルフ箱庭療法. 誠信書房）.
Kalff, D. M., (1966) Sandspiel—Seine therapeutische Wirkung auf die Psyche. Ernst Reinhardt Verlag, München/Basel.（カルフ, ドラ・M., 山中康裕監訳, 河合隼雄解説

(1999) カルフ箱庭療法[新版]. 誠信書房)

上別府圭子・海老沢佐知江（1996）臨床場面におけるコラージュ使用上の留意点―学会ワークショップおよび精神分裂病者のコラージュの検討―. 臨床描画研究, 11, 60-82.

上別府圭子（1999）臨床場面におけるコラージュの安全性の再検討―主に精神分裂病者の「貼る過程」について. 森谷寛之・杉浦京子編（1999）コラージュ療法. 現代のエスプリ, 386, 164-174.

片山睦枝・木内喜久江・佐藤昌子・永井真司（1997）不登校中学生による伝言板的「壁コラージュ」のこころみ. 日本心理臨床学会第16回大会発表論文集, 394-395.

加藤大樹（2012）ブロックとコラージュの臨床心理学. ナカニシヤ出版.

川原津子・細谷紀江・中村延江他（1996）コラージュ療法の適用と実践　第10報―コラージュ・シートによる製作法の試み. 心身医学, 36, 217.

河合隼雄（1967）ユング派の分析の体験. 河合隼雄（1967）ユング心理学入門. 301-317, 培風館.

河合隼雄編（1969）箱庭療法入門. 誠信書房.

河合隼雄（1994）箱庭療法理論と実際. 河合隼雄著作集3 心理療法. 225-266, 岩波書店.（児童心理　1971年11月号，12月号；カウンセリングと人間性（1975）創元社）

河合隼雄・中村雄二郎（1984）トポスの知―箱庭療法の世界. TBSブリタニカ.

河井孝予（2002）コラージュ制作による気分変化と作品印象との関連. 第34回日本芸術療法学会発表論文集, 11.

吉川武彦（1993）書評『体験コラージュ療法』／『遊び』から『芸術療法』, そして『コラージュ療法』へ. こころの健康, 8(1), 76-77.

菊池和美（2002）Y-G性格検査によるパーソナリティ傾向から見たコラージュ表現. 日本箱庭療法学会第16回大会プログラム／発表論文集, 80-81. 武庫川女子大学.

木村晴子（1985）箱庭療法―基礎的研究と実践. 創元社.

木下由美子・伊藤義美（2001）コラージュ表現による感情体験に関する一考察. 情報文化研究, 13, 127-144.

岸井謙児（2002a）色と枠による画面構成がコラージュ表現に及ぼす影響について―色彩フレーミング・コラージュ法の試み. 兵庫教育大学大学院修士課程修士論文.

岸井謙児（2002b）色と枠による画面構成がコラージュ表現に及ぼす影響について（その1）―台紙における色のコラージュ表現に及ぼす影響―. 日本芸術療法学会誌, 33(1), 22-29.

Klein, M.（1957）Envy and Gratitude - A Study of Unconscious Sources. Tavistock Publications Limited, Londn. 松本善男訳（1975）羨望と感謝―無意識の源泉について. みすず書房)

小島賢一（1995）非行少年のコラージュ―事例を通してⅡ. 犯罪心理学研究, 33, 82-83.

Korchin, S. J.（1976）Principles and Intervention in the Clinic and Community. Basic Books Inc., New York.（村瀬孝雄監訳（1980）現代臨床心理学―クリニックとコミュニティにおける介入の原理. 弘文堂）

近喰ふじ子・杉浦京子・服部令子（1993）家族コラージュ法による相互作用の効果．日本芸術療法学会誌, 24(1), 70-83.

近喰ふじ子・杉浦京子（1993）不登校児へ試みたコラージュ療法―母親のコラージュ作品からの内的変化の検討―．小児の精神と神経, 33(3,4), 311-326.

近喰ふじ子（1994）気管支喘息男子へのコラージュ療法の経験．小児の精神と神経, 34(4), 227-237.

近喰ふじ子（2000a）集団芸術療法とコラージュ表現（2）―喘息サマースクールでの「裏コラージュ」表現と表現分析の関係―．東京家政大学研究紀要, 40, 211-217.

近喰ふじ子（2000b）コラージュ制作が精神・身体に与える影響と効果―日本版POMSとエゴグラムからの検討―．日本芸術療法学会誌, 31(2), 66-75.

河野荘子・岡田 敦（1997）人格の病理とコラージュ表現．現代のエスプリ別冊, 85-99, 至文堂．

日下部康弘・加藤 敏・大沢卓郎・山下晃弘（1999）躁うつ病患者のコラージュ表現―回復期における表現の変化とその治療的意義．森谷寛之・杉浦京子編（1999）コラージュ療法．現代のエスプリ, 386, 132-142.

日下部康弘・大沢卓郎・山下晃弘・加藤 敏（2002）強迫神経症者のコラージュ表現とその治療過程―デイケアでの集団コラージュレクリエーションの作品から―，第34回日本芸術療法学会発表論文集．12.

日下部康弘（2004）デイケア・作業療法におけるコラージュ療法―集団で行うコラージュ療法の有益性と注意点．高江洲義英・入江 茂編（2004）コラージュ療法・造形療法．93-108, 岩崎学術出版社．

Landgarten, H. B., (1987a) Family Art Therapy. Brunner/Mazel, Inc. New York.

Landgarten, H. B., 岩村由美子訳・構成（1987b）アートセラピイによる家族療法．臨床描画研究, 2, 109-125.（石川 元（1987）解題．臨床描画研究, 2, 125-127.）

Landgarten, H. B., (1993) Magazine Photo Collage: A Multicultural Assessment and Treatment Technique. Brunner/Mazel, Inc.（近喰ふじ子・森谷寛之・杉浦京子・入江茂・服部令子訳（2003）マガジン・フォト・コラージュ―心理査定と治療技法―．誠信書房．）

Lerner, C. J., & Ross, G., (1977) The magazine picture collage: Development of an objective scoring system. The American Journal of Occupational Therapy, 31(3), 156-161.

Lerner, C. J. (1979) The Magazine picture collage: Its clinical use and validity as an assesment device. American Journal Occupational Therapy, 33(8), 500-504.

Levine, J. (1986) The creative process: "Looking backwards": A biographic narrative collage. Dissertation Abstracts International. 47(5-B), 2141-2142.

Lipkin, S. (1970) The imaginary collage and its use in psychotherapy. Psychotherapy: Theory, Reseach & Practice. 7(4), 238-242.

Lowenfeld, M. (1939) The world pictures of children―A method of recording and studying them. Brit. J. Med. Psychol., 18, 65-101.

Lowenfeld, M.（1950）The nature and use of the Lowenfeld World Technique in work with children and adults. The Journal of Psychology, 30, 325-331.
町田陽子（1998）コラージュ制作が自我機能に与える影響について．日本描画テスト・描画療法学会第8回大会抄録集，36.
牧田浩一・田中雄三（2001）被虐待児に対するコラージュ療法の試み．日本芸術療法学会誌，32(1), 21-29.
松田正子（2010）21年の長期にひきこもりを続けた男性のコラージュ療法．コラージュ療法学研究，1(1), 31-41.
Meier, C. A.（1968）Lehrbuch der Komplexen Psychologie C. G. Jungs: Die Empirie des Unbewussten.（BandⅠ），Walter-Verlag AG，（河合隼雄監修，河合俊雄・森谷寛之訳（1996）ユング心理学概説1　無意識の現れ．創元社）
Meier, C. A.（1975）Lehrbuch der Komplexen Psychologie C. G. Jungs: Bewusstsein.（BandⅢ），Walter-Verlag AG.（河合隼雄監修，氏原寛訳（1996）ユング心理学概説3　意識―ユング心理学における意識形成　創元社）
三木アヤ（1992）増補・自己への道―箱庭療法による内的訓育―．黎明書房．
三木アヤ・光元和憲・田中千穂子（1991）体験箱庭療法―箱庭療法の基礎と実際．山王出版．
宮本邦雄・中山幸子（2003）本邦におけるコラージュ療法に関する文献目録．東海女子大学紀要，23, 167-174.
宮武良徳（1996）不登校児童生徒への望ましい援助の在り方―若竹学園におけるコラージュ，エゴグラムを用いた援助の考察―．平成7年度教育相談研修報告（香川県教育委員センター），1-12.
三輪（今村）友木子（1999）自然に共にいることをめざして―分裂病小集団へのコラージュによる心理療法．渡辺雄三編（2004）仕事としての心理療法．237-260，人文書院．
Moriarty, J.（1973）Collage group therapy with female chronic schizophrenic inpatients. Psychotherapy: Theory, Research & Practice. 1973, 10(2), 153-154.
Moritani, H.（2009）Collage Therapy as PortabelHakoniwaTherapy: The Origin and Expansion of Collage Therapy in Japan. American Psychological Association 117th Convention, Tronto.（2009.8.8）
森谷寛之（1986）イメージの多様性とその統合―マンダラ画法について．心理臨床学研究，71-82.
森谷寛之（1987a）イメージ調査法としての九分割統合絵画法―大学生の『自己イメージ』について．臨床描画研究，2, 154-167.
森谷寛之（1987b）心理療法におけるコラージュ（切り貼り遊び）の利用　第126回東海精神神経学会，静岡県養心荘．
森谷寛之（1988）心理療法におけるコラージュ（切り貼り遊び）の利用．精神神経学雑誌，90(5), 450.
森谷寛之（1989a）児童心理外来―コラージュ技法の再発見―．愛知医科大学小児科教室のあゆみ（1986-1988），3, 98-99.

森谷寛之（1989b）抑うつ神経症のコラージュ療法．愛知医科大学基礎科学科紀要，16，1-14．
森谷寛之（1989c）九分割統合絵画法と家族画．臨床描画研究，4，163-180．
森谷寛之（1989d）心理療法におけるコラージュ（切り貼り遊び）の利用―砂遊び・箱庭・コラージュ―．日本芸術療法学会第21回大会，京都大学．
森谷寛之（1990a）チックの心理療法．金剛出版．
森谷寛之（1990b）心理療法におけるコラージュ（切り貼り遊び）の利用―砂遊び・箱庭・コラージュ―．芸術療法，21(1)，27-37．
森谷寛之・堀口久美子・藤本孟男（1990c）思春期やせ症のコラージュ療法．愛知医科大学基礎科学科紀要，17，1-23．
森谷寛之（1992）児童心理外来―コラージュ技法のその後の発展―．愛知医科大学小児科教室のあゆみ（1989-1991），4，79-80．
森谷寛之・杉浦京子・入江　茂・山中康裕編（1993）コラージュ療法入門．創元社．
森谷寛之（1994）マルセル・デュシャンと箱庭療法．箱庭療法学研究，7(1)，1-2．
森谷寛之（1995）子どものアートセラピー―箱庭・描画・コラージュ―．金剛出版．
森谷寛之（1998）コラージュ療法におけるアセスメント．このはな心理臨床ジャーナル，4(1)，66-72．
森谷寛之（1999）コラージュ療法におけるアセスメント．現代のエスプリ，386，51-58．
森谷寛之・杉浦京子編（1999）コラージュ療法．現代のエスプリ，386．
森谷寛之（2000）不登校と無意識の仮説．19-21．森谷寛之・田中雄三編（2000）生徒指導と心の教育―入門編．19-21．培風館．
森谷寛之（2002）箱庭療法とコラージュ療法―コラージュ療法成立のいきさつ．岡田康伸編，箱庭療法シリーズⅡ―箱庭療法の本質と周辺．現代のエスプリ別冊，142-155，至文堂．
森谷寛之（2003）芸術療法．田嶌誠一編，臨床心理学全書9―臨床心理面接技法2．97-153，誠信書房．
森谷寛之（2005）臨床心理学．サイエンス社．
森谷寛之（2005）講演「日本におけるコラージュ療法の起源と発展」韓国ソウル東部児童相談所（2005年9月26日）
森谷寛之（2007）ワークショップ：九分割統合絵画法　中国；蘇州（The 1st International Expressive Therapy and Psychodrama Conference）（2007年8月1日）
森谷寛之（2007）ワークショップ：コラージュ療法　中国；蘇州（The 1st International Expressive Therapy and Psychodrama Conference）（2007年8月2日）
森谷寛之（2008a）コラージュ療法の起源をめぐる諸問題―基礎となる初期文献資料を中心に―．臨床心理研究―京都文教大学心理臨床センター紀要，10，33-66．
森谷寛之（2008b）Letter to Editor<1>コラージュ療法の起源にまつわる間違った論文記述について．日本芸術療法学会誌，38(1)，84-86．
森谷寛之（2008c）コラージュ療法の起源をめぐる諸問題―研究発表の倫理に関する議論に向けて―．遊戯療法学研究，7(1)，100-105．

森谷寛之（2009a）「提言：医療領域に従事する『職能心理士（医療心理）』の国家資格法制の確立を」に対する意見―心理学ワールドの協力体制の構築に向けて．臨床心理研究―京都文教大学心理臨床センター紀要, 11, 33-48.
森谷寛之（2009b）討論：心理学界のアンブレラ．遊戯療法学研究, 8(1), 80-86.
森谷寛之（2010）巻頭言　コラージュ療法学研究誌の創刊に当たって―コラージュ療法の再出発に向けて．コラージュ療法学研究, 1(1), 1.
森谷寛之・服部令子（2010）日本心理臨床学会「倫理公告」に添えて―許されない研究上の不正―. 日本コラージュ療法学会ニュースレター, 2, 2-3.
森谷寛之・服部令子（2012a）コラージュ療法における間違った普及の背景について―資料「おおず講演記録（杉浦, 2000）」を参照にして―. 臨床心理研究―京都文教大学心理臨床センター紀要, 14.（印刷中）
森谷寛之・服部令子（2012b）いわゆる「同時制作法」に対する批判的考察．コラージュ療法学研究, 3.（印刷中）
森谷寛之・西村喜文（2010）日本コラージュ療法学会第1回大会基調講演　コラージュ療法入門　学会発足にあたって　研究における諸段階―22年のあゆみと将来に向けて．コラージュ療法学研究, 1(1), 81-89.
森谷寛之・西村喜文・服部令子（2012）『コラージュ療法』（1994, 川島書店）における不適切な記述．日本芸術療法学会誌,（投稿中）．
村井靖児（1994）書評『コラージュ療法入門』．こころの科学, 54, 74.
村上凡子（1997）対人関係に課題をもつ児童を対象とした事例研究―コラージュ療法を中心として―, 上越教育大学大学院学校教育研究科学校教育専攻生徒指導コース修士論文．
村山久美子（1995）コラージュ構成法―美術系専門学校生の反応―. 第5回日本描画テスト・描画療法学会プログラム抄録集, 44.
中原睦美（2000）外科領域での末期癌患者への心理療法的接近の試み―コラージュ・ボックス法を導入した2事例を中心に. 心理臨床学研究, 18(5), 433-444.
中原睦美（2003）病体と居場所感―脳卒中・がんを抱える人を中心に．創元社．
中原睦美（2011）選択性緘黙2事例とのプレイフルなコラージュ・ボックス法の展開―三人で語り合う関係で発生したパーツ持参の意味を通して．コラージュ療法学研究, 2(1), 17-28.
中井久夫（1993）コラージュ私見. 森谷寛之他編（1993）コラージュ療法入門. 137-146, 創元社．
中井久夫（1994）芸術療法学会の25年. 日本芸術療法学会誌, 25, 123-125.
中島美穂・岡本祐子（2006）コラージュ継続制作における内的体験過程の検討. 心理臨床学研究, 24(5), 548-558.
中村勝治（2004）開業心理臨床におけるコラージュ療法. 高江洲義英・入江　茂編（2004）コラージュ療法・造形療法. 59-75, 岩崎学術出版社．
中村俊介・山下一夫（1995）自己啓発としての体験コラージュの試み―高等学校の実験授業を通して―. 鳴門生徒指導研究, 5, 3-16.

中村隆夫(1991)シュルレアリスムの運動のひろがり―アンドレ・ブルトンとフロイト. 中山公男総監修, 木島俊介編集(1991)グレート・アーチスト別冊「モダンアートの魅力―20世紀, アートの時代を眺望する―. 87-88, 同朋舎出版.

中村俊明・深草光明・竹内章乃・山岡美和(2004)特集:コラージュを相談活動に生かしてみよう. 月刊学校教育相談, 2004年9月号, 22-37.

中村雄二郎(1984)述語集―気になることば. 岩波書店.

中野陽子(1997)コラージュ法にみる大学生の恋愛イメージ. 鳴門教育大学学校教育学部学校教育専修生徒指導コース卒業論文, 未発表.

Naumburg, M. (1966) Dynamically Oriented Art Therapy: Its Principles and Practice. Grune & Stratton, inc., New York., U.S.A.(中井久夫監訳・内藤あかね訳(1995)力動指向的芸術療法. 金剛出版)

日本学術会議(2006)科学者の行動規範について. http://www.scj.go.jp/ja/info/kohyo/pdf/kohyo-20-s3.pdf

日本心理臨床学会倫理委員会(2009)倫理公告. 心理臨床学研究誌, 27(4), 509.

西丸四方(1949)精神医学. 南山堂.

西村則昭(1997)コラージュ療法と外界への想像的な適応. 心理臨床学研究, 15(3), 258-269.

西村洲衞男(1981)箱庭表現とその解釈. 愛知教育大学研究報告, 30, 95-108.

西村洲衞男(1982)箱庭表現とその解釈―幼児の箱庭について―. 愛知教育大学研究報告, 31, 129-147.

西村洲衞男(2001)箱庭療法における表現内容の解釈仮説. 椙山女学園大学研究論集人文科学篇, 32, 69-78.

西村喜文(2000)重症心身障害者へのコラージュ療法の試み―コラージュ療法の意義について. 心理臨床学研究, 18(5), 476-486.

西村喜文(2006)非行傾向生徒に対するグループ・コラージュの試み. 心理臨床学研究, 24(3), 269-279.

西村喜文(2010a)倫理公告―看過できない重要な警告―. 日本コラージュ療法学会ニュースレター, 2, 3.

西村喜文(2010b)乳幼児から思春期・青年期までのコラージュ表現の発達的特徴と臨床的研究. 学位請求論文. (京都文教大学)

西村喜文・大徳朋子・立川小雪(2011)乳幼児のコラージュ表現の特徴―印象評定を用いた集計的研究. 箱庭療法学研究, 24(1), 35-49.

落合幸子(2001)大学生のコラージュ作品に見られる顔の切断の意味. 茨城県立医療大学紀要, 6, 37-46.

緒方一子(1997)母親に愛されないと訴え職場不適応を起こした事例について―メッセージ性のあるコラージュ療法の試み―. 日本心理臨床学会第16回大会発表論文集, 504-505.

緒方一子(2000)コラージュ療法. 日本産業カウンセリング学会監修(2000)産業カウンセリングハンドブック. 金子書房, 409-412.

緒方一子（2003）企業研修にコラージュを導入した試み．楡木満生編著（2003）実践入門産業カウンセリング．256-272, 川島書店．
生越達美（2010）空へ，地へ，一歩前へ―心身症状を訴える女子生徒のコラージュ療法．コラージュ療法学研究, 1(1), 65-80.
岡田　敦・河野荘子（1997a）コラージュ表現とその治療的意義について．名古屋造形芸術大学・名古屋造形芸術短期大学紀要, 3, 61-72.
岡田　敦・河野荘子（1997b）うつ病者のコラージュ表現について．日本心理臨床学会第16回大会発表論文集, 346-347.
岡田　敦（1999a）「大コラージュ・ボックス法」の実際．森谷寛之・杉浦京子編（1999）コラージュ療法．現代のエスプリ, 386, 78-83.
岡田　敦（1999b）分裂病者のコラージュ表現について―「大コラージュ・ボックス法」の臨床的利用．森谷寛之・杉浦京子編（1999）コラージュ療法．現代のエスプリ, 386, 118-131.
岡田　敦（2001）コラージュ療法―精神分裂病のコラージュ療法．臨床精神医学, 増刊号, 97-102.
岡田　敦（2002）分裂病者のコラージュ表現をとらえる分析枠の検討―作品構成から見た「心的空間」の病理（その１）―．椙山女学園大学研究論集（人文科学篇）, 33, 115-133.
岡田　敦（2003）劇化（dramatization）について．椙山女学園大学研究論集（人文科学篇）, 34, 51-63.
岡田　敦（2004a）事例３：Ｃ男「コラージュ表現」を用いた統合失調症男性の心理療法過程．成田善弘編著（2004）臨床心理学の実践１―心理療法の実践．176-179, 北樹出版．
岡田　敦（2004b）精神科臨床におけるコラージュ療法．高江洲義英・入江　茂編（2004）コラージュ療法・造形療法．15-38, 岩崎学術出版社．
岡田康伸（1969）S.D.法によるサンド・プレイ技法の研究．臨心研, 8(3), 151-163.
岡田康伸（1984）箱庭療法の基礎．誠信書房．
岡田洋子（1962）幼児における情緒障害診断の試み―ワールド・テストによる―．東洋英和女学院短大論集, 1, 31-49.
岡部雅子（1988）米国でのアートセラピーの体験．臨床描画研究, 3, 219-226.
Olson, E. W.（1977）The mind's collage: Psychic composition in adult life. Dissertation Abstracts International, 38(3-B), 1413-1414.
大前玲子（2010）箱庭による認知物語療法―自分で読み解くイメージ表現．誠信書房．
大沢卓郎・日下部康弘・山下晃弘・加藤　敏（1998）分裂病２症例のコラージュと描画の比較―集団レクリエーションの作品を通して―．芸術療法学会誌, 29(1), 16-25.
Ratcliffe, E. R.（1977）The old masters art collage: An art therapy technique for heuristic self-discovery. Art Psychotherapy. 4, 29-32.
Riley, S.（1987）The advantages of art therapy in an outpatient clinic. American Journal of Art Therapy, 26, 21-29.
斉藤　真（1989）箱庭表現の脱直解化．箱庭療法学研究, 2, 42-51.

佐川栄子・藤掛　明・吉田里日・福田恵美（1996）非行少年のイメージの推移について―少年鑑別所における変化. 犯罪心理学研究, 34, 22-23.
佐野友泰・土田昌司（1999）コラージュ療法における素材統制のためのイメージ抽出．明星大学心理学年報, 17, 135-142.
佐野友泰・土田昌司（2000）コラージュ療法における素材統制のためのイメージ抽出（Ⅱ）―頻出イメージのカテゴリー分類―. 明星大学心理学年報, 18, 25-33.
佐野友泰（2000）リラクセーションを中心として認知行動トレーニングの被虐待経験児への適用. 神奈川県精神医学会誌, 50, 53-61.
佐野友泰（2001a）コラージュ作品の貼付形式と性格特性の関連. 明星大学心理学年報, 19, 47-55.
佐野友泰（2001b）コラージュ作品に表現されるストレスコーピング・スタイル. 神奈川県精神医学会誌, 51, 19-24.
佐野友泰（2002）コラージュ作品の解釈仮説に関する基礎的研究―コラージュ作品の客観的指標とYG性格検査，MMPIとの関連. 日本芸術療法学会誌, 33(1), 15-21.
佐野友泰（2006）コラージュ療法に関する基礎的研究―芸術療法小史・展望と課題・実証的探索研究より―. 学位申請論文（明星大学）．
佐野友泰（2007）コラージュ療法研究の展望と課題Ⅰ―事例研究の動向. 芸術療法学会誌, 38(2), 6-16.
佐藤仁美（1994）さまざまな表現技法を用いた登校拒否児の心理療法過程―クライエントとともに作ることの意味―. 箱庭療法学研究, 7(2), 45-56.
佐藤仁美（1997）"私を求めて"―18歳女性のコラージュ・箱庭療法過程. 箱庭療法学研究, 10(2), 38-53.
佐藤仁美（1998）『交換コラージュ』を用いた心理療法の試み―カウンセリングの一技法として―. 芸術療法学会誌, 29(1), 55-63.
佐藤仁美（2001）ぼくらのコラージュ. くだかけ社.
佐藤仁美（2003）看護教育におけるコラージュ活用の試み―自己理解・他者理解・相互理解. 心理臨床学研究, 21(2), 167-178.
佐藤美刈（1988）Family Art Psychotherapy. 臨床描画研究, 3, 229.
佐藤　静（1998）コラージュ療法の基礎的研究―コラージュ制作過程の分析―, 心理学研究, 69(4), 287-294.
佐藤　静（1999）コラージュ作品構造と素材図版の推移連鎖構造の分析. 心理学研究, 70(2), 120-127.
佐藤　静（2001）コラージュ制作過程の研究. 風間書房.
佐々木由利子（1995）クラブ活動の試練で落ち込んだ女子大学生へのコラージュ療法, 学生相談研究, 16(1), 11-19.
澤田利幸（1997）コラージュによる児童の内面的理解―その学校臨床への試み―. 鳴門教育大学大学院修士論文．
澤田七郎（1995）コラージュ構成法テストにおけるイメージの共有化について. 芸術療法

学会誌, 26(1), 103-106.
芝　三知世（1997）新入学児童の学校適応過程におけるコラージュ表現の推移について．鳴門教育大学大学院修士論文．
芝　三知世（1999）新入学児童の学校適応過程におけるコラージュ活動の試み．森谷寛之・杉浦京子編（1999）コラージュ療法．現代のエスプリ, 386, 186-193.
下山寿子（1991）家庭内暴力及び登校拒否を示す女子中学生の変化—コラージュを中心として—．心理臨床事例集—日本教育臨床研究会—, 2, 24-36.
下山寿子（1992）訪問面接にコラージュ療法を試みて—表現との関わりの促進として，立教大学教育学科研究年報, 36, 53-64.
下山寿子（1994）コラージュ表現における同時制作法の意義—カウンセラーとクライエントとのかかわりを視点として—．1994年度博士課程予備論文，立教大学大学院文学研究科教育学専攻．
下山寿子（2004）思春期相談におけるコラージュ療法—女子不登校生徒を対象として．高江洲義英・入江　茂編（2004）コラージュ療法・造形療法．123-144, 岩崎学術出版社．
篠田達美・建畠　哲（1993）騒々しい静物たち—モダンアート100年（Ⅰ）．新潮社．
芸術新潮2—特集謎の男マルセル・デュシャン．2005年2月号, 新潮社．
杉野健二（2011）コラージュ療法．黎明書房．
曽我部誠（1999）保健室登校児へのカウンセラー的かかわりに関する事例研究—コラージュ療法・物づくりとコンサルテーションを中心として—．平成11年度長期研修生研究報告書（徳島県教育研修センター／徳島県情報処理教育センター）, 46, 205-216.
Sturgess, J.（1983）The magazine picture collage: A suitable basis for a pre-fieldwork teaching clinic. Occupational Therapy in Mental Health, 3(1), 43-53.
菅原教夫（1998）レディ・メイド—デュシャン覚書—．五柳書院．
杉浦京子・入江茂（1990）コラージュ療法の試み．芸術療法, 21, 38-45.
杉浦京子（1990）学生相談におけるコラージュ療法の試み．学生相談センター報告書, 33-41.
杉浦京子（1991a）コラージュ療法の治療的要因と特徴について．日本医科大学基礎科学紀要, 12, 21-28.
杉浦京子（1991b）コンピュータストレスの大学院生のケース．心理臨床事例集—日本教育臨床研究会—, 2, 52-64.
杉浦京子・森谷寛之・入江　茂・服部令子・近喰ふじ子（1992）体験コラージュ療法．山王出版．
杉浦京子（1994）コラージュ療法—基礎的研究と実際．川島書店．
杉浦京子（1997）集団コラージュの自己開発的意義について．日本心理臨床学会第16回大会発表論文集, 400-401.
杉浦京子（1999）同時制作法．森谷寛之・杉浦京子編（1999）コラージュ療法．現代のエスプリ, 386, 70-71.
杉浦京子（2000）コラージュ療法とは．平成11年度　不登校（登校拒否）児童生徒対応事

業「おおずふれあいスクール」報告書. 74-87, 国立大洲青年の家.
杉浦京子（2006）私のコラージュ事始とコラージュ療法の始まり. アーツセラピー研究所紀要, 1, 52-56.
杉浦京子（2009）コラージュ療法の起源. 日本芸術療法学会誌, 38(2), 63-65.
鋤柄のぞみ（2005）コラージュ・アクティビティに伴う内的体験の変化―孤独感を制作テーマにして―. 心理臨床学研究, 23(4), 492-497.
鈴木 恵（1999）アメリカにおけるコラージュ療法. 森谷寛之・杉浦京子編（1999）コラージュ療法. 現代のエスプリ, 386, 59-66.
高江洲義英（1994）書評「杉浦京子著 コラージュ療法―基礎的研究と実践」川島書店. 精神療法, 20(6), 557-558.
高江洲義英・入江 茂編（2004）コラージュ療法・造形療法. 岩崎学術出版社.
滝口正之（1995）コラージュ療法の基礎的研究―小学生の発達段階による表現特徴―. 鳴門教育大学大学院修士論文.
滝口正之・山根敏宏・岩岡眞弘（1999）コラージュ作品の発達的研究（集計調査）. 森谷寛之・杉浦京子編（1999）コラージュ療法. 現代のエスプリ, 386, 175-185.
徳永桂子（1994）自分らしさを表現し, 互いに認め合う学級づくり―コラージュ技法を用いての一考察（平成6年度・長期研修生研修報告）. 香川県教育センター.
東野芳明（1977）マルセル・デュシャン. 美術出版社.
東野芳明（1990）マルセル・デュシャン「遺作論」以後. 美術出版社.
徳田良仁（1993）序にかえて―コラージュ療法の新しい展開によせて. 森谷ほか（1993）コラージュ療法入門. i-v, 創元社.
Y. T.（1994）書評『体験コラージュ療法』『コラージュ療法入門』. 心と社会, 25(1), 135-136. 日本精神衛生会.
徳田良仁（2004）てらぺいあ―コラージュ療法から考える. 精神療法, 30(1), 23.
鳥丸佐知子（2007）コミュニケーションワーク活性剤としてのコラージュの有効性について. 京都文教短期大学研究紀要, 46, 109-119.
鳥丸佐知子（2008）コミュニケーションワークの活性剤としてコラージュの有効性についてⅡ. 京都文教短期大学研究紀要, 47, 22-31.
土田昌司・佐野友泰（2001）コラージュ技法における触感覚の意味と解釈. 明星大学心理学年報, 19, 35-45.
土永葉子・吉野啓子（2002）思春期女子事例のコラージュ作品における「顔表現」について―目の「モンタージュ化と書き込みによる顔表現の変化を通して」―. 第34回日本芸術療法学会発表論文集, 13, 石和観光ホテル, 山梨.
筒井康江（2004）中学生のコラージュ表現と性格特性との関連についての研究. 岡山大学大学院教育学研究科学校教育臨床専攻修士論文.
上野雅弘（1997）成人受刑者のコラージュ. 犯罪心理学研究, 35, 82-83.
浦川 聡・菅 弘康・藤原茂樹（2000）イメージから現実へ―ある分裂病者に対する絵画およびコラージュ療法と『言葉による題名作り』―. 日本芸術療法学会誌, 31(1), 24-31.

Wehr, G. (1985) Carl Gustav Jung: Leben, Werk, Wirkung. Kösel-Verlag GmbH & Co., München（ヴェーア著・村本詔司訳（1994）ユング伝．創元社）．
矢幡久美子（2003）コラージュのなかの文字表現―居場所探しのテーマ．心理臨床学研究, 21(5), 450-461.
山上榮子（2010a）コラージュ解釈仮説の試み（その１）―スコアリング・カテゴリーの提案．コラージュ療法学研究, 1(1), 3-16.
山上榮子（2010b）コラージュ解釈仮説の試み（その２）―ペルソナ理論を含む質的分析を加えた統合解釈をめざして．コラージュ療法学研究, 1(1), 17-29.
山本映子・北川早苗（2007）不登校児支援における宿題コラージュ法・かばん登校の効果―小学１年次より毎年不登校を繰り返す事例を通して―．人間と科学―県立広島大学保健福祉学部誌, 7(1), 111-123.
山本映子・木島ほづみ・吉岡由美子・宮本奈美子（2007）慢性統合失調症患者における音楽療法とコラージュ療法の併用効果．人間と科学―県立広島大学保健福祉学部誌, 7(1), 155-168.
山本映子（2008）コラージュ療法の起源とその発展および看護における現状と課題．人間と科学―県立広島大学保健福祉学部誌, 8(1), 17-24.
山中康裕（1978）少年期の心．中公新書．
山中康裕（1985）箱庭の風景．こころの科学, 4, 63-70.
山中康裕（1986）分析心理療法（ユング派）．精神療法による自己実現．精神科MOOK, 15, 吉松和哉編, 精神療法の実際. 23-33, 金原出版．
山中康裕（1988）箱庭療法．第20回芸術療法学会論文集, 37.
山中康裕（1989）絵画療法と表現心理学．臨床描画研究, 4, 63-95.
山中康裕編著（2003）表現療法．ミネルヴァ書房．
山根敏宏（1996）コラージュ療法の基礎的研究―中学生の表現特徴―．鳴門教育大学大学院修士論文．
山根敏宏・森谷寛之（1999）中学生のコラージュ作品に関する調査研究．箱庭療法学研究, 12(2), 90-98.
山根和子（2002）色彩コラージュ法の考案と中学校での実施．鳴門教育大学大学院修士論文．
横尾忠則（1977）横尾忠則のコラージュ・デザイン．河出書房新社．
湯浅孝男・津軽谷　恵・石井奈智子・高橋恵一（2003）痴呆高齢者のコラージュの特徴と分析．秋田大学医学部保健学科紀要, 11(2), 135-140.
湯川秀樹（1977）物理講義．講談社文庫．

◆著者略歴

森谷　寛之（もりたに　ひろゆき）

1947 年　岡山県に生まれ，大阪で育つ
1970 年　京都大学工学部高分子化学科卒業
1972 年　京都大学大学院工学研究科修士課程修了
1978 年　京都大学大学院教育学研究科博士課程単位取得満期退学

職歴　愛知医科大学助教授，鳴門教育大学学校教育学部教授を経て，
　　　現在，京都文教大学教授
　　　工学修士，教育学博士，臨床心理士

主要編著書
『チックの心理療法』（1990）金剛出版
『コラージュ療法入門』（編著）（1993）創元社
『子どものアートセラピー』（1995）金剛出版
『生徒指導と心の教育　入門編／実践編』（共編著）（2000/2001）培風館
『臨床心理学全書 9　臨床心理面接技法 2』（分担執筆）（2003）誠信書房
『臨床心理学―心の理解と援助のために』（2005）サイエンス社
他

コラージュ療法実践の手引き
その起源からアセスメントまで

2012年3月30日発行
2024年5月20日5刷

著 者	森谷寛之
発行者	立石正信
発行所	株式会社金剛出版

〒112-0005　東京都文京区水道1-5-16
電話　03-3815-6661　振替　00120-6-34848

印刷・製本　デジタルパブリッシングサービス

ISBN978-4-7724-1244-5 C3011
Printed in Japan © 2012

コラージュ療法のすすめ
実践に活かすための使い方のヒント

［監修］=森谷寛之
［編］=日本コラージュ療法学会

A5判　並製　244頁　定価3,960円

簡便で取り組みやすい「切り貼り遊び」の
さまざまな臨床領域での実践例や
他の心理療法との併用，
他分野への応用といった広がりを紹介する。

新装版
バウムテスト活用マニュアル
精神症状と問題行動の評価

［著］=ドゥニーズ・ドゥ・カスティーラ
［訳］=阿部惠一郎

A5判　並製　256頁　定価3,960円

初版刊行（2002年）から20年。
歴史を振り返りながら改めてサインの意味を考える。
バウムテストは「サインの読み方」の積み重ねである。

クリシ・ワルテッグ・システム（CWS）
実施・スコアリング・解釈のためのマニュアル

［著］=アレッサンドロ・クリシ　ジェイコブ・A・パーム
［訳］=村上 貢

B5判　上製　480頁　定価11,000円

①描画段階，②描画ギャラリー，③描画選択
の3ステップで刺激図形に加筆する，
パーソナリティ検査「ワルテッグ・テスト」の改訂実践マニュアル。

価格は10％税込です。